오수환, 〈Drawing〉, 1995, 94×64.5cm, ink on paper [본문 151쪽 이하 참조]
오수환 작가는 이미지와 문자, 예술과 철학의 접점을 이미지로 구축했다. 동아시아의 서예를 서양의 추상회화 전통과 접속시켰다. 작품에서 보이는 검은 선은 분명 서예의 붓놀림에서 유래한 것이다. 그 선은 형체를 분간할 수 없는 문자의 잔해다.

오수환, 〈Variation〉, 2012, 160×150cm, oil on canvas
보면 볼수록 매력적인 푸른색이다. 오수환이 자주 사용하는 푸른색은 엊그제 산책길에서 보았던 '푸른 하늘'이나 '푸른 기와'의 색깔과 다르다. 완벽한 추상물인 푸른색의 이데아도 없지만, 색깔로 지각되는 순간부터 구체적인 색은 추상의 옷을 입을 수밖에 없다.

강영길, 〈Us – 손 볼 사람〉 [본문 250쪽 이하 참조]
작품 속 인물은 배낭을 짊어지고 유랑하는 현대인의 자화상이다. 바삐 걸으면서 그는 무엇을 보고 있는 것일까? 시선은 손을 향하고 있다. 스마트폰을 보고 있는 것 같다. 작가는 스마트폰이 아니라 언젠가는 자기 손을 보게 될 사람을 그렸는지도 모르겠다.

〈일어서다1〉, 'an.'의 박직연 감독. 왼쪽부터 최민영, 이선영, 김상준, 호현주.

〈일어서다2〉 [본문 267쪽 이하 참조]
예술가들의 모임 an.(에이엔피리어드)이 창작한 〈일어서다〉는 최근 가장 주목할 만한 예술 기획인데, 코엑스 전광판과 뉴욕의 타임스퀘어에서 전시되었다. 그들이 창작한 영상은 아주 느리게 일어서는 사람들의 모습을 담고 있다. 그들은 자신이 처한 장소에서 힘겹게 일어선다. 내적 번민을 발밑에 두고 서서히 떠오른다. 여전히 하늘에는 검은 구름이 가득하지만, 결국에는 당당히 무릎을 편다. 자잘한 실망들은 있을지언정, 이제 절망은 없다.

철학자의 사랑법

철학자의 사랑법

김동규 철학 산문

A PHILOSOPHER'S WAY OF LOVE

사월의책

철학자의 사랑법

1판 1쇄 발행 2022년 4월 1일

지은이 김동규
펴낸이 안희곤
펴낸곳 사월의책

편집 박동수
디자인 김현진

등록번호 2009년 8월 20일 제2012-118호
주소 경기도 고양시 일산서구 중앙로 1388 동관 B113호
전화 031)912-9491 | **팩스** 031)913-9491
이메일 aprilbooks@aprilbooks.net
홈페이지 www.aprilbooks.net
블로그 blog.naver.com/aprilbooks

ISBN 979-11-92092-01-0 03100

* 책값은 뒤표지에 있습니다.
* 이 책은 2019년 대한민국 교육부와 한국연구재단 지원을 받아 수행된 연구임
  (NRF-2019S1A5C2A04083293).

차례

프롤로그 사나운 조짐 9

1부 더 먼저 더 오래

에로스의 사원 19
사랑의 꿈 25
못 잊을 시인 31
그런대로 35
사랑을 사랑하야요 40
오토토토이 50
페르세우스 전법 56
죽음만이 평등하다 61
복수의 여신들 66
생각한다는 것은 감사하는 것이다 70
이거 사줘, 알았지? 75
욕망은 결핍이 아니다 80
이웃과 원수 85
몰래 지켜주는 사람 89
마리아 되기 95

2부 한과 멜랑콜리 사이

노루와 노부부 101

몹쓸 꿈 107

맹목적인 사랑 114

만나고 가는 바람 118

삭임의 미학 124

왜 한(恨)인가? 129

사랑과 자살 135

이성의 악몽 140

초연한 추상 151

미역국을 먹자 168

지식인과 '모리배' 184

3부　이 시대의 푼크툼

빛바랜 소풍 사진　199
잃어버린 낭만　204
뒤늦은 응답　209
피라미의 은빛 비상　216
나우시카와 해오리　220
실감　224
이 시대의 사랑 형이상학　229
트위터의 지저귐　235
과학기술은 인간을 위한 것이 아니다　243
레디메이드에서 디지털 감성으로　250
책의 권위에 관하여　257
고독의 숨소리　262
일어서야 하는 이유　267
사랑 근본주의　272

에필로그　남겨진 희망　277

감사의 글　287
글의 출처　291
주　293

사랑법 뜻풀이

Ⅰ. **사랑의 방법**(method〉meta+hodos, 길): 사랑은 한없이 이어진 길이다. 사랑에는 목적지가 없다. 길에 머물 뿐이다. 사랑에 직행하는 단 하나의 방법 따위란 없다.

Ⅱ. **사랑이라는 법**(法): 사랑해야만 한다. 사랑은 모든 당위나 의무가 유래하는 곳이다. 사랑은 지켜야만 하는 으뜸의 법이며 당위 중의 당위이자 최고 의무다.

Ⅲ. **사랑을 본받다**(法): 사랑이란 본받을 만한 궁극의 것이다. 노자의 도법자연(道法自然)이라는 어법을 패러디하면, 자연마저 사랑을 본받는다(自然法愛)라고 말할 수 있다.

프롤로그
사나운 조짐

세상 모르며 방황하던 20대 초반, 나는 '사랑'을 최고의 가치라고 결정했다. 실은 그저 우연히 내린 결정이었다. '일생을 걸 만한 가치가 있는 것에 무엇이 있을까?'라는 물음을 던져두고 친구들끼리 밤샘 토론할 기회가 있었는데, 깊이 생각해 볼 겨를도 없이 엉겁결에 내린 선택이었다. 친구들이 이야기했던 소중한 것들, 예컨대 진리, 정의, 자유, 아름다움, 돈, 명예, 권력 등보다 더 소중한 가치로서 나는 사랑을 택했다. 기억을 더듬어 보면, 뾰족한 근거 제시도 없이 막무가내로 우겼던 것 같다.

어쩌면 그건 피가 뜨겁기만 했던 젊은이의 얄팍한 직관이었을 것이다. 사랑의 심연을 한 번도 들여다본 적이 없는 풋내기의 객쩍은 주장에 가까웠을 것이다. 숱한 대화 내용이 그렇듯이, 쉽게 잊힐 수도 있는 발언이었다. 하지만 이후에도 나는 이따금 젊은 날의 이 대화를 기억해 냈다. 아니, 기억하려고 노력했다기보다, 우긴 것이

창피해서 잊고 싶을 만한데도 이상하게 잊히지 않았다. 그리고 그때의 내 발언을 어떤 식으로든 해명하고자 했다. 정말 기묘한 일이다.

"오늘날 사랑의 담론이 지극히 외로운 처지에 놓여 있다"[1]라는 롤랑 바르트의 진단은 지금 이곳에 사는 우리에게도 적절해 보인다. 그의 말에 전적으로 동감하면서, 나는 사랑 담론의 고독에 동참하려 한다. 앞으로 남은 생도 기꺼이 젊은 날에 내뱉은 말을 입증하는 데 바칠 생각이다. 심지어 내 일생만으로는 모자랄 것 같아서 아이가 생겨나자 '사랑을 알 때까지 자라라'를 가훈으로 삼기까지 했으니, 여전히 세상 모르는 한심한 인간이란 소리를 들을 만도 하다.

젊은 시인에게 보내는 릴케의 편지에는 사랑에 대한 명문이 수록되어 있다. 아마 김수영 시인이 이 대목을 보았을 것으로 추정된다. 「사랑의 변주곡」[2]에 등장하는 '사랑을 알 때까지 자라라'는 여기에서 출발한 것이리라. 사랑의 좌절은 몹시 아리지만 아름답다. 젊다는 증거이기에 그렇다. 이 경우 젊음의 기준은 나이가 아니라 인식의 성숙 여부다. 사랑에 빠져 사랑에 좌절하는 자가 젊은이다. 마음대로 안 된다고 크게 걱정할 건 없다. 더 자라면 된다. 다시 일어서는 것은 젊은이의 아름다운 특권이니까. 릴케의 목소리를 직접 옮겨 보기로 하자.

인간이 인간을 사랑하는 것, 이것은 어쩌면 우리에게 과해진 가장 어려운 일입니다. 궁극의 것이자 최후의 시련이며 시험으로서, 다른 모든 일은 단지 사랑을 위한 준비작업에 지나지 않을 것입니다. 그러므로 모든 일에서 초보자인 젊은 사람들은 아직 사랑을 할 수가 없습니다. 그들은 그것을 배우지 않으면 안 됩니다. 온 존재를 걸고, 그들의 고독하고 불안하며 위를 향하여 맥박치는 심장의 주위에 집중된 모든 힘을 다하여 그들은 사랑하는 것을 배우지 않으면 안 됩니다. … 사랑한다는 것은 … 사랑하는 사람을 위한 보다 고양되고 보다 심화된 고독을 의미합니다. … 다른 사람을 위해서 그 자신이 세계가 되려는 숭고한 동기입니다.³

요즘 시대에 사랑을 입에 담는다면, 아마 삼류철학자로 분류되기 십상일 것이다. 그럼에도 나는 줄기차게 사랑을 말할 것이다(그렇다고 남발한다는 게 아니라 소중히 아껴가며 말하겠다). 고매한 척하느라 공허한 철학 개념을 나열하는 데 아까운 생을 낭비할 수 없다. 철학의 영웅들이 만들어 놓은 권위 있고 중후한 개념의 첨탑 뒤에 더 이상 숨고 싶지 않다. 누구나 한마디씩 거들 수 있는 사랑의 잣대로 철학적 역량과 보편성이 검증되어야 한다고 나는 믿는다. 사랑은 내게 한 사람의 사유 수준을 측량하는 리트머스 종이다. 그래서 이렇게 말할 수도 있겠다. '내게 사랑에 대해 말해 보라. 그러면 나는 당신의 철학 수준을 말해 주겠다.'

나는 사랑을 믿는다. 사랑에 대한 신뢰, 이건 모든 믿음의 초석이다. 믿음이란 것도 종국에는 사랑에서 유래한 것이다. 영어단어 believe 안에 있는 lieve는 love를 뜻한다(독일어의 glauben/lieben도 마찬가지다). '너를 믿는다'라는 말은 '너를 사랑한다'라는 말과 동의어다. 소중하고 가치 있다고 믿고 생각(思=愛)하는 것, 그 이면에 벌써 사랑이 깔려 있다. 사랑이 없다면, '언젠가 진리가 결국 밝혀지고 선이 악을 이긴다'라는 아름다운 믿음은 결코 오래가지 못할 것이다. 그리하여 굳이 비교하자면, 사랑이 진선미(眞善美) 셋보다도 더 근원적인 가치다.

일정한 시간 간격을 두고서 나는 철학적 화두에 변화를 주었다. 처음에는 실체론적 사유방식을 격파하는 '사이(between)'를, 다음에는 서양 문화의 핵심 키워드로서 '멜랑콜리(melancholy)'를, 최근에는 자연과학과 인문학의 융합 키워드로서 '공생(symbiosis)'을 화두로 잡았다.[4] 이번 책에서는 그동안 미처 논의하지 못한 부분을 보충하고, 흐트러진 생각을 다시금 간명하게 다듬었다. 그러는 과정에서 과거 사유를 압축적으로 간추린 요약본이 미래 사유의 스케치임을 확인했다.

이번 책을 만들면서 더욱 분명해진 것이 있다. 칸트의 별이 도덕률이고 하이데거의 별이 존재라면, 내 별은 '사랑'이라는 점이다. 지금까지의 가시적인 화두였던 멜랑콜리와 공생, 그 '사이'에 묵시적인 사랑이 있었다. 글머리에 소개한 젊은 시절의 기억을 '일생의 질문'과 연결지은 것은 이번이 처음이다. 이번 작업을 통해 가능했던 일이다. 몇몇 독자에게는 조악한 스케치로 보일 수도 있겠지만, 개인적으로는 의미심장한 밑그림이다.

이제는 사랑이야말로 철학의 알파와 오메가라고 힘주어 말할 수 있다. 그건 어쩔 수 없는 철학의 운명이다. 사랑의 앎을 소명으로 삼는 철학자에게 '운명을 사랑하라'는 아모르 파티(amor fati)는 기실 뱀이 자기 꼬리를 물고 있는 형국인 '자기-지칭(self-reference)'임을 이제야 깨친다. 사랑은 스스로를 사랑한다. 진정한 '자기애'에서 자기(Self)란 나르시시스트 개인의 '나'가 아니라 사랑 그 자체(it-self)다. 참된 자기애란 '사랑의 자기 사랑'을 뜻한다. '누구나 나르시시스트다'라는 나르시시즘의 보편성 주장은 참된 자기애에 비한다면 형편없이 편협하기만 하다. 참된 자기애는 자타(自他)가 없는 절대 존재이기 때문이다. 이런 사랑의 절대성에서 (바르트, 릴케와는 전혀 다른 의미의) 고독이 유래한다. 사랑은 절대적이며 무한하고 고독하다.[5]

이런 사랑이 자연은 물론이거니와 우리가 사는 인간 세상과 시간대 전역을 채우고 있다. 마치 예나 지금이나 모든 소설, TV 채널의 드라마, 대중가요, 영화 등에서 지겹도록 사랑 타령을 하는 것처럼 말이다. 사랑의 부재를 개탄하는 시대에도 사랑은 숨은 채로 '존재한다'. 과거와 현재 그리고 미래까지 사랑이 지배한다. 코로나19 시대이든 세계화 시대이든 4차 산업혁명 시대이든, 혹은 후기 자본주의 사회이든 피로 사회이든 포스트휴먼 사회이든, 어느 시대나 사회 할 것 없이, 문제는 사랑이다. 세상과 나를 움직이는 것은 뭐니 뭐니 해도 사랑이다. 그래서 남녀노소 할 것 없이, 사랑을 알 때까지 성장해야 한다.

이 책은 비루한 일상에서 웅대한 사랑이 움트고 성장하며, 모욕

받으면서도 당당하게 자신을 관철해 나가는 사랑의 '사나운 조짐'을 간파해내고자 한다. 언뜻 한 움큼의 작은 눈덩이처럼 보이지만, 대규모 눈사태를 예고하는 사나운 조짐을 읽어내는 것이 이 책의 목적이다.

일부 사람들(자칭 엘리트 지식인들)에게 사랑은 통속적이고 저급하고 동물적인 것처럼 비추어진다. 그러면서도 그들을 포함해 누구나 손으로 하트를 그려가며 사랑을 표현한다. 피상적인 사랑 표현은 사랑의 부재를 겉으로나마 '위장'하기 위한 가련한 몸짓이다. 동시에 사랑을 목말라하는 '비명'이기도 하다. 비명을 지를 수 있다는 것, 비명을 질러 주위의 도움을 구하는 것은 아직 최악의 상태는 아님을 뜻한다. 그 때문에 우리 사회에서 피상적으로라도 사랑이 다뤄지는 것이 그나마 다행이라고 생각하는 편이다.

정말로 무시무시한 상태는, 고통을 아예 느끼지 못하거나 비명조차 지를 수 없는 규모의 고통 때문에, 가식적인 사랑조차 표현하지 못하는 지경이다. 그런 지경에 이르지 않도록 때때로 사랑의 심해에 깊숙이 빠져볼 필요가 있다. 비유컨대, 이 책은 사랑의 심해를 탐사하는 잠수정이다. 평범한 일상에서 사랑(죽음)의 참된 의미를 찾고(제1부), 서로 다른 사랑론에 뿌리내린 두 정서, 즉 한(恨)과 멜랑콜리를 비교하고(제2부), 지금 이곳의 현안들을 사랑의 관점에서 되짚어 볼 것이다(제3부). 사랑을 간절히 바라면서도 (진부하기 짝이 없는) 사랑 타령이 지겨워진 현대인에게, 사회적 거리 두기와 집합금지 등으로 코로나 블루(신종 멜랑콜리)에 시달리고 있는 신인류에게, 우리의 잠수정에 동승해 보기를 권한다.

심해에서 만나게 될 사람 중에는 철학자 외에도 '사나운 조짐'이란 멋들어진 문구를 지어낸 김소월과 2021년 탄생 100주년을 맞이한 김수영 그리고 내가 무척 경애하는 정현종, 고정희를 비롯한 우리의 시인들과 추상 화단의 거장, 오수환 화백 같은 예술가들이 있다. 이들의 작품 속에서 우리는 사랑의 진면목을 또렷하게 볼 수 있을 것이다.

1부

더 먼저 더 오래

A PHILOSOPHER'S WAY OF LOVE

에로스의 사원

어느 겨울 초입 무렵, 다섯 살 꼬마와 엄마가 외출을 하려고 현관문을 나선다. 쌀쌀한 날씨 탓에 그해 처음으로 하얀 입김이 뭉개뭉개 피어난다. 아이는 그게 신기해서 호호 입김을 불며 장난치다가 엄마에게 말한다. "엄마, 겨울 향기가 피어나!" 엄마는 그 낯선 표현을 듣고 깜짝 놀라며 주위 사람들에게 자식이 시인 재능이 있다고 자랑한다. 과연 이게 재능일까? 언어 사용이 미숙해서 혹은 알고 있는 단어가 한정되었기에 우연히 발생한 어법이 아닐까? 과연 시란 무엇일까? 어떻게 답하든 시심(詩心)이 동심(童心)이라는 말이 인구에 회자되는 것만큼은 분명한 사실이다.

철학자 하이데거는 '언어는 존재의 집'이라는 유명한 말을 남겼다. 여기에서 '집'은 더 구체적으로 '사원'을 뜻한다. 간단히 그의 언어관을 요약하면, 언어란 근본적으로 '존재의' 언어다. 존재가 주도적으로 먼저 말을 걸면, 그것에 응대하여 터트린 인간의 첫 발화가

시적 언어다. 시어가 본래의 언어라면, 반복 사용으로 무뎌진 일상어나 학술어 같은 인공어는 그로부터 파생된 언어에 불과하다.

시원적이고 창조적인 본래의 언어, 곧 시는 존재의 시원과 창조의 비밀을 담고 있다. 그리스어로 시는 포이에시스(poiesis)인데, 본시 '없던 것을 있게 하는 창작'을 뜻하는 말이다. 원래 시는 '짧고 난해하고 엉뚱한 글'이 아니었다. '국어시험에 나오는 골치 아픈 문제나 무의미한 말장난'도 아니었다. 시의 본뜻 그대로를 살린다면, '시 창작'이라는 조어는 그저 동어반복일 뿐이다. 창의성 교육은 내용상 시 짓기와 상통한다. 시가 창작의 비밀을 담고 있는 언어여서, 하이데거는 시를 신비한 사원으로, 시인을 그 사원의 사제로 여긴 것이다. 물론 이런 이야기는 철학자의 공허한 객설일 수 있다. 하지만 이 시론(詩論)은 시인들의 것과 대동소이하기에 허투루 넘길 수는 없다.

우연의 일치이겠지만, 한자로 시(詩)는 언어(言)와 사원(寺)이란 두 단어의 합성어이다. '시'와 유사한 발음 때문에 사(寺)가 들어간 것이라도, 그 많은 단어 중에 왜 굳이 사원이란 단어를 사용했을까? 시인 정희성은 「詩를 찾아서」라는 작품에서 詩라는 한자와 시의 본질을 연결지어 이렇게 노래한 적이 있다.

　　말이 곧 절이라는 뜻일까
　　말씀으로 절을 짓는다는 뜻일까
　　지금까지 시를 써 오면서 시가 무엇인지

시로써 무엇을 이룰지

깊이 생각해 볼 틈도 없이

헤매어 여기까지 왔다

경기도 양주군 회암사엔

절 없이 절터만 남아 있고

강원도 어성전 명주사에는

절은 있어도 시는 보이지 않았다

한여름 뜨락에 발돋움한 상사화

꽃대궁만 있고 잎은 보이지 않았다

한 줄기에 나서도

잎이 꽃을 만나지 못하고 꽃이 잎을 만나지 못한다는 상사화

아마도 시는 닿을 수 없는 그리움인 게라고

보고 싶어도 볼 수 없는 마음인 게라고

끝없이 저잣거리 걷고 있을 우바이

그 고운 사람을 생각했다 (「詩를 찾아서」, 전문)[1]

시는 언어의 사원이다. 일단 이 비유를 계속 밀고 나가보자. 그렇다면 무엇을 모시는 사원일까? 하이데거라면 삼라만상의 존재를, 그것이 밝혀주는 언어를 모시는 사원이라고 말했을 것이다. 그런데 우리의 시인은 그렇게 생각하지 않는다. 30년 넘도록 「저문 강에 삽을 씻고」를 비롯한 주옥같은 시를 썼던 노시인이 어느 날 갑자기 시가 무엇인지 의문스러워진다. 그래서 시를 찾아 떠난다. 인

용된 시는 그 구도의 길을 시로 응축한 작품이다.

이처럼 무엇인가를 이미 시작했고 그 방면에서 무수한 성과를 냈는데도 자신이 해왔던 그것이 무엇인지를 모르는 경우가 있다. 시와 철학이 대표적이다. 그리고 이런 무지는 둘의 공통점 가운데 하나이기도 하다. 시인에게는 시가, 철학자에게는 철학이 가장 힘겨운 주제다. 느직이 완수해야 할 과제다. 만약 젊은 철학자가 '철학이란 무엇인가'라는 제목의 책을 낸다면, 볼 만한 구석이 그다지 없을 거라는 게 거의 확실하다. 반면 원로 거장이 그런 제목의 책을 출간했다면, 일생의 철학을 축약시키는 바람에 난해해져서 거의 이해할 수 없을 것이다. 들뢰즈의 책[2]이 대표적이다.

시인은 한자 詩에 착상을 얻어 절에 가 보지만, 거기에서 그가 본 것은 그리움의 꽃인 상사화였다. 그러고서 시인이 내린 잠정적 결론은 시라는 것이 '닿을 수 없는 그리움'이자 '보고 싶어도 볼 수 없는 마음'이라는 것이다. 결국에는 사랑이다. 시라는 언어의 사원에서 모시는 것은 사랑이었다. 이제야 집의 정체가 밝혀진 셈이다. 그것은 바로 에로스의 사원이었다. 논의를 정리해 보자. 시란 근원적인 언어이며, 언어는 존재의 집인데, 하이데거가 그토록 난해하고 복잡하게 말했던 존재는 한마디로 사랑이다.[3]

사랑을 언어로써 보호하고 지키는 집, 그것이 바로 시다. 이것이 소위 민중해방을 위한 참여시를 써 온 정희성이 평생의 공력을 쏟아 내린 신중한 결론이다. 그렇다면 정치적 입장이 전혀 달랐던 순수시의 거장 서정주는 어떨까? 그에게 시는 무엇일까? 그의 「시론

(詩論)」이란 작품을 읽어보자.

> 바다속에서 전복따파는 제주해녀도
> 제일좋은건 님오시는날 따다주려고
> 물속바위에 붙은그대로 남겨둔단다.
> 시의전복도 제일좋은건 거기두어라.
> 다캐어내고 허전하여서 헤매이리요?
> 바다에두고 바다바래여 시인인것을… (「시론(詩論)」, 전문)[4]

사랑을 위해 가장 좋은 것을 남겨두고서 하염없이 그리워하는 마음, 바로 그것이 시다. 미당에게도 시는 역시 사랑의 집이었던 게다. 이런 집에서 산 적이 있던가? 경기 동향에 따른 자산 가치 현황에 촉각을 예민하게 세우는 어른들에게는 어림없는 집이다. 하지만 어른들도 어렸을 때는 그런 집에 살았다. 불운한 유년기를 보냈던 사람조차 엄마의 자궁을 집으로 삼을 때가 있었다. 처음 사랑을 만나 옹알이 사랑 언어를 익히던 곳, 그 집이 시적 언어가 거주하는 장소다.

아이들은 처음 부모에게 말을 배운다. 아니, 존재에 반응하는 웃음, 울음, 몸짓조차도 일종의 '침묵의 언어'라면, 아이는 먼저 존재로부터 언어를 배우는 게 맞다. 아이가 처음 만난 존재는 엄마다. 눈도 못 뜬 상태까지 고려한다면, 처음 만난 '존재'는 엄마의 '사랑'이었다. 아이는 사랑으로부터 말을 배운다. 더듬거리며 태초의 언어를 습득한다.

　반면 시인은 이미 인간의 언어를 배운 상태다. 관습적으로 사용되는 언어에서 탈피하여 시인은 새로운 언어를 창조하려 한다. 그때 그가 기댈 수밖에 없는 것이 동심이다. 시인은 의도적으로 언어 습득 이전의 상태로 퇴행해서 어린아이처럼 옹알대며 태초의 말을 따라 말한다. 에로스의 사원에 들어가서, 가닿을 수 없는 사랑이 새겨진 (불가능한) 언어를 점지해 달라고 간절히 기도한다. 그러면서 저도 모르게 이상한 낱말을 내뱉는다. '겨울 향기'처럼 말이다.

사랑의 꿈

대학교에서 젊은 청춘들을 앞에 두고 이따금 사랑에 관해 이야기할 때가 있다. 순간적으로 지루해하던 그들의 눈동자에서 본능적으로 호기심의 불꽃이 튀는 것을 발견할 수 있다. 이야기 내내 초롱초롱함을 유지하는 학생들도 있지만, 몇몇 학생들의 눈망울에서는 반짝했던 총기가 금세 사위어간다. 궁금한 나머지 한번은, 사랑 이야기마저 무관심한 학생에게 그 이유를 물어보았다. 돌아오는 답변은 이러했다. "전 모태 솔로거든요. 또 취직 준비로 한동안은 연애하기 어려울 것 같아요. 결혼하기는 더 힘들고, 아이를 낳고 기르는 건 거의 불가능할 것 같아요." 씁쓸하고 안타까운 대답이다.

젊은이들에게 지적질이나 하는 꼰대 같은 이야기를 하자는 게 아니다. 책임이 있다면, 언제나 기성세대의 몫이 훨씬 크다. 인용을 통해 말하고픈 것은 현재 우리가 사는 시대를 진단하자는 것이다. 그리스 신화의 어법으로 말하자면, 우리 시대는 솔로의 신, 아르테

미스의 전성시대다. 현대인들이 화려하게 꾸며 입고 너나 할 것 없이 사랑을 연기하지만, 아프로디테나 에로스는 제대로 힘을 못 쓰는 것 같다. 문제는 자발적인 아르테미스 신봉자들은 그리 많지 않다는 점이다. 대부분 그리로 내몰리고 있을 뿐이다.

플라톤은 『향연』이란 책에서 사랑의 신 에로스가 '가장 오래된 늙은 신'이라고 말한다. 젊은이들이 사랑의 특권을 가진다는 것은 동서고금의 상식인데, 이것을 부정하는 말로 들린다. 색다른 이 주장의 근거는 크게 두 가지다. 하나는 무엇이든 존재하려면 먼저 사랑이 있어야 한다는 것이다. 어떤 생명체가 존재하려면 탄생해야 하는데, 탄생의 전제조건이 사랑이다. 신들마저 탄생한 존재라고 가정한다면, 에로스는 신들의 족보 첫머리를 장식해야 한다. 실제로 에로스는 그리스 신들의 족보 앞부분에 등장한다. 자연 철학자 엠페도클레스도 우주의 앞서가는 운행 원리로서 사랑을 꼽았다.

다른 하나는 사랑의 본질이 받음이 아니라 '줌'에 있고, 줄 수 있는 이는 연장자일 수밖에 없다는 논리다. 베풀 수 있는 자는 이미 많은 것을 소유한 자여야 하는데, 무언가를 소유하는 데에는 긴 시간이 소요될 수밖에 없다. 그래서 에로스는 연륜이 있는 신이 아닐 수 없다. 에로스가 나이 많은 신인 두 가지 근거는 각각 사랑이 '기원'과 '성숙'의 시간과 결부되어 있음을 가리킨다. 요컨대 사랑은 그 무엇보다도 '더 먼저 더 오래'되었다는 것이다.

정현종 시인은 젊은 시절 수수께끼 같은 시들을 많이 남겼다. 지금까지 이어오는 그의 왕성한 시 창작은 어쩌면 젊은 날 자신이 멋

모르고 적어둔 수수께끼(영감, 신탁)를 푸는 과정의 산물로도 볼 수 있다. 「사물의 꿈 4 ― 사랑의 꿈」이라는 작품은 시인이 생의 위태로운 길목에서 스핑크스에게 시험당한 대표적인 수수께끼다. 찬찬히 반복해서 시를 음미해 보기를 권한다.

사랑은 항상 늦게 온다. 사랑은 항상 생(生) 뒤에 온다.

그대는 살아보았는가. 그대의 사랑은 사랑을 그리워하는 사랑일 뿐이다. 만일 타인의 기쁨이 자기의 기쁨 뒤에 온다면 그리고 타인의 슬픔이 자기의 슬픔 뒤에 온다면 사랑은 항상 생 뒤에 온다.
그렇다면?

그렇다면 생은 항상 사랑 뒤에 온다.
(「사물의 꿈 4 ― 사랑의 꿈」, 전문)[5]

사랑은 항상 뒤늦게 찾아온다. 이것은 마음에만 담아두었던 이를 잃은 후의 한탄일 수 있다. '모태 솔로' 운운하며 사랑을 모른다고 말한 학생의 처지를 대변하는 말일 수 있다. 굴곡진 인생을 살며 사랑의 의미를 깨달은 원숙한 사람의 말일 수도 있다. 그 어떤 경우이든 사랑은 타인과의 만남에서 시작하는 것이며, 그렇다면 사랑은 독립된 자기와 타인을 전제하는 것이라 볼 수 있다. 자기의 생이 있고 난 다음에야 타인과의 사랑이 있는 것이다.

사람은 빵만으로는 살 수 없다. 의미를 섭취해야 한다. 돈 많은 부자라도 생의 의미를 잃은 사람은 우울증에 시달리고 자살까지 시도하지 않던가. 그런데 이런 생의 의미는 사랑에서 유래한 것이다. '사랑의 꿈'에서 나온 것이다. 사랑이 꿈꾸는 아름다운 모자이크 세계 속에서만 (채워 넣을 수 있는) 생의 의미가 발생한다. 그리하여 아무리 각박하고 비루한 생이라도 사랑을 희구하기 마련이다.

심지어 무정한 '나'도 결국 '너'를 지향하게 되어 있다. (너를) 사랑하는 나를 사랑하는 것만큼은 포기하지 못한다. 한편으로 나는 너를 사랑하고 싶다. 아니 엄밀히는 너를 사랑할 수 있는 (능력 있는) 나를 사랑하고 싶다. 다른 한편으로 너로부터 사랑받고 싶다. 아니 실은 자기 자신으로부터 사랑받고 싶다. 말하자면, 너로부터 사랑받을 만한 나의 존재를 사랑하고픈 것이다. 시인의 말처럼, '그대의 사랑은 사랑을 그리워하는 사랑일 뿐이다.'

이것이 나르시시즘이다. 나의 생을 중심으로 사랑을 이해하는 관점이다. 이 관점에서는 아무리 이타적인 행위도 자기의 기쁨으로 해석되고, 타인의 슬픔에 대한 절절한 연민도 자기 연민으로 귀착된다. 아무리 미화해도, 우리네 사랑은 고작 내 사랑을 그리워하는 사랑에 불과하다. 이처럼 사랑은 자기 생에 종속된 장식품일 뿐이다.

그런데 이 대목에서 시는 대반전을 기도한다. "그렇다면"이라는 낱말이 그 전환점이다. "그렇다면 생은 항상 사랑 뒤에 온다." 완벽한 역전이자 뒤집기다. 여기에는 과연 어떤 논리가 깔려 있을까?

이 물음에 대해 시는 답하지 않는다. 그래서 수수께끼처럼 보이는 것이다. 앞서 언급했던, 에로스가 나이 많은 신이라는 주장의 첫 번째 근거가 이해에 도움을 줄 수 있다.

사랑이 자타(自他)를 전제한다고 했지만, 사실 자기와 타인 각자도 사랑을 전제한다. 예컨대 부모의 사랑 없이 어찌 '내(너)'가 존재할 수 있었겠는가? 이 점에서 단 한 번도 사랑을 경험하지 못했다는 모태 솔로는 실제로 존재할 수 없다. 사랑에 빚지지 않은 생은 불가능하다. 부모 말고도 숱한 사랑의 양육자들이 존재한다. 즉 우리는 이웃, 친구, 선생, 그리고 땅과 나무와 별 같은 자연의 사랑을 먹고 자란다. 나르시시즘은 '자기-애'의 '자기'에 방점을 찍고 있지만, 사랑 없이는 '자기'라는 것 자체가 불가능하다. 나르시시스트가 존재한다는 것은 이미 사랑이 그런 자를 키웠다는 것을 뜻한다.

꿈에 나비가 된 것인지 나비의 꿈에서 인간이 된 것인지를 묻는 호접지몽(胡蝶之夢)은 꿈과 현실의 물고 물리는 관계를 가리키는 고사성어다. 사랑과 생의 관계도 마찬가지다. 사랑은 생의 꿈이다. 생은 사랑을 갈망한다. 생이 각박해질수록 그 갈망은 더 커진다. 반면에 생은 사랑의 꿈이다. 생은 사랑의 현실화이자 육화이기 때문이다. 플라토닉 러브가 허깨비 같은 공허함을 지양하려면, 나르시시스트의 몸이라도 빌려야만 한다.

사랑은 항상 생 뒤에 온다. 생은 항상 사랑 뒤에 온다. 이렇듯 앞뒤 선후가 뒤바뀔 수 있는 것은 그 둘이 원환의 구조로 엮여 있기 때문이다. 사랑과 생은 원 속에서 하나다. 하지만 어리석은 우리는 이것을 깨닫고 실천하지 못한다. 어리석기에 뒤늦은 후회를 하기 마련이다. 그래서 생은 사랑 뒤에 오는 게 맞지만, 사랑의 깨달음은 우여곡절을 다 겪은 생 뒤에야 온다. 그나마 오기만 해도 다행이다. 연륜이라는 것이 마냥 지혜를 보장해 주지는 않기 때문이다. 고정희 시인의 「더 먼저 더 오래」라는 시와 성서적 어투를 빌려서 글을 일단락 짓기로 한다.

"사랑의 삼보 — 상처와 눈물과 외로움"을 가슴에 품고,[6]
더 먼저 사랑하고 더 오래 사랑하라.
그런 자에게 복이 있나니.

못 잊을 시인

2019년 12월 30일, 나는 정현종 시인에게 메일을 한 통 보냈다. 선생님 작품이 연루된 일상의 재미있는 일화도 이야기해 드리고 연말 안부 인사도 드릴 겸 메일을 썼다. 여기에 그 메일 교신 내용을 공개한다. 사실 사적인 내용을 공개하는 것이 조금 께름칙하기도 하고, 내게는 영광이지만 시인께는 (폐를 끼칠 정도는 아니라도) 별 의미 없는 일이기도 하겠기에, 메일을 공개하는 게 선뜻 내키지 않았다. 하지만 시인을 존경하는 철학자가 이따금 편지를 보내고, 시인이 후의를 담아 답신하는 평상시 모습이 지적 교류가 별로 없는 후학들에게, 사회적 거리 두기가 일상화된 현대인들에게 작은 울림을 줄 수도 있겠다는 생각이 들었다. 무엇보다도 나만 홀로 이 교신의 즐거움을 누리는 게 아까웠다. 그래서 조심스레 시인께 청했고 흔쾌히 승낙해 주셔서 여기에 소개한다. 다음 꼭지인 〈그런대로〉는 이런 일들을 바탕으로 쓴 글이다. 시인으로부터 받은 메일 내용은 그대로 한 편의 시이기에, 최대한 원형 그대로 놔두었다.

* 내가 시인에게

선생님, 그간 안녕하셨는지요? 행여 시간이 선생님의 건강에 흠집을 내지 않았을까 걱정입니다. 언제나 그렇듯, 저는 생활에 복무하느라 여념이 없습니다. 어쩌다가 여유가 생기면 시와 철학을 접합니다. 한때는 여기에 모든 것을 바친 적이 있었는데, 어느덧 까마득한 옛날 일로 여겨집니다. 그래도 현재가 크게 후회되거나 불안하지는 않습니다. 지금 하는 일들도 값어치는 있다고 생각하니까요.

아시다시피 제가 뒤늦게 결혼해서 자식들이 아직 어립니다. 첫째가 딸 '지은'이고 둘째가 아들 '진솔'입니다. 요즘은 이 녀석들이랑 노는 일이 제일 재미있죠. 어제는 진솔이에게 소월의 시, 「못 잊어」를 암송케 했습니다. "못 잊어 생각이 나겠지요,/그런대로 한 세상 지내시구려,/사노라면 잊힐 날 있으리다."(「못 잊어」, 부분)[7]

다섯 살 된 녀석이 막 글을 배우고 있는데요, 글을 배울 무렵 시를 외게 하자는 평소의 지론을 실천했던 셈입니다. 재미 삼아 놀이 삼아 외우게 하고 퀴즈도 내고 그랬습니다. 녀석은 뜻도 모르면서 순식간에 시를 외워버렸습니다. 그런데 그때 아홉 살 된 지은이가 끼어들더군요. "아빠, 나도 옛날에 가르쳐줬던 시 외고 있어"라며 의기양양하게 말하면서 자기가 글을 처음 배울 때 외웠던 시를 암송하더군요. 뜻밖이었습니다. 아직도 기억하고 있다니…

지은이한테는 선생님의 시, 「좋아하는 것도 한이 없고」를 외게 했죠. 외운 걸 종이에 써 보라고 했더니 오탈자 없이 잘 썼습니다. 삐뚤빼뚤하기는 했지만 말입니다. 기특해서 벽에 붙여 놓았습니다. 그리고 사진을 찍어 놓았습니다(사진 파일을 동봉합니다).

언어는 시를 통해 배워야 한다는 게 저의 지론입니다. 좋은 시를 암송해 두면 뜻은 나중에 깨치더라도, 언어의 적절한 쓰임과 진한 맛을 느낄 수 있지요. 공교롭게도 이런 일이 있고 연말이기도 해서 선생님 생각이 났나 봅니다. 아니, 진솔이가 무한 반복 되풀이하는 '못 잊어 생각이 나겠지요'라는 주문이 선생님을 자꾸만 불러내어 못 잊게 했는지도 모르겠습니다.

선생님, 건강하시고요, 새해에도 진솔하고 멋들어진 시들을 많이 세상에 선사해 주세요. 안녕히 계세요. 김동규 올림.

*다음 날 12월 31일, 시인이 내게

김동규 교수

그동안 바쁘게 지냈겠지.
아들, 딸이 참 좋은 아버지를 만났으니 더없이 행복할 거야!
어려서부터 인문 쪽 소양을 늘려가고 있으니 틀림없이 훌륭한 사람들이 될 터이고!
2019년 마지막 날이군. '시간'의 흐름에 점점 더 민감해지는 게 사실이야.

지난 12월 초순 문득 떠올라서 끄적거린 시를 한 편 보내 봐요. 어떤 시 잡지에 주었지. 제목은 〈십이월〉.

> 세월이 흙반죽이라면
> 나는 그걸 주물러
> 5월이나 9월을 빚으리.
> 물론 12월도 빚으리.
> 그리고
> 십이월을 빚어 놓고는
> 한없이 울리.

'2019년 겨울'이라는 부제가 붙어 있군.
새해에는 모든 일이 순조롭고 행복하기를!

정현종 합장

그런대로

아빠가 어린 아들과 격렬한 힘겨루기를 한다. 최신 육아 관련 서적을 보면, 힘과 몸을 쓰는 놀이는 아빠의 몫이란다. 얼마 후 아들의 감성이 거칠어질까 걱정도 되고 언어는 시를 통해 배워야 한다는 평소의 지론에 따라 아빠는 놀이를 바꾼다. 아이에게 소월의 시, 「못 잊어」를 외게 한다. 시를 외다 보면, 그것도 흥미로운 놀이가 된다.

못 잊어 생각이 나겠지요,
그런대로 한세상 지내시구려,
사노라면 잊힐 날 있으리다.

못 잊어 생각이 나겠지요,
그런대로 세월만 가라시구려,

못 잊어도 더러는 잊히오리다. (「못 잊어」, 전문)[8]

당연히 아이는 뜻까지 새기지 못한다. 아빠도 당장 그걸 가르치려 들지 않는다. 다만 시에 배인 감성을 목소리에 담아 어설프게나마 낭송하게 할 뿐이다.

이렇게 한참을 놀고 있는데 아홉 살 딸이 끼어든다. 질투 어린 목소리로 이렇게 말한다. "아빠, 나도 옛날에 가르쳐줬던 시 외고 있어." 의기양양하게 과거에 외웠던 시를 암송한다. 몇 년 전 아빠는 딸과 똑같은 놀이를 했다. 뜻밖에 딸은 그 시를 여전히 기억하고 있었다. 외운 걸 종이에 써 보라고 했더니 그런대로 잘 썼다. 전에 딸에게 가르쳐 주었던 시는 정현종 시인의 「좋아하는 것도 한이 없고」이다.

    좋아하는 것도 한이 없고
    싫어하는 것도 한이 없다.
    미워하는 것도 한이 없고
    사랑하는 것도 한이 없다.
    그 한없는 것들이
    나를 파괴하지 않기를 바란다면
    그건 실로 도둑놈의 심보가 아니랴.
    (「좋아하는 것도 한이 없고」, 전문)[9]

이 아이들이 시를 이해하기까지 얼마나 많은 시간이 필요할까? 어떤 고통이 그들의 몸을 할퀴고 지나가야 할까? 나이 든 사람은 안다. 인간의 어리석음은 너무 뿌리가 깊어서 오직 고통을 통해서만 이해하고 온전히 기억한다는 걸.

소월의 시에서 망각을 불가능하게 만든 요인은 대체 무엇일까? 소월은 '사랑'이라고 보는 것 같다. 사랑하는 이의 모습이 그립기만 한데, 어떻게 '생각'이 안 날 수 있냐며 반문하는 것을 보면 그렇다. 여기에서 생각은 기억을 뜻한다. 생각의 요체는 기억하는 것이다. 그리고 상사병(相思病), 사미인곡(思美人曲) 등의 어법이 보여주는 대로 생각은 사랑한다는 것을 뜻한다.

생각, 사랑, 기억은 이렇게 한통속이다.

못 잊는다는 것은 이별의 고통이 지속된다는 것을 뜻한다. 누군들 계속되는 고통을 바라겠는가. 누구나 상실의 아픔으로부터 자유롭기를 바랄 것이다. 하지만 그러지 못하는 게 인간이다. 정현종 시인의 말마따나 인간은 호오 애증에 한없이 빠져드는 존재다. 이처럼 어리석기만 한 인간은 역설적으로 무한에 참여하는 존재이기도 하다. 인간은 한없는 것에 매여 있는 무한의 작은 마디이다. 유한하지만, 간접적으로(단절·분절된 채) 무한과 접속되어 있다. 만일 무한과 직접 대면하려 든다면, 유한(有限)을 둘러싼 얇은 막은 산산이 파열될 것이다. 신화와 종교는 신을 직접 바라본 인간이 파멸되는 숱한 이야기들을(예컨대 세멜레 신화) 전해 주고 있다.

한없이 탐하고 싶지만, 삶은 무한을 감당하지 못한다. 그것을 뻔히 알면서도 인간은 무한을 추구한다. 더 나아가 무한을 탐한 대가로 지불해야 하는 파멸을 교묘히 회피하려고 한다. 시인은 그것을 '도둑놈의 심보'라고 말한다. 끝까지 절대 못 잊는 자는 고통에 잠식되어 종국에는 파멸할 것이다. 그런데 소월의 시적 화자는 파멸을 예감하면서도 사랑을 멈추지 않는다. 못 잊는 고통을 회피하지 않고 기꺼이 받아들인다.

쌀 한 톨에서 우주를 읽어낼 수 있는 것은 라이프니츠의 모나드처럼 하나의 개체가 세계를 머금고 있기 때문이다. 생물학자 린 마굴리스에 따르면, 산소를 싫어하는 박테리아가 존재한다는 것은 과거 지구 대기에 산소가 없던 시절이 있었음을 알려준다. DNA로 대표되는 생명 자체가 일종의 기억이라는 말이다. 우주 변화에 적응하고 자연 선택된 생명체는 그 자체로 우주의 역사를 저장한 메모리이다. 이런 것을 두고 철학자 박동환은 『x의 존재론』에서 '영원의 기억'[10]이라 말한다. 인간을 비롯한 개체들은 그런 기억이 내장된 것들이다. 이 점에서도 못 잊는 것은 당연하다. 다만 마음이 복잡하고 괴로울 뿐이다.

소월은 못 잊어 고통스럽다고 말하지만, 그 고통을 과장하거나 과민 반응을 보이지 않는다. 못 잊으면 못 잊는 대로, 그래서 아프면 좀 아픈 대로 받아들인다. 이것을 시인은 '그런대로'라고 표현한다. 그런대로, 정말이지 이상야릇한 말이다. 봄날 눈 녹듯이, 세상사의 잡다한 고통과 굴곡진 세월을 차분히 가라앉힌다. '그런대로 한세상 지내시구려', '그런대로 세월만 가라시구려'.

통상 이 단어는 완벽히 만족할 수는 없으나 그럭저럭, 그리 '있는 그대로'의 상태를 뜻한다. 시 속에서 이 말은 사랑(생명)이 낳은 고통, 즉 도저히 피할 수 없는 삶의 액면가를 가리킨다. 전혀 아프지 않기를 바라는 도둑놈 심보는 치워버리고, 생의 고통을 담담히 받아들인다는 의미로 시인은 이 말을 사용한다. 사랑의 기억이기에 그런 고통쯤은 온당히 그리고 넉넉히 감내하겠다는 태도가 이 절묘한 말, '그런대로'에 담겨 있다.

사랑을 사랑하아요

만난 지 얼마 안 된 커플 A와 B의 대화 한 토막이다.

A: 그러니까 제 말은, … 당신을 사랑한다구요. …
B: 저를 사랑하지 마세요. 불완전한 인간은 사랑할 만한 대상이 못 되요. 그냥 이 순간을 즐기죠. 골치 아픈 사랑 따윈 집어치우고 …
A: 전 우리가 잠시 스치는 엔조이 커플이 아니라 진정 사랑하는 연인이 되기를 원합니다.
B: 당신이나 저나 사랑받을 만한 자격이 없다니까요.

오랜 망설임 끝에 A가 사랑 고백을 했더니만, 뜻밖에도 B는 자신을 사랑하지 말라고 말한다. 이유는 간단하다. '불완전한 인간을 사랑하는 건 허망한 짓'이라는 것이다. 듣고 보면, 얼추 맞는 말이다. 대개의 인간은 거짓을 일삼고 배신하며, 추악한 면을 가지고 있다.

그렇지 않은 희귀한 사람이 있더라도, 그이 역시 죽을 운명이다. 언젠가 한 줌의 재로 사라져 버린다. 이런 존재를 믿고 어떻게 사랑할 수 있단 말인가?

A는 욕망과 사랑을 구분한다. 욕망 이상의 사랑을 꿈꾼다. 반면 B가 생각하는 사랑은 완벽하고 영원한 사랑이다. 영원한 사랑은 영원한 대상을 요구한다. 영원하고 완벽하고 절대적인 대상만을 원한다. 인간은 이런 대상이 될 수 없다. 한마디로 자격 미달이다. 그렇기에 B가 내린 결론은 인간에게서 사랑을 꿈꿔서는 안 된다는 것이다. 인간끼리의 사랑은 불가능하다. 거기에선 오직 욕망만 가능하다.

그렇다면 B에게 사랑의 대상은 무엇일까? 신일까? 완벽한 신이 존재하더라도, B가 답해야만 하는 질문은 남는다. 유한한 인간도 사랑하지 못하면서, 신을 사랑할 자격과 능력이 인간에게 있다는 말인가? 신을 사랑하는 것은 더 불가능한 일이지 않을까?

아니다. 이렇게 신까지 거론할 만한 거창한 이야기가 아니었다. 대화에서 B의 말은 그냥 A를 사랑하지 않는다는 '구애 거절'의 에두른 표현일 수 있다.

우리 주변에서 사랑이란 낱말은 수없이 남발되고 있다. 그런데 그럴수록 사랑은 오히려 보호받지 못하며 심지어 외면당하고 있다. 사랑은 모든 매체나 문화 장르 등에 빠짐없이 출몰하지만, 진부한 사랑 이야기들이 지루하게 이어질 뿐이다. 거기에서 사랑에 대한 진지한 성찰의 기미는 거의 찾기 힘들다. 오히려 진지한 모습에 냉소를 쏘아붙인다. 쿨하고 스마트하게 보이기 위해 어떤 이들은 사랑을 조롱하고 경멸하는 일도 마다하지 않는다. 사정이 이렇다 보니, 그나마 위의 연애담은 고무적인 일이 아닐 수 없다. 두 사람이 만나 사랑을 묻는 첫걸음을 뗐기 때문이다.

사랑론은 크게 두 가지로 구분해 볼 수 있다. 하나는 '자기중심적 사랑론'이고, 다른 하나는 '타자중심적 사랑론'이다. 말 그대로, 자기중심의 사랑은 사랑하는 주체 자신을, 타자 중심의 사랑은 사랑의 대상을 중심에 둔다. 사랑의 동적인 행위가 주어에 휘둘리는 경우와 목적어의 지배를 받는 경우로 분별해 볼 수도 있겠다. 전자는 사랑에서 자기의 자유와 권리를 강조하고, 후자는 자기희생이 강조된다. 전자는 사랑의 모든 의미와 가치를 자기에게 수렴시키는 반면, 후자는 사랑하는 대상인 타자에 수렴시킨다. 그러다 보니 때때로 전자는 타자에 대한 폭력적 강압으로, 후자는 노예적 굴종으로 비춰지기도 한다.

허나 찬찬히 들여다보면, 실상 자기와 타자를 선명하게 구분하기는 어렵다. '내 속엔 내가 너무도 많아'라는 유행가 가사도 알려주듯이 나는 나도 모르는 숱한 타자들로 구성되어 있다. 양파 껍질을 모조리 벗겨도 양파가 나오지 않듯이, 참된 나를 찾기는 힘들다. 반면 타자라는 것도 대개 내 인식망에 걸려든 것만 가리킬 뿐이어서, 기실 자기투영의 산물인 경우가 허다하다. 그리하여 자타의 기준으로 사랑의 두 형태를 비교하는 것은 일정한 한계 내에서만 가능한 일이다. 강조점을 어디에 두느냐의 문제일 뿐이다.

만해 한용운은 서양의 사랑론을 처음 비판적으로 접근했던 지식인이었다. 그렇다고 꽉 막힌 민족주의자는 아니었다. 러시아와 일본의 근대화된 모습을 직접 눈으로 보고자 했을 만큼 타문화에 개방적인 인물이었다. 그는 불교적 세계관과 서양적 세계관 사이에서 새로운 사랑론을 펼치고자 했던 시인이다. 그런 만해의 시, 「복종」은 이렇게 시작된다.

> 남들은 자유를 사랑한다지마는 나는 복종을 좋아하야요.
> 자유를 모르는 것은 아니지만, 당신에게는 복종만 하고
> 싶어요.
> 복종하고 싶은데 복종하는 것은 아름다운 자유보
> 도 달금합니다. 그것이 나의 행복입니다.
>
> 그러나 당신이 나더러 다른 사람을 복종하라면 그것만은
> 복종할 수가 없습니다.
> 다른 사람을 복종하랴면, 당신에게 복종할 수가 없는
> 까닭입니다. (「복종」, 전문)[11]

서양 문물을 처음 접할 무렵, 지식인들 사이에서 자유연애가 유행하던 시절에, 만해는 복종을 찬미한다. 이건 봉건적 사랑관을 무조건 옹호하려는 게 아니다. 만해는 꽉 막힌 봉건주의자가 결코 아

니었다. 차라리 그는 이 시를 통해 자유연애에 가려진 참된 사랑의 가치를 드러내고 싶었다. 그가 보기에 자유연애의 문제점은 사랑을 위해 선선히 자기(자유)를 제약하지 못한다는 데 있다. 말하자면 강고한 자기가 온통 자리를 차지하고 있어서 사랑이 움틀 수 있는 여지가 없다는 데 있다. 게다가 물 건너온 연애관을 무조건 추종하는 세태가 오히려 노예적 굴종의 태도로 보였으리라. 이런 만해이기에 「복종」은 재삼 음미될 필요가 있다.

자유연애의 참모습은 나르시시즘이다. 여기서 나르시시즘(자기중심적 사랑론)이란 한갓 이기주의를 뜻하는 에고이즘과는 구분되는 자기애다. 쉽게 말해서, 타자를 자기처럼(타자가 또 다른 자기니까) 사랑하는 이타적인 모습까지도 포함한다는 점에서, 나르시시즘은 협소한 에고이즘과 구분된다. 만해의 후예들인 우리는 어느덧 이런 나르시시즘을 신봉하고 있다. 타인을 돕는 이타적인 행위마저 오로지 나의 즐거움으로 환원해야만 직성이 풀리는 나르시시즘이 사랑의 전부인 줄 알고 있다. 우리는 '아름다운 자유보다도 달금'한 사랑을 잘 모른다. 그런데 이런 무지는 위태롭다.

나르시시즘에 대한 비판을 듣고서, 누군가 이렇게 반발할 수도 있을 것이다. "나르시시즘이 뭐가 나쁜 겁니까? 본래 인간은 이기적이라고 하잖아요. 경제학자들도 생물학자들도 다들 그렇게 말하잖아요. 이기주의자들도 그렇게나 많은데, 이타주의까지 포함하는 나르시시즘은 훌륭한 사랑론이 아닐까요. 너무 위선 떨지 말자구요." 이런 반론은 충분히 펼칠 수 있는 주장이다. 다만 유행과 권위에 기대어 나르시시즘의 한계에 대한 성찰이 빠진 게 문제다.

나르시시즘의 위태로움을 보이기 위해 앞선 연인의 대화를 한 토막만 더 들어보겠다. 소소한 위기를 잘 넘기며 A와 B는 긴 시간 동안 사귀고 있다. 그런데 어느 날 영화를 보고 근사한 카페에서 대화를 나누던 중에 뜬금없이 A가 이렇게 말한다.

>A: 고백할 게 있어. 그동안 오래 생각해 봤는데, 실은 난 널 사랑한 게 아니었어. 네 속에 있는 내 모습을 사랑했던 거지.
>B: 거봐, 내가 뭐랬니? 사랑 같은 건 없다고 했잖아. 나 역시 네 눈동자에 비친 내 모습에 빠졌을 뿐이야. 원래 그런 거였어.

'널 사랑한 게 아니라 날 사랑한 거야', 나르시시즘은 이 한마디 말로 요약된다. 그런데 과연 이 말을 듣고서 아무렇지도 않을 사람이 있을까? 누구든 순간이나마 기분이 상할 것이고, 웬만하면 이런 말을 듣기 싫어할 것이다. 이것이 단순히 기분 문제일까? 그렇더라도 뿌리가 깊은 이 기분에 주목할 필요가 있다. 물론 골수 자유 연애주의자라면, 아주 쿨하게 '나도 그래, 그건 뭐 당연한 거 아냐?'라며 시큰둥할 것이다.

A는 이제야 자신의 사랑이 지금 시대에 성행하는 나르시시즘임을 확인한다. 막연히 고상하고 숭고한 사랑관을 가졌는데, 현실의 사랑은 그게 아니었음을 인정한다. B는 일찌감치 알고 있었다. 사람들이 말하는 사랑이 나르시시즘인 것을. 그리고 B가 보기에, 나

르시시즘은 완벽한 사랑이 아니다. 진정한 사랑은 불완전한 인간이 엄두를 낼 수 있는 게 아니다.

이미 언급했던 것처럼, 자기중심 사랑론과 타자중심 사랑론은 강조점만 다를 뿐 양립 불가능한 것이 아니다. 오히려 서로를 보충/보완해 준다. 자기와 타자가 상호의존적인 만큼 두 사랑론은 서로에게 긴밀하게 의존하고 있다. 그래서 '나를 사랑하는 것이 타자를 사랑하는 것이요, 타자를 사랑하는 것이 나를 사랑하는 것이다'라는 말도 가능해진다. 그런데 여기서 관건은 자타의 '어떤 면'을 사랑하느냐에 달려 있다.

나를 진정 사랑할 줄 아는 사람만이 타자를 사랑할 수 있다. 부정할 수 없는, 맞는 말이다. 그런데 많은 이들이 놓치는 게 있다. 이 말을 할 때, 대개 사랑의 대상으로서 나는 멋진 모습의 자아다. 이상적인 자아이며 사회적으로 부러움을 받는 자아상이다. 그런 나를 사랑하는 일은 어렵지 않다. 그것은 비교 우위를 점하는 내 모습에 대한 사랑, 즉 우월감에 지나지 않기 때문이다. 이런 자기만족/도취에 빠지는 일은 결코 가치 있는 일이 아니다. 이런 나르시시스트는 사회적 소수, 약자들을 사랑하기는커녕 경멸하기 마련이다.

그래서 자기사랑이 곧 타자사랑이라는 말은 못난 내 모습까지 사랑할 줄 아는 사람에게만 적용된다. '나를 사랑할 수 있다'는 말이 유의미하려면, 내 못난 모습, 사회로부터 업신여겨지는 모습까지 사랑할 수 있다는 의미로 새겨야 한다.

역으로 '타자를 진정 사랑할 줄 아는 사람만이 자신을 사랑할 수 있다'는 말도 힘없고 헐벗은 타자마저 사랑할 줄 아는 사람에게만 들어맞는 이야기이다. 인간은 보통 멋있고 강한 타자를 숭배하는 경향이 있다. 그러기가 쉽다. 그런데 이런 사람이 자신을 사랑하기는 매우 어렵다. 외양상 그렇게 보여도 실제 그의 마음에는 자격지심, 열등감 등이 가득 차 있다. 요컨대 자타의 강점이 아닌 약점마저 사랑하는 것, 그것이 사랑의 요체다. 도달하기 힘든 사랑의 성숙함이다.

자기사랑과 타자사랑이 이처럼 원환처럼 맞물려 있다면, 자타는 주변으로 밀려가고 사랑이 중심에 들어선다. 사랑을 점점 더 알면 알수록, 자기도 타자도 중심을 잃어 가면서, 사랑이 중심을 잡는다. 여기서 사랑 중심의 원숙한 사랑론이 등장한다. 원숙한 사랑만이 나도 타자도 사랑할 수 있다. 이런 맥락에서 성숙한 사람이란 모든 것의 중심에 사랑을 위치 짓는 자이자, 그런 사랑이 육화된 자이다. 사랑의 아바타다.

그렇다면 사랑 중심의 사랑론이란 어떤 모습일까? 단도직입으로 말해서, '사랑이 사랑을 사랑한다'는 사랑론이다. 언뜻 말도 안 되는 사랑론처럼 보인다. 조금만 더 인내심을 가지고 생각해 보자. 문장 수준에서 보자면, 이 말은 주어와 목적어와 동사가 한 몸을 이룬다. 사랑이 스스로를 사랑한다는 점에서, 이것이 참된 의미의 나르시시즘이다. 개체 수준의 자아가 아니라, 절대 지평에서 사랑이 중심을 잡는 존재론적 차원의 나르시시즘이다. 시인 정현종은 바슐라르를 원용하면서 이기적 나르시시즘과 구분되는 우주적 나르시시즘을 말한 적이 있는데, 이 우주적 나르시시즘이 참된 나르시시즘이다.[12] 사실 자타의 구분이 사라진 상태에서 이것을 나르시시즘이라 규정하기도 어렵지만, 사랑이 스스로를 사랑하는 자기 지칭 구조를 가진다는 점에서 그렇게 말할 수도 있을 것이다.

사랑의 당사자들인 나와 너 모두 불완전하고 볼품없는 존재일진대, 과연 사랑받을 만한 가치가 있기는 한 것일까? 이 처음의 질문으로 돌아가 보자. 만해는 「'사랑'을 사랑하야요」에서 "나는 당신의 '사랑'을 사랑하야요."[13]라고 노래한다. 만해의 시적 화자는 당신을 사랑한다고 말하지 않았다. 대신 당신의 사랑, 즉 당신이 사랑할 수 있는 가능성, 그 사랑의 씨앗을 사랑한다고 말한다. 만해에게 나와 당신은 그저 사랑이 싹틀 빈자리에 불과하다.

이렇게 해서 '사랑은 사랑을 사랑한다'라는 기묘한 동어반복 문장의 의미가 대강의 얼개를 갖게 된다. 만해의 사랑관은 자기도 타자도 아닌 '사랑'이 중심을 이룬다. 사랑으로부터 고립되고 차단된 '나'와 '너'는 애초부터 사랑할 수도 사랑을 받을 수도 없는 자격미달자. (앞선 A, B처럼) 만해도 이런 냉정한 현실 인식을 가진 것 같다. 그런데 이런 현실 인식의 결론이 요즘 사람들이 내리는 방식으로 기울어지지 않는다. 만해는 비정한 현실을 협소한 자기중심 사랑론으로 귀착시키지 않고 사랑 중심의 나르시시즘으로 확장시킨다.

지금까지 이야기를 이렇게 정리해 보자. 공연히 떠벌이거나 궁상떨지 말고, 사랑에 응답하자. 타자 중심이든 자기 중심이든 그리고 연인이나 내가 불완전하든 말든, 사랑은 그런 것에 상관하지 않는다. 중요한 건 사랑의 사건에 호응하는 것이다.

눈밭에서 눈덩이를 굴리듯 사랑에 뒤엉켜 사랑을 키워나갈 때, 너나 할 것 없이 우리는 사랑스러운 존재가 될 수 있다. 그러려면 먼저 사랑의 함박눈이 내려야 한다. 매일매일 '사랑의 조짐'에 민감해야만 하는 이유가 여기에 있다.

오토토토토이

니체는 25세라는 젊은 나이에 고전 문헌학 교수가 되었고, 28세에 『비극의 탄생』(1872)이라는 첫 책을 출간했다. 파릇파릇한 정신이 낳은 이 책은 이후 화염처럼 타오른 니체 철학[14]에 기본 땔감을 제공한다. 여기에서 니체는 당대 유럽 문화 데카당스의 뿌리를 찾기 위해 서양 문화의 계보를 추적한다. 철학자다운 거시적 스케일로 그가 찾은 뿌리의 극단은 고대 그리스 비극이다.

통상 비극은 '슬픈 결말을 가진 연극'으로서 연극의 하위장르로 이해된다. 그런데 비극(悲劇)으로 의역해서 그렇지, 트레저디(tragedy)란 어원적으로 '숫염소의 노래'라는 뜻이다. 다수의 작품에서 주인공이 끝내 파멸되는 패턴을 보여(물론 해피엔딩으로 끝나는 작품도 있다) 비극(悲劇)으로 번역했지만, 원래 동물을 희생물로 바치던 고대 축제의 '원시종합예술', 즉 시가, 건축, 회화 및 조각, 무용, 음악 따위가 분화하지 않던, 줄기세포 같은 예술을 가리키는 말이다. 이런 의미라면, 비극은 서양 예술의 모태라고 규정할 수 있다. 니체가 서양 문화의 기원으로 돌아가, 고대 그리스 비극에 도달한 것은 결코 우연이 아니다.

서양 예술(문화의 고갱이)이 쇠진해진 이유를 니체는 디오니소스 원리의 약화에서 찾는다. 그에 따르면, 예술은 두 가지 원리에 의해 지탱된다. 하나는 '아폴론적 원리'이고, 다른 하나는 '디오니소스 원리'다. 아폴론은 별명이 빛나는 자(포이보스)인 태양의 신이자, 궁술과 예언, 음악과 의료의 신이기도 하다. 형태가 드러나려면 빛이 필요하기에, 아폴론적 원리에 충실한 예술 장르는 조형 예술이며, 이와 관련된 용어로는 형태, 꿈, 아름다운 가상(가면), 선과 윤곽, 절도 등이 꼽힌다.

반면 디오니소스는 마그마처럼 분출하는 근원적 생명력을 상징한다. 그는 포도주의 신이자, 신과 인간 사이에서 태어난 불완전한 신이어서 평민들의 신, 고통받는 신이자 고통으로부터의 해방을 약속하는 신이기도 하다. 디오니소스 원리가 주된 역할을 하는 예술 장르로는 비조형적인 음악이 꼽힌다. 개별화된 형태가 다시 무형으로 돌아갈 때 야기되는 공포와 황홀감, 자기망각, 도취가 이 원리의 연관어들이다. 디오니소스적 예술에서 인간은 더 이상 예술가로 그치는 게 아니라 예술가 자신이 작품이 된다. 춤추는 무용수를 상상해 보라. 그는 예술가이자 작품이다.

니체는 아폴론과 디오니소스 원리가 팽팽한 긴장을 이루고 있을 때 훌륭한 작품이 나온다고 보았다. 힘의 균형이 깨어지는 순간

예술은 병약해진다. 니체의 시선으로 역사를 회고해 볼 때, 서양 예술에서는 디오니소스적 힘이 점점 약화되었다. 첫 조짐은 이미 고대 그리스 시절에 보였다. 말하자면 소크라테스, 에우리피데스와 같은 인물들의 과도한 합리성 추구가 예술을 타락시켰다는 것이다. 이 책 초판본의 원제목은 『음악 정신으로부터 비극의 탄생』이다. 익숙하게 알려진 제목에 '음악 정신으로부터(aus dem Geiste der Musik)'라는 말이 더 첨가되었다는 이야기인데, 그럼 여기서 음악 정신이란 무엇을 가리키는 말일까? 문맥상 대충 디오니소스와 관련 있다는 점을 짐작할 수 있다.

사람들은 음악이 치료의 힘을 가지고 있다고들 말한다. 그리스 신화에서도 의술의 신인 아폴론은 리라를 들고 다니는 음악의 신이기도 했다(아폴론이 수학적 비율의 음악이라면, 디오니소스는 도취와 황홀경의 음악을 가리킨다). 그럼 음악이 가진 치료의 힘은 어디에서 나오는 것일까? 뮤직(Music)이라는 낱말에 그 실마리가 담겨 있다. 뮤직은 뮤즈에서 온 말이고, 예술가들에게 영감을 준다는 뮤즈는 기억의 여신, 므네모시네의 딸이다. 말하자면 음악적 치유력은 기억에서 나온 것이다.

그렇다면 어떤 기억일까? 니체에게 기억은 살갗을 태우는 '화인(火印)', 즉 고통을 통한 각인에 가깝다. 기억은 고통을 수반한다. 기억 자체가 '고통에 대한 기억'이다. 음악은 이 기억에서 유래한 것이며, 비극은 이런 음악에 기원을 두고 있다. 정신분석학에 따르면, 심인성 질병의 대다수는 트라우마에서 기인한 것이다. 너무도 고통스러웠기에 외면하고 부인하고 망각하려던 그 아픈 과거가 유령처럼 현재에도 배회하며 사람들을 괴롭힌다는 말이다. 그런 질환에서 벗어나려면, 먼저 아픔을 직시하고 보듬고 기억해 주어야 한다. 그런 이후에야 트라우마로부터 벗어날 수 있다. 편안히 망각할 수 있다. 이처럼 기억은 망각의 조건이기도 하다.

고대 그리스어에 '오토토토이(otototoi)'라는 말이 있다. 발음이 좀 이상하게 들린다. 일종의 의성어로서 격한 비명, 울부짖음을 가리키는 말이라고 한다. 고통을 토해내는 외침, 타인의 고통에 깊이 공감하는 탄식을 표현한 말이다. 거의 번역이 불가능한 단어다. 이 말이 아이스퀼로스의 비극 〈페르시아인들〉에 등장한다. 그리스와의 무모한 전쟁으로(페르시아 왕의 오만에 기인) 숱한 페르시아 젊은이들이 죽어서, 살아남은 자들이 죽은 자들을 애도하는 내용이다. 놀랍게도 이 비극은 그리스의 원수였던 페르시아인들이 주인공이고 그들의 시선을 담고 있다. 종국에는 죽고 고통받는 자라는 점에서 그리스인들과 페르시아인들은 공감대를 형성할 수 있었다. 극의 마지막에 이 탄식이 등장한다. 전쟁에 패한 페르시아 왕 크세르크세스가 코러스와 이런 이야기를 주고받는다.

> 크세르크세스: 이제 내 외침에 화답하여 그대도 외치시오.
> 코러스: 슬픔에 슬픔으로 처연하게 화답하나이다.
> 크세르크세스: 나와 함께 소리 높여 노래 부르시오.
> 코러스: 아이고 아이고 아이고 아이고!

(옮긴이 천병희 선생은 otototoi를 네 번 반복되는 '아이고'로 번역했다.)[15]

엄습한 고난에 맞서서 인간은 슬픔으로 처연하게 화답한다. 그의 첫 일성은 너무나도 고통스러워서 뜻이 분간되지 않는 비명, 오토토토이다. 이후 도저히 말로는 담을 수 없는 비명은 기억이 되고, 음악의 뮤즈로 변모한다. 이것이 니체의 '음악 정신', 곧 신화 속에서 갈가리 찢겨 고통받았던 디오니소스, 힘없는 민중들이 사랑했던 그 신의 정신이다. 오랫동안 이 비극 정신이 망각되었다. 사람들은 이런 음악 정신으로부터 비극이, 그 비극으로부터 예술이 파생되었다는 사실을 잊고 있다. 해변의 모래알갱이처럼 숱한 음악들이 있건만, 마음을 울리는 음악이 희귀한 것은 이런 이유 때문이지 않을까. 정말로 감동적인 음악은 경쾌하면서도 묵직하고 명랑하면서도 멜랑콜리한 경우가 많은데, 이것도 그런 이유 때문이지 않을까.

사랑하는 무엇을 잃었다. 그 상실로 고통이 해일처럼 밀려올 때 사람들은 한편에서 고통을 잊으려 하면서도, 다른 한편으로 기억하려 한다. 소위 애도 작업이란 고통스런 상실을 둘러싸고서 기억과 망각의 절충 지대를 만들려는 시도다. 음악이란 사랑 상실이 초래한 고통을 견딜 만하도록 기억하는(동시에 망각하는) 심신의 애도 작업이다.

이 글의 일부는 최근 사회와 역사의 아픔에 공감하는 클래식 음악인들의 단체인 '참 필하모닉 오케스트라'(임형섭 단장/지휘자) 결성 및 첫 연주회를 축하하는 글로 사용되었다. 다시금 이 모임에 참여하고 있는 뜻있는 음악인들에게 진심으로 경의를 표한다.[16]

페르세우스 전법

그리스 신화에 등장하는 끔찍한 괴물들 가운데 메두사가 있다. 메두사의 머리카락 한 올 한 올은 혀를 날름거리는 독사들이며, 그녀의 매서운 눈초리와 눈을 맞추는 것들은 모두 돌로 굳어버린다. 여기에서 메두사는 공포의 화신으로 이해될 수 있다. 무시무시한 대상을 만날 때 전율이 일다가 이내 뻣뻣하게 굳어버리는 모습이 연상되기 때문이다. 동시에 메두사는 죽음의 화신이다. 인간을 파멸로 이끄는 죽음 이미지다. 이처럼 공포와 죽음은 동행한다.

상대보다 전투력이 크게 부족하지 않더라도 일단 상대의 시선에 제압당하면 심신이 마비되어 제대로 싸울 수 없다. 그래서 전사들은 초반에 기선 잡는 것을 중요하게 여긴다. 동물 세계에서도 마찬가지다. 눈을 치뜨고 갈기를 세워 덩치를 커다랗게 만들고 우렁차게 포효함으로써 상대에게 공포를 심어주려 한다. 이처럼 공포로 인해 위축되고 마비되어 저항 의지를 상실하게 만드는 것을 '메두사 마비 효과'라고 명명할 수 있겠다.

 상대가 무지막지한 괴물이고 더 나아가 죽음의 화신이라면, 이런 상대에겐 어떻게 대처할 수 있을까? 첫 번째로 줄행랑을 치는 방법이 있다. 도망칠 수만 있다면 그것도 방법임이 분명하다. 대부분의 종교인들은 죽음의 시선이 미치지 못하는 곳이 있음을 믿는다. 과학을 신격화하는 트랜스휴머니스트도 죽음의 피안을 믿는다. 그들은 모두 줄행랑의 가능성을 믿고 있다. 하지만 죽음이 살아있는 것들의 피할 수 없는 운명이라면, 그런 전제 위에서라면, 죽음으로부터 안전한 도피처는 없다. 마치 격투기 공간인 사각의 링 안에서처럼, 도주할 수 없는 생은 죽음과 대면해야만 한다. 생은 죽음에 포위되었다.

 이럴 때 쓸 수 있는 두 번째 방법이 바로 '페르세우스 전법'이다. 신화 속에서 페르세우스는 거울 역할을 할 수 있는 청동 방패를 가지고 괴물을 찾아간다. 메두사의 시선을 직접 응시하지 않고 방패를 들이댄다. 메두사는 방패에 비친 자신의 모습을 보고 마비된다. 상대에게 주려던 공포를 자신이 되받는다. 메두사는 끔찍한 자기 모습을 보고 공포에 휩싸인다. 이같이 사신(死神)을 대적하는 방법은 거울로 비추어서, 죽음에게 죽음 자신을 보여주는 것이다. 공포를 되돌려 주는 것이다. 죽음을 대하는 최후의 방책은 죽음이 죽음을 볼 수 있도록 죽음의 환영을 창작하는 길이다.

 김수영은 '페르세우스 전법'을 숙지하고 있던 시인이다. 그의 유명한 시, 「눈」(1956)은 이렇게 시작된다.

눈은 살아있다

떨어진 눈은 살아있다

마당 위에 떨어진 눈은 살아있다

기침을 하자

젊은 시인이여 기침을 하자

눈 위에 대고 기침을 하자

눈더러 보라고 마음놓고 마음놓고

기침을 하자

눈은 살아있다

죽음을 잊어버린 영혼과 육체를 위하여

눈은 새벽이 지나도록 살아있다

기침을 하자

젊은 시인이여 기침을 하자

눈을 바라보며

밤새도록 고인 가슴의 가래라도

마음껏 뱉자 (「눈」, 전문)[17]

순백의 차가운 눈(雪)이 시적 화자에게는 살아있는 듯 보인 것일까? 하늘 저 멀리에서 추락했으나 눈은 녹지 않고 그대로 남아 있다. '새벽이 지나도록' 눈은 여전히 그대로다. 차가운 이미지임에도 불구하고, 눈이 고스란히 남아 있는 것을 보고 시인은 눈이 살아있다고 느꼈을지도 모른다. 지금까지는 눈을 스노우(snow)로 이해했다. 마당에 떨어진 눈을 백설의 이미지로 상상했기 때문이다. 이 해석 방향에서 '눈은 살아있다' 또는 '눈더러 보라고'라는 표현은 일상에서는 쓰이지 않는 시적 비유로 볼 수 있다. 그러나 또 다른 해석 방향도 가능하다. 즉 눈이 동음이의어 아이(eye, 目)일 수 있다.

시인은 눈이 살아있다고 말한다. 마당에 굴러다니는 살아있는 눈동자는 그 이미지만으로도 낯설고 끔찍하다. 그래서 어색한 비유일 수 있다. 하지만 이 비유 역시 전적으로 불가능한 것은 아니다. 눈을 이렇게 해석하면서부터, 조금 전까지 '눈더러 보라고' 같은 표현은 더 이상 비유가 아니게 되며, 대신 '떨어진 눈'이 시적 비유가 된다.

이제 김수영의 눈을 죽음의 눈, 메두사의 눈이라고 가정해 보자. 죽음의 눈은 살아있다. 지상에 목숨이 붙어 있는 것들 가까이에 있다. 대개 우리는 그 눈의 살아있음을 깨닫지 못한다. 무서워서 그 시선에 눈 맞추지 못한다. 허나 시인이라면 그 눈에 시선을 맞춰야 한다. 눈맞춤의 전율에 몸을 맡겨야 한다.

죽음의 눈을 응시하는 자가 시인이다. "살아서 한 편 한 편의 시를 통해 죽음을 완료"[18]하는 이가 시인이다. 신이 아닌 인간의 창조는 필연적으로 죽음을 수반한다. 적극적으로 죽음을 선취하여 끊임없는 생의 차이를 산출하는 방법 외에 뾰족한 창작법은 없다. 창조를 위한 죽음, 시적 죽음이 죽음에 맞선 김수영의 대처법이다. 그리고 이것이 삶을, 더 나아가 죽음마저도 사랑할 수 있는 유일한 방법이다.

인용된 시에서 '죽음을 잊어버린 영혼과 육체'는 일상에 빠져 사는 우리들이다. 우리가 죽음을 외면하고 망각하는 동안에도 죽음은 호시탐탐 우리를 노리고 있다. 죽음의 눈을 응시한다는 것은 시인의 눈망울에 죽음을 되비쳐 준다는 뜻이다. 페르세우스처럼 시인은 언어를 방패(거울) 삼아 죽음을 비춘다. 언어에 스민 죽음의 그림자가 시인의 기침과 가래, 다름 아닌 시어다.

꼭 시인이 아니더라도, 죽을 것 같은 불안에 진저리치는 사람이 있다면 페르세우스 전법을 권한다. 죽음이 생과 운명 공동체라면, 죽음은 생의 적이자 친구일 수밖에 없다. 그래서 페르세우스 전법은 적과 싸우는 방법이면서 동시에 적을 사랑하는 방법이기도 하다. 말하자면 이 전법은 죽음마저도 사랑하는 태도인데(유행가 가사에 나오는 '전쟁 같은 사랑'인데), 죽음을 대하는 다음과 같은 태도라 보면 될 것 같다.

'죽음아, 나도 죽어가고 있어. 너에게 가까워지고 너랑 비슷해지고 있지. 그러니 우리 친하게 지내자꾸나. 하지만 내게 준 공포는 네게 되돌려 줄게. 미안!'

죽음만이 평등하다

현재 우리는 자본주의 사회, 즉 돈을 통해 거의 모든 것이 교환될 수 있는 곳에서 살고 있기에, 돈의 전능한 위세는 결코 낯선 풍경이 아니다. 돈은 인간의 능력과 가치를 정확하게 수량화한다. 손쉽게 수적 차별과 위계를 만들어낸다. 그리하여 애써 감추고 싶더라도, 서로 간의 불평등이 고스란히 폭로될 수밖에 없다. 스티브 잡스나 빌 게이츠가 우리처럼 청바지를 입고 햄버거를 먹는다 해도 그들은 우리와 절대 같을 수 없다. 그들이 다른 미국인들처럼 똑같이 1장의 투표용지만 받을 수 있다고 하더라도, 정치적 영향력의 측면에서 여타의 미국인들과 결코 똑같지 않다.

2019년 보도에 따르면, 마이크로소프트(MS) 공동 창업자인 빌 게이츠가 순자산 1,100억 달러로 세계 최고 부자라고 한다. 수치만으로는 실감이 나지 않는다. 한 나라의 국내총생산(GDP)과 비교해 보자. 빌 게이츠라는 개인의 자산이 세계 GDP 순위 60번째인

에콰도르의 1,079억 달러보다 많다. 에콰도르는 약 28만 제곱킬로미터의 면적을 가진 나라로서(한반도의 1.284배) 인구는 약 1,764만 명 규모의 나라다. 이 나라가 1년 동안 생산한 경제적 가치가 빌 게이츠 재산만도 못한 셈이다. 돈을 척도로 삼는다면, 인간은 분명 평등하지 않다. 돈이 아닌 다른 척도로 잴 경우에도 마찬가지다. 어떤 사람은 근력이 뛰어나고 어떤 이는 음악에 소질이 있고, 다른 사람은 말재간이 탁월하다. 그렇다면 '평등'의 가치는 어디에 뿌리내리고 있는 걸까? 한갓 공상에 불과한 것 아닐까?

지상에 존재하는 평등은 오직 죽음뿐일지도 모르겠다. 누구나 죽는다는 점만큼은 지금껏 예외가 없었다(신화나 종교의 불멸 이야기를 곧이곧대로 믿지 않는다면). 박정희, 김일성 같은 절대 권력자도, 이건희, 잡스 같은 글로벌 부자도 모두 똑같이 죽는다. 불평등한 세상에서 죽음만이 평등을 입증하고, 죽음만이 약한 이들에게 작은 위안을 준다.

빌 게이츠는 기부를 많이 하는 사람으로도 유명하다. 만일 그가 죽지 않는 불사의 존재라면, 그처럼 통 크게 기부할 수 있었을까? 아마 그러기는 쉽지 않을 것 같다. 인간이 영원히 부자이기를 욕망한다면 말이다. 죽음 앞에서는 돈도 권력도 명예도 무의미해지기에 사람들은 양보와 겸손의 미덕을 배울 수 있다. 어차피 공수래공수거(空手來空手去)니까, 아낌없이 베풀 수 있다. 죽음에 대한 자각이 사람을 성숙하게 만든다. 특히 불평등 구도 내에서 오만했던 강자마저 현자로 만들 수 있다.

언제부턴가 인간은 우주선을 타고 지구를 탈출하는 것을 대단한 진보인 양 떠벌이고 있다. 정말 그럴까? 지구는 인간의 불가피한 조건이 아닐까? 지구 생태계와 인간은 눈에 보이지 않는 촘촘한 끈으로 엮여 있어서, 마치 물고기가 물 바깥에서 살 수 없듯이, 인간은 지구라는 환경을 떠나서는 살 수 없을지도 모른다.

하지만 현대 과학은 인간의 몸마저 '인공적'으로 개조함으로써 지구와 이어진 탯줄, 그 마지막 끈조차 제거하려 하고 있다. 심지어 육체뿐 아니라 지능까지도 인공물로 대체하려는 시도에 환호하는 트랜스휴머니즘(transhumanism)이 등장하기도 했다. 영생을 위해 트랜스휴머니스트들은 자기 몸뚱이를 포함한 자연을 버리려 한다. 옛 애니메이션 〈은하철도 999〉는 인간이 불멸하고자 기계가 되기를 갈망하는 모습을 이미 잘 보여주었다. 불멸하는 AI 로봇은 더 이상 인간이 아니다. 죽지 않는 것은 인간이 아니다. 그것은 애초부터 생명이 없던 것이거나 불멸하는 신(유발 하라리의 호모 데우스)이다.

에우리피데스의 『알케스티스』라는 작품에는 아폴론과 죽음의 신이 대화하는 장면이 등장한다. 지식과 의료의 신 아폴론은 장수를 누릴 수 있는 비법을 사신(死神)에게 묻는다. 빛나는 의학 기술에 기대어 무병장수의 유토피아를 꿈꾸는 현대인처럼 아폴론은 오래 사는 법이 있다면 마냥 좋은 게 아니냐는 태도를 취한다. 하지만 죽음은 오히려 그것의 해악에 대해 이렇게 말한다.

가진 자를 위해 그대는 그 법을 세우는 것이오. 포이보스여! … 그러

면 그럴 능력이 있는 자들은 고령의 죽음을 사게 될 것이오.[19]

이 작품의 배경 신화는 이렇다. 아드메토스 왕이 죽을병에 걸린다. 대신 죽어줄 사람이 있으면 살 수 있다는 말을 신으로부터 듣는다. 어떤 사람(심지어 부모)도 대신 죽기를 거부할 때, 부인 알케스티스가 남편 대신 죽기를 자청한다. 알케스티스가 죽자 왕은 부인의 죽음을 애도하고 자책하면서 자살까지 생각한다. 마침 왕의 친구 헤라클레스가 왕궁에 들르고, 왕은 아무 일도 없는 척하며 헤라클레스를 후하게 접대한다. 사정을 전혀 모르는 헤라클레스는 술주정하며 말썽까지 부린다. 전후 사정을 알게 된 헤라클레스는 저승까지 찾아가 저승사자를 무력으로 제압한 뒤 알케스티스를 구해 온다.

불멸을 위한 과학기술은, 에우리피데스의 통찰대로, 아마 '가진 자'를 위한 것이 될 것이다. 불평등한 특권을 지키고자 했던 인간의 끈질긴 역사가 그런 판단의 근거다. 그나마 기득권층이 평등하게 죽었기에(물론 자유와 평등을 향한 피지배층의 피땀 어린 노력도 있었지만), 계급의 항구적 고착화가 실현되지 못했다. 그런데 그들이 불멸하는 기술을 독점할 수 있다면, 기득권의 오랜 꿈은 실현될 것이다. 지상에서 평등에의 희망은 사라질 것이다. 이런 점에서 죽음을 부정하는 행위는 평등을 비롯한 수많은 가치와 미덕 그리고 지혜의 원천을 고갈시킬 수 있다.

마지막으로 알케스티스의 행위가 상징하는 메시지, 즉 '사랑만이 죽음을 이긴다'는 상투적인 말은 어떻게 해석하면 좋을까? 아폴론도 못 이기는 타나토스를 어떻게 에로스가 이길 수 있다는 말인가? 이 물음에 대해서는 '주권'(sovereignty) 개념이 도움을 줄 수 있겠다. 민주주의 사회에서 시민은 주권자로서 법을 만들고 수호하고 폐기하기도 한다. 물론 현실에서 시민은 법의 적용 대상에 불과하거나 법을 따르기에 급급하다. 하지만 진정한 주권자라면, 법을 정초하기도 할 뿐만 아니라 잠정 보류하거나 폐기할 수도 있어야 한다.

이와 유사하게 사랑이란 (평등한 죽음에 의지해) 평등을 보장하는 법의 근거이자, (죽음의 평등원칙을 넘어) 법의 중지 혹은 예외 상황마저 결정하는 지고의 주권이라고 말할 수 있겠다. 그런 점에서 알케스티스(우정으로 죽음을 이긴 헤라클레스도 마찬가지다) 같은 이는 평등한 죽음의 법을 중지시킨 숭고한 '사랑의 주권자'라고 칭할 만하다. 오직 사랑만이 예외적으로 법을 어길 수 있다. 사랑이야말로 존재의 주권자이기 때문이다.

복수의 여신들

『춘향전』의 한 대목에는 이런 장면이 등장한다. 이몽룡이 한양으로 과거시험을 보러 간다. 성춘향과 그녀의 모친 월매는 남원에 남아 그를 기다린다. 과거에 급제한 이몽룡은 암행어사가 되어 다시 남원 땅을 밟는다. 처갓집에 당도하자, 그는 대문으로 곧장 들어가지 않고 담장 너머를 기웃거린다. 그때 월매가 정화수를 떠놓고 기도하는 모습을 본다. 그녀는 사위가 꼭 장원급제하게 해달라고 간절히 기원하고 있었다. 그 모습을 본 이몽룡은 뒤늦은 깨달음에 탄식을 터트린다. '내가 내 힘으로 급제한 줄 알았는데, 알고 보니 장모의 지극 정성 때문이었구나!'

자기 잘난 탓에 이룰 수 있는 일은 극히 적다. 내 신변상에 무언가 크고 멋진 일이 일어날 땐, 보이든 보이지 않든, 그 일을 도와준 사람들이 많기 마련이다. 잊지 않고 그들에게 감사하는 것이야말로 인간이 반드시 길러야 할 덕성이다.

앞의 장면에서 월매가 기도한 내용은 무엇이었을까? 사위가 장원급제해서 옥중에 갇힌 딸 춘향이를 구해달라는 것이었다. 이것은 기복(祈福)이다. 이 기도 속에는 미움의 감정도 섞여 있기 마련이다. '내 딸은 이리 고생하고 있는데, 너는 도대체 뭐하고 있는 거냐'며 사위를 원망하는 마음도 있었을 것이다. 심지어 거기에는 변사또에 대한 원한의 불길이 활활 타오를 수도 있다. 어쨌거나 그녀의 기도에는 소원과 원한이 혼재해 있을 거라 추정된다.

원한은 복수의 감정이다. 복수란 무엇일까? 앙갚음이다. 최소한 받은 만큼을 되돌려 갚아 주는 행위다. '눈에는 눈, 이에는 이'가 그것을 대변해 준다. 이런 복수가 원초적인 정의(justice)의 모습이다. 사법체계가 갖추어지지 않은 과거에 그토록 많은 사람들이 복수에 목을 맨 이유가 여기에 있다. 옛날 사람들은 자신의 인생이 망가지는 줄 알면서도 복수에 집착했다. 그것이 인류 도덕의 근간이라 보았기 때문이다. 인간이 금수와 다른 점이라 여겼기 때문이다. 하지만 피가 피를 부르는 복수의 악순환 때문에, 사법질서가 마련되었다. 제3자인 판사(혹은 배심원)와 법이 공정하게 죄를 심판하도록 만든 것이다. 그러나 복수는 여전히 원초적인 정의감에 속한다. 법적 정의 역시 죄에 따른 응분의 벌을 내리는 등가교환의 원리(저울로 상징)에 기초한다는 점에서 복수의 원리를 바탕에 깔고 있다.

그리스 비극작가 아이스퀼로스의 『오레스테이아』 3부작에는 복수의 여신들이 등장한다. 트로이 전쟁에서 그리스 총사령관이었던 아가멤논은 군함의 출항을 위해 딸 이피게네이아를 희생양으로 바친다. 그의 아내인 클뤼타임네스트라는 딸을 죽인 비정한 남편에게 앙심을 품고, 그가 전쟁의 승리자로 돌아왔을 때 잔악하게 살해한다. 이어 아들이자 왕위 승계자인 오레스테스가 어머니 클뤼타임네스트라를 죽인다. 복수가 꼬리에 꼬리를 물며 반복된다. 이때 망령이 된 클뤼타임네스트라가 복수의 여신들을 일깨워 아들을 괴롭혔기에, 오레스테스는 거의 미치광이가 된다. 이것을 아테네 신이 중재한다. 복수의 여신들과 새로운 정의의 신 아폴론을 법정에 세운다. 복수의 여신들이 상징하는 구(舊) 정의와 아폴론이 상징하는 신(新) 정의, 즉 공권력이 확보해 준 사법적 정의가 열띤 논쟁을 벌이고, 결국 아폴론의 승리로 귀결된다. 논쟁의 장소가 법정이라는 점에서 벌써 승패는 판가름 난 셈이다. 그러나 지혜로운 아테네는 복수의 여신들을 자비로운 여신들로 승격시킨다.

원초적 정의인 복수가 사법적 정의로 이행되는 것은 합리적인 과정으로 보인다. 그렇다고 거기에 아무런 문제도 없는 것은 아니다. 총으로 권력을 잡은 전두환 씨는 5.18 희생자 유가족들에게 과연 어떻게 보일까? 연쇄살인범에게 딸을 잃은 아버지는 법정이 내린 살인범의 형량을 쉽게 받아들일 수 있을까?

아이스퀼로스가 복수의 여신들을 끝까지 배려한 이유는 아마도 여기에 있을 것이다. 복수심은 여전히 정의감의 원천이기 때문이다. 그리고 아무리 세련된 사법 정의라도 기본적으로는 '눈에는 눈, 이에는 이'라는 죄와 벌의 등가 원리에 뿌리를 두고 있기 때문이다. 그렇다면 복수와 정의는 우리의 통념보다 훨씬 더 친밀한 관계일지도 모른다. 지극히 주관적인 '짜증'이 아니라면, 한 개인의 분노가 '공분'(公憤)으로 쉽게 전환될 수 있는 이유도 여기에 있을 것이다.

마지막으로 한 가지 의문만 풀기로 하자. 복수(revenge)의 여신 '들'은 왜 복수(複數, plural)로 설정되었을까? 신화적으로는 에리뉘에스 세 자매라고만 묘사되어 있을 뿐이다. 앞서 춘향전을 통해 미처 생각하지 못한 숨은 조력자들이 있다는 이야기를 한 바 있다. 그렇다면 타인에게 해를 끼치는 경우도 마찬가지 아닐까? 전혀 예상치 못했던 사람들이 나로 인해 다칠 수 있다. '무심코 던진 돌에 죽은 개구리'라는 말도 있듯이, 한 사람의 행위는 뜻밖의 사람에게도 해를 미칠 수 있다. 그렇다면 나의 죄를 응징하려는 이들은 단지 알려지지 않았을 뿐이지, 복수일 수밖에 없을 것이다. 직접적인 피해 당사자에게 겨우 용서를 받았다 해도, 온전한 해원(解冤)을 성취하기 어려운 이유다.

진정한 기도는 한갓 복을 구하는 행위가 아니다. 고마운 이들에게 감사하고 폐를 끼친 이들에게 용서를 구하는 행위다. 잘 알고 있는 대상은 말할 나위도 없거니와 전혀 모르는 존재들에게도 감사와 사죄의 마음이 전해지기를 간절히 청하는 행위다. 당연히 간청하는 기도는 자신을 하염없이 낮추는 자세에서 시작된다. 다른 한편 기도란 자신이 타인을 용서할 수 있게 해달라는 기원이기도 하다. 가혹한 복수로도 사법 집행으로도 결코 분이 풀리지 않는 이들을 용서하기란 거의 불가능에 가깝다. 기도는 이런 불가능한 용서를 실천하도록 심신을 가다듬는 사랑의 다짐이다.

생각한다는 것은 감사하는 것이다

 도무지 글이 써지지 않을 때가 있다. 이럴 땐 무능력해진 상황과 이유 또는 푸념만을 겨우 적을 수 있다. 돌이켜 보면 이런 푸념은 꽤 오랜 내력을 가지고 있다. 예컨대 억지로 일기 숙제를 해야만 했던 초등학교 시절까지 거슬러 올라간다. 물론 그때는 그것이 심각한 스트레스의 원인은 아니었다. 스트레스를 유발하기 시작한 것은 글쟁이가 되기로 마음먹었던 때부터다. 생각하는 일도 그것을 글로 옮기는 일도 분명 본능에서 나온 것은 아닌 것 같다. 차라리 억지로 짜내는 인위적인 일에 가깝다. 대체 왜 생각하고 글을 써야 하는 걸까? 감히 비교할 수 없음을 알면서도, 글 못 쓰고 있는 사람은 소크라테스, 공자, 예수, 석가를 호명한다. 그들이 문맹은 아니었지만 글 한 줄 남기지 않았다며 자신을 합리화하곤 한다.
 생각하는 것에 대해서 철학자 하이데거는 두 가지 알쏭달쏭한 말을 남겼다. 하나는 "학문은 생각하지 않는다"이고 다른 하나는

"생각한다는 것은 곧 감사한다는 것"이다. 앞의 말은 오직 뒷말을 통해서만 이해된다. 상식적인 의미에서 학자들이 생각하지 않는다고 볼 수는 없다. 누구보다 생각을 많이 하는 사람들이 학자 집단에 속한 사람들이다. 그런데 그들의 생각은 합리적으로 '계산'하는 지적 활동, 다시 말해 사리를 분별하고 따지는 활동이자 자신이 창안한 가설을 정당화하는 지적 활동이다. 학문적 사유의 힘은 (미래를 예측할 수 있는) 법칙을 발견함으로써 확보되는 현실 장악력을 말한다. 이런 차원의 생각이란 자연과 또 다른 인간을 지배하고 정복할 수 있게 해주는 도구적 이성에 불과하다. 이것이야말로 머리 좋은 똑똑이라 불리는 이들의 생각이며, 그런 생각의 산물이 바로 지식이다.

이것 말고 또 다른 종류의 생각이 있을까? 지식과 구별되는 지혜는 무엇일까? 하이데거는 감사의 생각을 꼽고 있다. 심지어 감사에서 유래된 생각이 생각의 본령이라 말한다. 일단 그는 어원에서 실마리를 잡는다. 독일어에서 '생각하다'는 의미의 '뎅켄'(Denken)과 '감사하다'는 의미의 '당켄'(Danken)이 같은 어원에서 나왔을 거라 추정한다. 영어식으로 말하면, think와 thank가 같은 뿌리에서 파생된 것이라 보는 것이다. 그럴듯해 보여도 아직 감사와 생각의 연결고리는 막연하다.

언제 우리는 생각할까? 옛 철학자들은 '존재의 경이'를 느끼고 난 다음이라고 말한다. '아니 어떻게 이런 게 있을 수 있을까? 이런 것이 없지 않고 존재하는 이유는 무엇일까?'라는 물음이 떠오르면서 생각은 시작된다. 무엇인가 놀라움을 야기하는 것이 주어진다. 그 앞에서 놀라고 당혹스러워하다가 비로소 생각을 하기 시작한다는 것이다. 소위 '지적 자극'이 이런 것이다. 더 나아가 내가 존재의 주인이 아닌 이상, 그저 있는 것은 모두 '주어진(given) 것'이다. 선물(gift)로 받은 것이다. 그렇기에 감사해야 한다. 주어진 것을 선물로 간주하고 감사함을 표하는 과정 전반이 생각 활동의 전모이다.

이런 논의 전개가 조금 억지스럽다는 인상을 받을 것이다. 통상 선물은 좋은 것이지만, 주어진 것이 모두 좋은 것일 리는 만무하기 때문이다. 그러나 선물이 꼭 좋은 것이 아니라는 점은 조금만 성찰해 보면 금방 알 수 있다. 선물이 뇌물로 판명되는 일은 차치하고라도, '새옹지마' 같은 고사성어가 알려주듯이, 좋은 것은 항상 정반대의 나쁜 것으로 뒤바뀔 수 있다. 선물은 파르마콘(pharmakon), 즉 약이면서 독이다.

주어진 것이 워낙 형편없게 보인다면, 쉽게 선물이라 여기지는 못할 것이다. 선물로 여겨지기까지 오랜 시간 동안 머리를 싸매고 고통의 시간을 견뎌야 한다. 주어진 것의 의미를 묻는 데 사력을 다하지 않을 수 없다. 이런 점에서 그리스 비극에 나오는 경구, '고통으로부터의 배움'을 이해할 수 있다. 도저히 선물로 여겨지지 않는 것을 선물로 받아들이는 과정에서 인간은 성숙한다. 새해가 되어 나이 한 살 더 먹는 것이 결코 성숙을 보장해 주지 않는다.

프로메테우스의 선물을 떠올려 보자. 사람들은 프로메테우스가 인간에게 '불'을 선물하고 코카서스 암벽에 묶여 날마다 독수리에게 간을 쪼아 먹히는 형벌을 받았다고 알고 있다. 실제로 불은 유익하기도 해를 끼치기도 한다. 불이 상징하는 기술과 이성 역시 마찬가지다. 그것들은 인류 문명 발전의 원천이자, 동시에 핵무기로 대표되는 인류 멸종의 잠재적 원인이기도 하다. 그런데 비극작가 아이스퀼로스에 따르면, 프로메테우스는 불 말고도 인간에게 준 것이 더 있다. 그것도 일종의 선물이라면 선물인데, 하나는 인간이 가련한 자기운명을 알 수 없게 해주었다는 것이며, 다른 하나는 앞으로 더 나아질 거라는 맹목적인 희망을 품고 살도록 해주었다는 것이다.[20] 운명에 대한 무지와 맹목적인 희망, 과연 이것은 인간에게 약일까 독일까? 여기서는 '모르는 게 약'이라는 속담이 '아는 게 힘'이라는 금언을 이긴다. 아무튼 프로메테우스가 인간에게 파르마콘을 선사한 것만큼은 분명하다.

다시 처음의 질문으로 돌아가 답해 보자. 대체 왜 글을 써야 할까? 감사할 게 있기 때문이다. 진심으로 감사하고 기억하고픈 것들이 있기 때문이다. 다른 한편 주어진 모든 것들을 선물로 여긴다는 것이 거의 불가능하기에, 그렇게 여기기까지 오랜 숙고가 요구된다. 글은 그 고된 숙고의 산물이기도 하다. 진심으로 감사의 마음이 우러나올 때 비로소 값진 글이 탄생한다. 보통 책의 처음이나 끝에 '감사의 글'이라는 게 붙어 있다. 책을 쓸 때 도와준 이들에 대한 감사를 표하는 부분이다. 그런데 책이라는 것 자체가 실상은 거기 언급된 존재자들 전체에 대한 감사의 글이라 할 수 있다.

어느 시대나 지식인들은 동시대인들이 생각하지 않는다고 개탄

한다. 한때는 TV를 원흉으로 삼았다가 지금은 인터넷을 그 원인으로 지목한다. 그러나 근본 원인은 따로 있다. 감사할 줄 모른다는 데 있다. 준 만큼 받고 받은 만큼 주는데 특별히 감사할 게 없다는 식이다. 이런 세계에서는 기껏 손익계산하는 생각만 횡횡한다. 그러나 계산하는 '나' 역시 주어진 선물임을 안다면, 감사는 인간이 피할 수 없는 운명이다. 그리고 어떤 의미의 선물인지를 알아내는 것은 인간에게 부과된 과제다. 우리가 때때로 삶의 의미를 묻는 것은 생이 짊어진 그 과제 때문이다.

요컨대 인간은 호모 사피엔스이기 이전에 존재에 대해 감사할 줄 아는 동물이다. 그는 지성을 소유하기 이전에, 지성을 선물 받은 것에 감사할 줄 안다. 감사하는 과정에서 무한한 우주와 생명 탄생의 전 과정을 회고하며, 그 망망대해에 한 점으로 떠 있는 자기 자신의 존재 이유를 성찰하는 존재다.

이거 사줘, 알았지?

으레 아이들은 생일날과 크리스마스를 손꼽아 기다린다. 선물을 받을 수 있는 날이기 때문이다. 요즘 아이들은 그날 받게 될 선물을 미리 결정해서 알려준다. 자기 욕망에 솔직해야 한다고 배운 탓일까? "다음번 생일선물로 이 로봇 사줘, 알았지?"라고 서슴없이 말한다. 물론 그 모습까지 귀엽고 깜찍하고 앙증맞다. 그러니까 어린애다. 그런데 다 큰 어른이 그런 말을 한다면 어떨까? 선물을 달라고 조르고, 그것도 특정 물품을 콕 찍어서 선물을 요구하는 것은 뭔가 어색하고 불편하다. 감사해야 한다고 타인에게 강요하는 것이니 말이다.

타인이 내게 감사를 요구하자마자 그나마 감사했던 마음조차 사라져 버린다. 그가 베풀어 준 것이 조건부 베풂이었음을 폭로한 셈이기에 그렇다. 그는 되받을 것을 기대하고 준 것이다. 이것은 일종의 뇌물이고 거래다. 선물은 아니다. 선물은 개념상 무상(無償)의 증여, 즉 되받을 것을 기대하지 않고 선사한 것이기 때문이다. 당연히 이 개념에 꼭 들어맞는 선물은 희귀하다.

'돌려받을 것을 일절 기대하지 않고 준다는 게 세상에 가능하기나 한 일인가?'라며 사람들은 반문할 것이다. 주위를 둘러보거나 과거를 되돌아보아도, 그런 경우는 발견하기 힘들다. 어쩌면 무상의 증여란 현실적으로 불가능할지도 모른다. 그러나 실현 불가능하다는 이유로 이 개념을 포기하자마자, 더 이상 선물과 뇌물을 구분할 수 없는 상황이 초래된다. 세상에는 오직 뇌물만 남는다. 선물이란 낱말은 그저 뇌물의 번지르르한 포장지일 뿐이다.

사전에서 선물이란 단어는 영원히 삭제되지 않을 것이다. 아무리 선물과 뇌물의 경계선이 흐릿하다고 해도, 어지간히는 둘을 분간하며 살고 있다. 청탁금지법에서 '선물상한액 5만원' 같은 법령을 만들 수 있는 것도 선물 개념이 현실적 힘을 발휘하기 때문이다. 무상의 증여라는 선물 개념이 없다면, 뇌물의 정도를 측정하는 것도 불가능하다. 이것은 선물 개념이 한갓 무기력한 관념이 아니라 법적 구속력을 행사할 수 있는 실효 개념임을 알려준다.

이외에도 선물이 엄존한다는 것을 확인할 수 있는 장이 있으니, 바로 사랑의 공간이다. 지상에서 선물이 사라진다는 것은 사랑이 증발하고 있다는 증거다. 대개 연애의 지속 여부는 준 만큼 받으려는 '기대'를 얼마만큼 감량하느냐에 달려 있다. 관계가 파경에 이른 경우, 양쪽 모두 준 것보다 받은 게 적다는 피해의식이 지배적이다. 이런 상황에서 파탄의 책임은 당연히 상대에게 있다. 문제는, 책임을 전적으로 상대에게 떠넘기더라도, 자신 역시 홀가분하지 않다는 점이다. 고정희의 시 「상처」는 이런 내용을 담고 있다.

> 당신이 조금만 더 친절했더라면 저 쓸쓸한 황야의 바람을 잠재울 수 있었을 것입니다 당신이 조금만 더 가슴을 열었더라면 저 산등성이 날아오르는 새들이 저무는 하늘에 신의 악보를 연주할 수 있었을 것입니다 당신이 조금만 더 조금만 더 가까이 다가설 수 있었더라면 세상은 한발짝씩 천국 쪽으로 운행할 수 있었을 것입니다. … 아아 자나깨나 내 머리맡에 너무 큰 하늘이 내려와 있어 밤마다 서슬을 세운 별들이 명멸하고 적막한 산천 처마 밑에서 노여운 내가 마녀처럼 울고 있습니다[21]

사랑을 준 만큼 기대가 커진다. '내가 이만큼 사랑을 베풀었으니 최소 이 정도는 사랑받을 수 있을 거야'라는 기대를 하기 마련이다. 그렇지만 번번이 상대는 기대에 못 미치는 사랑을 준다. 불공정한 거래다. 괘씸하고 불의한 일이다. 그래서 관계 파탄의 모든 책임을 상대에게 지운다. 상대는 악마가 된다. 나는 처음엔 악마의 꼬임의 희생물이었다가, 나중엔 악마를 처치한 의인이 된다. 하지만 종국에는 불공정 거래를 시정하는 '분노하는' 나도 마녀가 되고 만다. 정의를 구현한 나 역시도 불행해진다. 왜 그럴까?

사랑은 정의가 아니기 때문이다. 사랑은 준 만큼 받는 공정하고 대칭적인 거래가 아니다. 정의의 신은 언제나 눈을 가린 채 저울을 들고 있다. 형평을 따진다. 반면 사랑의 저울은 언제나 어느 한쪽으로 기울어 있다. 부모 자식, 연인, 선후배, 어느 사이든 대칭적인 관계를 본 적이 있던가? 옛 속담, '내리사랑은 있어도 치사랑은 없다'도 사랑의 비대칭성을 표현한 말이다. 그나마 친구 사이가 얼추 대칭적인데, 그 관계도 언제든 파기될 수 있는 비즈니스 관계에 비하면 비대칭적인 것이 사실이다. 고정희 시의 화자는 자꾸 커져만 가는 '기대'를 버리지 못했다. 연인인 '당신'이 객관적으로 잘못했더라도, 조건 없는 사랑에 실패한 시적 화자는 슬피 울 수밖에 없다. 마녀가 될 수밖에 없다.

용서라는 뜻의 외국어(forgive, pardon) 낱말에는 '선물을 주다'라는 의미가 담겨 있다. 용서라는 것이 무상의 증여이자 조건 없는 사랑이란 뜻이다. 그렇다면 상대가 참회하며 진심으로 용서를 빌 때는 말할 것도 없거니와 심지어 후안무치로 나오더라도 용서할 수 있을 것이다. 용서란 본시 조건을 달지 않는 것이기 때문이다. 용서할 수 있으려면, 용서하는 이의 사랑이 압도적으로 커야 한다. 그래야만 정의라는 소중한 가치마저 가뿐히 초월할 수 있다. 그런 사람은 거래에 '무능할 수 있는' 현자다. 동시에 '무능해 보이는' 바보다.

굳이 이런 현자를 상정하지 않더라도, 미숙과 성숙이라는 상대적인 '무르익음의 격차'만 있어도 용서는 가능해진다. 예컨대 어린 학생은 어쩌다 내뱉은 선생의 한마디 말에도 깊이 감동할 수 있다. 특별한 내용이 없어도 어린 학생에게 큰 감흥을 불러일으킬 수 있다. 이 경우 먼 훗날까지 학생은 선생을 기억하고 감사의 마음을 가지기 마련이다. 반면 선생은 학생의 얼굴이나 이름을 기억조차 못한다. 하물며 뭔가를 선사했다는 기억도 없다. 선생이 특별한 선사를 의도하지 않았지만, 때때로 선생은 그의 존재만으로도 학생에게 소중한 것을 줄 수 있다.

선물의 가장 원초적인 모습은 부모 자식 관계에서 볼 수 있다. 특히 어머니는 발가숭이에게 무상의 증여를 베풀 수밖에 없다. 어머니가 유별나게 지혜롭고 사랑이 많아서가 아니다. 핏덩어리로 세상에 나온 자식과 어미의 무르익음 격차가 최고치에 해당하기 때문이다. 용서를 뜻하는 한자 서(恕)의 옛 형태는 㤅라고 한다. 철저히 무력하고 어엿븐 갓난아기를 처음 마주했던 그 여자의 마음, 그것이 바로 용서다.

욕망은 결핍이 아니다

 컵에 물이 반쯤 담겨 있다. 어떤 이는 물이 반밖에 없다고 투덜대고, 다른 이는 반이나 있다고 기뻐한다. 욕망의 크기는 만족에 반비례한다. 욕망이 크면 클수록 만족은 줄어든다. 여기에서 컵이 욕망을 뜻한다면, 욕망의 사이즈가 절반인 사람은 절반 크기의 컵에 가득 찬 물을 상상한 셈이다. 원래 컵은 모자란 것도 가득 찬 것도 아니다. 그저 빈 것일 따름이다. 컵, 즉 아랫면과 옆면에 둘러싸인 '허(虛)'는 무언가(물이든 커피든)를 담아 누군가에게 선사하기 위한 용기일 뿐이다.

 1990년대부터 욕망이란 키워드가 풍미하기 시작하더니 그와 함께 '결핍'이란 용어도 덩달아 유행 중이다. 매사 결핍을 당연시할 뿐만 아니라 심지어 부족분을 채우려는 욕망이 사람을 더 향상시킨다고 미화한다. 해갈되지 않은 갈증인 '헝그리 정신'을 높이 평가한다. '나는 아직 배가 고프다' 같은 유행어는 이 정신을 집약적으로 말해 준다. 그런데 과연 인간을 '허기진 욕망'으로만 볼 수 있을까? 왜 이다지도 탄탈로스의 후예들이 많아진 것일까?

욕망을 결핍으로 규정한 원조 철학자는 플라톤이다. 플라톤은 에로스적 욕망을 결핍된 존재로 보았다. 에로스는 모든 이분법적 극단, 예컨대 풍요와 빈곤(에로스는 풍요의 남신과 빈곤의 여신 사이에서 나온 자식으로 묘사됨), 존재와 무, 앎과 무지, 아름다움과 추, 선과 악 등의 '사이'에 있는, 무언가 부족한 존재다. 욕망은 오직 이 사이에서만 일어난다. 만약 양극단에 발을 딛고 있다면, 욕망은 결코 일어날 수 없다. 예를 들어 모든 것을 알고 있는 신은 알고픈 욕망이 있을 수 없다. 신은 철학하지 않는다. 철학(philosophy)은 말 그대로 앎(sophia)에 대한 욕망(philia)이기 때문이다. 이와는 반대로 철저하게 무식한 사람도 지적 욕망이 불가능하다. 질문조차 던질 수 없기 때문이다. 모른다는 것조차도 모르기 때문이다.

플라토닉 러브의 핵심은 세간에 알려진 것처럼 '지고지순한 정신적 사랑'에 있는 것이 아니다. 차라리 그것은 존재의 완전성을 갈망하는 사랑이고, 아름다운(좀 더 완전한) 타자를 소유함으로써 자기 결핍을 메우려는 욕망, 즉 타자를 자기화하는 나르시시즘이며, 궁극적으로 불멸의 존재가 되기를 갈망하는 '불멸에의 욕망'이다. 그리하여 죽음을 초월/극복하고, 죽음을 제거하고자 하는 욕망이다. 컵의 빈 구석을 몽땅 채워버리려는 '잇빠이(いっぱい)' 욕망이다.

결핍은 완전성을 전제한다. 완전성이 전제되지 않은 결핍은 없다. 완전한 것을 기준으로 삼아야만 부족한 부분이 측정되기 때문이다. 그런데 현실에 100% 완벽한 것은 없다. 예컨대 완벽한 사과, 완벽한 인간 같은 것은 없다. 그것은 머릿속에서 그려 볼 수 있는 이념으로만 존재한다. 이런 아이디어에서 나온 것이 바로 플라톤의 '이데아'다. 그렇다면 결핍을 말하는 사람은 부지불식간에 자신이 플라톤주의자임을 인정한 꼴이 된다.

다른 것들은 모르겠으나, 최소한 인간만큼은 결핍된 존재가 아니다. 완전성을 가정할 수 있는 '것(res, 사물)'이 아니기 때문이다. 인간이 성취하고 다가서야 할 완전한 존재, 즉 신과 같은 존재는 실존하지 않는다. 신이 있더라도, 그는 인간이 알고 있는 존재의 완전성을 초월할 것이기에, 완전성으로 신을 유추해서도 안 될 것이다. 신을 완전한 존재로 그려 본 그림은 유한한 이성이 얼기설기 짜집기한 몽타주에 지나지 않는다. 이런 점에서 볼 때, 동굴 속 우상을 경계했던 플라톤마저 '완전성이라는 허상'으로부터는 자유로울 수 없었다.

욕망은 결핍이 아니다. 【결핍-완전】의 도식 바깥에 있는 것이 인간 욕망이다. 이 도식을 가지고서는 인간이 한갓 '대상'으로만 파악될 뿐이다. 기껏 설계도면(완전함의 상징)이 있는 '사물'로서 이해된다. 설계도면대로 만들어지지 않은 것은 부실하고 결핍이 있는 것으로 여겨진다. 그런데 인간을 사물과 비교하는 것은 온당하지 않다. 욕망이란 존재의 결핍이 아니라, '사이와 선사(膳賜) 그리고 밝힘'에 가까워 보인다.

욕망은 '사이의 빔'이다. 이 빔을 사람들은 결핍이라 착각하고 있다. 사이는 채워질 수 있으나, 항상 다시 비워져야만 한다. 생물학적으로 인간 몸은 입에서 항문으로 이어진, 9미터가량의 긴 관(管)이라고 볼 수 있다. 몸 '내부의 바깥'인 그 빈 곳에서 생명의 에너지가 공급된다. 그 에너지로 삼라만상의 존재가 드러난다. 과학자들에 따르면, 1.4킬로그램밖에 안 되는 작은 뇌가 소화기관에서 공급되는 에너지의 대략 20퍼센트나 사용한다고 한다. 그렇게 작동하는 지적 욕망은 138억 년 우주의 역사와 운행 원리를 '밝혀주고' 있다. 이렇듯 욕망이 결핍이 아니라 밝힘이고 선사인 것은, 욕망 깊숙이 '사랑'이 도사리고 있기 때문이다. 그리하여 시인 김수영은 "욕망이여 입을 열어라 그 속에서 사랑을 발견하겠다"[22]라며 자신만만하게 외쳤던 것이다.

신화 속에서 에로스는 처음부터 결핍의 신이 아니었다. 완벽한 미의 여신 아프로디테를 졸졸 따라다니는 그녀의 어린 아들로 그려지기도 하는데, 그건 제우스가 가부장적 권력을 잡은 이후의 어용 서사일 가능성이 농후하다. 원래 (헤시오도스가 만든) 신들의 족보를 보면, 에로스는 신들의 기원 자리에 등장한다. 에로스는 혼돈이자 벌어진 틈(하품)을 뜻하는 카오스에 가깝다. 모든 것을 낳고 길러내는 가이아와 사라지고 감추게 해주는 타르타로스에 가깝다. 그것은 이원적인 특정 질서체계가 갖춰지기 이전부터 존재했으며, 기존 체제를 무너뜨리고 새로운 체제를 낳는 생성, 생명을 상징하는 말이다. 신화적인 에로스를 철학적인 언어로 옮겨 본다면, 특정 목표(완전성)를 가정하고 목표에 못 미친다는 뜻의 결핍이 아니라,

궁극 목표가 '없는' 그러나 임시 목적지를 정해 줄 수 '있는', 생성이 꿈틀대는 '사이'다. 에로스는 결핍이 아닌 '사이'다. 한마디로 사랑은 이런 존재론적이자 우주론적인 생성 사건이다.

'사이'는 둘을 분리하면서도 이어준다. 사랑의 이런 '사이' 성격은 생물학적 생식(生殖) 개념을 통해서도 확인할 수 있다. 통상 사랑은 이어주고 결합하는 원리로 이해된다. 이것은 유성생식 모델이다. 반면 무성생식 모델은 일종의 자기분열이자 자기로부터의 분리다. 심리학적으로도 사랑과 증오가 둘이 아닌 이유다. 이런 점에서 사랑이란 완전과 결핍, 결합과 분리, 호오(好惡) 등의 이분법적 체계를 지탱하는(해체하고 재구성하는) 원리이자 그 '사이'의 리듬이다.

이쯤에서 뜬구름 잡는 이야기(상상과 사변)는 멈추기로 한다. 다만 사랑 개념의 폭이 현대인들이 생각하는 것보다 훨씬 넓었다는 점만은 기억하기로 하자.

이웃과 원수

 굳이 기독교 신자가 아니더라도, '이웃을 사랑하라', '원수를 사랑하라'라는 예수님 말씀을 들어 본 적은 있을 것이다. 상식적으로 이웃이 원수가 아니고 원수가 모두 이웃은 아닐 테지만, 문득 두 문장의 목적어가 동일인일 수 있겠다는 생각이 들었다.

 이탈리아 최고의 시인, 단테 알리기에리의 『신곡』 「지옥편」[23]을 보면 죄의 경중에 따라 지옥의 공간이 배치된다. 그 중세인의 상상력에 따르면, 지옥은 땅 밑에 있으며, 무거운 죄를 지은 사람일수록 더 아래 밑바닥에 배정된다. 지옥문을 열고 들어가면 처음 림보가 등장한다. 이곳에는 소크라테스나 호메로스처럼 훌륭한 능력과 인격의 소유자이지만 기독교 신자일 수 없었던 예수 이전의 사람들 혹은 세례를 못 받고 죽은 아기들이 배치된 장소다. 이곳은 (구원의 희망이 없는) 지옥에 속하기는 하지만, 유일하게 벌이 없다. 그 아래부터 무시무시한 벌이 있는 지옥의 살풍경이 시작된다. 그럼 단테는 가장 가벼운 죄와 가장 무거운 죄로 어떤 것을 지목했을까?

가장 가벼운 죄는 음욕이다. 조금 의외다. 현대인들은 (중세의 세계관이던) 기독교가 과도하게 성욕을 억압했다는 프로이트나 니체식의 견해에 친숙하기 때문이다. 자본주의 사회에서 고무/찬양되는 물욕이 중세인에게는 음욕보다 훨씬 심각한 범죄였다. 어쩌면 이런 중세적 가치관은 종족보존의 측면에서 정당화될 수 있겠다. 성적 욕망이란 육체를 가진 인간 존재에 깊숙이 뿌리를 내린 것으로서, 그것이 아무리 추잡한 행태를 보인다 해도, 엄혹한 환경 속에서 끈질기게 종을 유지할 수 있게 해준 것에 대한 참작의 여지가 있다는 식으로 말이다. 반면 물욕이나 인색함은 공동체의 유대를 크게 해칠 수 있는 위험한 것이라 여겨졌던 것 같다. 인간이 지상 최고의 포식자가 될 수 있었던 이유 중 하나는 대규모의 집단 형성을 가능케 했던 공동체적 존재였기 때문이다.

다른 한편 단테는 가장 무거운 죄를 배신이라고 지목한다. 신학적으로 말하자면 창조주에 대한 피조물의 배반, 인간적으로 말하자면 예수에 대한 유다의 배신 같은 것들이 있다. 그런데 배신자들은 거의 하나같이 가까운 친구이자 이웃이었다. 예를 들어 유다는 예수의 가까운 제자였다. 오직 가까운 친구만이 배신할 수 있다. 멀리 떨어진 사람과는 신뢰 관계가 거의 없기에, 배신할래야 배신할 수조차 없다. 이웃만이 철천지원수가 될 수 있다.

이웃이란 '거리'가 없는 가까운 사람이다. 가까운 사람과의 관계를 '허물' 없는 사이라고도 말한다. 여기서 허물이란 살의 껍질을 뜻한다. 허물이 없다는 것은 방어벽을 허무는 것을 말한다. 또한 신뢰에 의지해 볼품없는 알몸을, 즉 (허물의 두 번째 뜻인) 잘못, 흠, 과오 등을 상대에게 드러낸다는 뜻이다. 상대에게 허물을 보여도 그는 눈감아 줄 것이다. 그렇게 지내는 사람들이 이웃이다. 이런 이웃 관계는, 신뢰에 금이 가면, 살을 에는 고통이 찾아올 수밖에 없다. 가식 없던 천국이 무방비의 지옥으로 돌변하기에 그렇다.

'이웃-원수를 사랑하라'라는 말은 일단 사람을 가리지 말고(적과 친구를 가르지 말고) 모두를 사랑하라는 말로 들린다. 동시에 원수 같은 이웃을 사랑하라는 말로도 들린다. '거리와 허물'이란 실은 미지근한 사랑만을 허용하는 사회적 안전장치다. 그 장치가 사라진 상태에서 믿음이 깨질 때, 이웃은 더는 사랑하기 불가능한 '웬수'가 된다. 최소한의 방어장치마저 제거할 정도로 상대를 믿었건만, 그가 내 믿음을 헌신짝처럼 저버린 것이다.

이웃이 배신하면서 원수가 된다. 그런데 이웃에 대한 믿음은 일정 부분 내가 쌓아 올린 환상이다. 그의 말과 실존이 아니라 그에 대한 '나의 환상'을 믿은 것이다. 그래서 많은 경우 배신은 자기-배신이다. 이런 배신은 내 탓으로 발생한 것이다. 이웃이 내가 만든 환상을 배반했다고 이웃만 탓할 수는 없는 노릇이다. 김수영의 시 가운데 「아픈 몸이」라는 작품이 있다. 거기에 보면, 식구와 친구와 적이 동행의 파트너로 등장한다.

아픈 몸이

아프지 않을 때까지 가자
온갖 식구와 온갖 친구와
온갖 적들과 함께
적들의 적들과 함께
무한한 연습과 함께 (「아픈 몸이」, 부분)[24]

　마음의 병은 어디에서 오는 걸까? 왜 아픈 걸까? 이웃이 친구와 적으로 갈라지고, 종국에는 원수가 되기 때문이다. 아프지 않으려면, 이웃이 아니라 내가 바로 원수이며, '적들의 적들'인 친구는 오직 적을 통해서만 규정될 만큼 적과 가깝다는 각성이 필요하다. 물론 쉬운 일이 아니다. 깨달음도 어렵지만, 막연한 인식만으로 몸의 아픔을 막을 수는 없다.

　온몸으로 '무한히' 사랑을 연습해야 한다. 연습하고 또 연습해야 한다. 그런데 반드시 그래야만 하는 걸 보면, 아마도 죽기 전까지 우리들의 아픔은 계속될 예정인가 보다. 완치는 불가능할 것 같다. 죽기 전까지 불치병과 함께 살아야 할 모양이다. 따라서 원수를 친구로 되돌려놓는 이 연습의 최대 목표치는 무통(無痛) 상태가 아니라 '아픔을 감내할 수 있는 정도'로 잡아야 할 듯하다.

몰래 지켜주는 사람

무엇을 기준으로 어린이와 성인을 가를 수 있을까? 이 물음에 대한 손쉬운 대답은 '나이'이다. 지금은 스무 살 정도면 성인이라고 말한다. 하지만 실은 답하기 어려운 문제다. 코흘리개 어린이가 더 어른스러운 경우도 있고, 오십 줄이 넘었는데도 치기가 줄줄 흐르는 어른도 많다. 나이를 무시할 수는 없지만, 그 외에 어떤 계기, 특별한 경험 등을 고려할 필요가 있다. 예를 들어 과거에는 '성인식'이라는 게 있었다. 거의 모든 문화권에서 존재했는데, 이 성인식을 잘 통과했느냐에 따라 아이로 남게 될지 성인으로 도약할지가 결정되었다. 언젠가 TV 다큐멘터리에서 본 열대지방 어느 부족의 성인식이 내 기억에 깊이 각인되어 있다.

아들이 성인식을 치를 나이가 되자 풍성한 잔치가 벌어진다. 영아사망률이 높은 상황에서 성인 나이가 된다는 것만으로도 축복받을 일이다. 그런데 이 성인식의 하이라이트는 한밤중에 거행된다.

다 자란 아들의 손을 잡고 아빠가 밀림으로 들어간다. 아이는 하룻밤을 홀로 그곳에서 지새워야 하는 임무를 부여받는다. 이 시련을 통과해야만, 어엿한 성인이 될 수 있다는 것이다. 아마 맹수가 빈번히 출몰하는 위험지역은 아니었을 것이다. 그렇지만 줄곧 보호받으며 지냈던 아이가 감당하기엔 결코 쉽지 않은 시련이었을 것이다.

성인식에는 통상 이런 종류의 시련을 통과하는 입문 의례가 존재한다. 낯설고 고통스러운 입문(入門) 과정을 통해서만 성인이라는 신세계에 진입할 수 있다는 논리다. 그런데 신화 속의 영웅들은 거의 모두 이런 입문 과정을 거쳐 영웅으로서의 입지를 굳힌다. 대표적으로 그리스 신화 속 최고의 영웅인 헤라클레스는 12가지 시련을 통과해야 했다. 그런 것을 보면, 한 사회가 숭상하는 이상적인 인물인 영웅, 성인(聖人) 등은 성인(成人)의 최종 목적지라고 볼 수 있다. 막 성인이 되었다는 것은 인간의 최소치를 겨우 겸비한 셈이자 최대치로 나아가는 출발선에 선다는 뜻이다.

장-조제프 구에 따르면, 영웅이 겪는 시련의 내용은 크게 세 가지이며, 오이디푸스에게 수수께끼를 냈던 스핑크스의 외모가 시련 내용을 상징한다고 한다. 스핑크스는 머리가 여성이고, 몸뚱아리는 사자인데, 독수리 날개까지 달고 있는 괴물이다. 여기에서 여성은 성적 유혹을, 사자는 육체적 폭력이 수반된 시련을 뜻하며, 독수리의 날개는 지적으로 해결해야 할 곤혹스런 난관을 빗대고 있다. 시련을 통과하면, 피시험자는 각각 절제, 용기, 지혜라는 덕을 겸비하게 된다. 이런 시련을 거쳐야 완전한 인간이 된다는 이야기인데,

모든 사람이 이렇게 되기는 어려워 보인다. 모든 이가 일상사를 팽개쳐두고 시련을 찾아 나설 수는 없기 때문이다.

칸트는 누구나 성인이 될 수 있는 길을 제시한다. 그가 보기에, 미성숙한 아이는 타인의 지도 없이는 자신의 지성을 발휘하지 못한다. 아이가 성인이 된다는 것은 독립적으로 생각하고 판단을 내릴 수 있다는 것이다. 그러기 위해서는 무엇보다 용기가 필요하다. 칸트는 '감히 알려고 하라(Sapere aude)!'는 라틴어 경구를 인용하면서 자신의 이성과 판단을 믿으라고 권한다. 처음부터 현명한 판단을 내릴 수는 없는 법이며, 손수 범한 실수와 오판을 통해 점차 지혜로울 수 있다. 언제까지 부모나 선생 같은 기성 세대에 의존할 수는 없으며, 그들로부터 독립할 때에야 비로소 성인이 될 수 있다. 요컨대 이성을 가진 자라면 누구나 성인이 될 수 있다. 물론 용기를 가지고 이성을 계발하고 독립적으로 사용해야 한다는 조건이 붙어 있지만 말이다.

이와 관련하여 같은 나이 대비 과거 사람들이 더 어른스러워 보이는 현상도 흥미롭다. 평균 수명이 길어지고 자연스레 유년기와 청소년기가 늘어나서일까? 예컨대 1970년대 대학생과 2020년 대학생의 모습은 너무 다르다. 아마 일제 강점기 대학생은 더 달랐을 것이다. 윤동주의 조숙한 글을 읽을 때마다, 그 젊은 나이에 어떻게 그토록 강렬한 추억과 향수를 가질 수 있었는지가 매번 궁금했다. 예컨대 「사랑스런 추억」이란 작품에서 그는 이렇게 노래한다.

> 옛 거리에 남은 나를 희망과 사랑처럼 그리워한다 … ─ 아아 젊음은 오래 거기 남아 있거라 (「사랑스런 추억」, 부분)[25]

29세 젊은 나이에 숨을 거둔 시인 동주에게 '잃어버린 젊음'은 도대체 어떤 시간일까? 심지어 「길」이란 작품에서는 "내가 사는 것은, 다만 / 잃은 것을 찾는 까닭입니다"[26]라고 말하고 있다. 칸트적 성인관으로 잘 설명되지 않는다. 동주의 어른스러움은 대체 어디에서 기인하는 걸까? 키르케고르는 『사랑의 역사』에서 이런 말을 한 적이 있다.

> 어린아이나 젊은이의 특성은 '나는…나는…나는…'이라고 하는 데 있다. 그러나 성숙한 사람의 표지는 … '나'가 '그대'나 '당신'이 되지 않으면 아무런 의의도 없다는 사실을 이해하려고 하는 욕구다. … 오오, 나의 독자여. 내가 하는 말은 그대에게 하는 말이 아니다. 그것은 내가 나에게 하는 말이다. 영원한 분은 나를 향해, '그대 해야만 한다'라고 말하고 있다.[27]

간단히 정리하면, 이런 말이다. '당신이 무엇을 해야 한다고 나는 말한다'라는 것이 젊은이의 태도라면, '내가 무엇을 해야만 한다고 당신이 말한다'라는 것이 성인의 태도다. 타자(타인/양심/신)의 목소리를 경청하여 자기 삶을 갈무리하려는 것이 어른스러운 태도라는 것이다.

동주의 시에서 주어가 '나'로 설정된 문장들이 무척 많다. 기성세대로부터 막 독립한 젊은이다운 모습이다. 그렇다면 그의 어른스러움, 성숙함은 어디에서 기인하는 걸까? 아마 「무서운 시간」을 거쳤기 때문일 것으로 추정된다.

거 나를 부르는 것이 누구요,

가랑잎 이파리 푸르러 나오는 그늘인데,
나 아직 여기 호흡이 남아 있소.

한번도 손 들어 보지 못한 나를
손 들어 표할 하늘도 없는 나를

어디에 내 한 몸 둘 하늘이 있어
나를 부르는 것이오.

일을 마치고 내 죽는 날 아침에는
서럽지도 않은 가랑잎이 떨어질 텐데…

나를 부르지 마오. (「무서운 시간」, 전문)[28]

죽음의 소리를 듣는 무서운 시간을 통과하면서 동주는 어른스러워졌다. 동주의 무서운 시간은 한밤중 밀림에서 성인식을 치르던 아이의 시간과 유사하다. 그러나 동년배에 비해 어른스럽다는 것이지, 동주의 시는 여전히 젊다. '나'의 배후에서 나를 있게 해준 존재까지는 미처 시선이 미치지 못하거나 그런 존재와의 만남을 두려워하고 있기 때문이다.

반전. 열대의 성인식 마지막 장면에서 아빠는 아들을 홀로 남겨두고 떠난 것 같았다. 그런데 실은 먼발치에 숨어 밤새 아들을 지켰다. 누군가 성인이 될 때까지 몰래 지켜주는 사람, 그가 바로 진짜 성인이다.

맬서스나 과격한 생태주의자들처럼 지구상의 인구폭발을 걱정하는 편이어서, 나는 치열한 각자도생의 시대에 꼭 아이를 낳고 기르기를 권장하지 않는다. 다만 걱정되는 것은 사랑을 배울 기회, 성인이 되는 계기가 행여 줄어들지나 않을까 하는 점이다. 공연한 기우이기를 바란다.

마리아 되기

　여기 한 남자와 여자가 있다. 남자는 여자를 사랑한다. 그게 진정 사랑인지는 모르겠지만, 정체불명의 상처로 무정해진 여자에게 남자는 깊은 연민을 느낀다. 딱히 생의 목표도 없고 허무하기만 했기에, 그는 그 여자를 사랑하는 것에 남은 생 전부를 걸기로 한다. 한편 여자의 가냘픈 어깨에 놓인 삶의 짐은 무겁기만 했다. 의지할 수 없는 가족, 남성 중심 사회의 억압적 분위기, 불투명한 미래… 그녀는 잠시라도 누군가에게 기대고만 싶다. 게다가 귀여운 아이들을 가지고 싶다. 그래서 둘은 결혼을 결정한다. 흔하디흔한 남녀 이야기다.

　오래지 않아 둘은 크게 오판했음을 깨닫는다. 남자는 여자를 돌볼 능력이 없었다. 자기 몸 하나 건사하기에도 역부족이다. 그의 연민은 한갓 주제넘은 교만이었다. 여자도 마찬가지다. 남자에게 기대고픈 욕망의 대가가 예상보다 훨씬 크다는 것을 금세 확인한다.

더욱이 아이를 돌볼 실질적인 역량이 자신에게 없다는 것도 확인한다. 무력한 자기 모습을 확인하면서, 안 그래도 추락한 자존감이 한없는 나락으로 떨어진다. 하지만 과거로 되돌아갈 수는 없다. 해맑게 웃고 있는 아이가 품 안에 있기 때문이다. 이렇게 그들은 '아이 때문에' 그럭저럭 사는 평범한 부부가 되고 만다. 그런데 남자는 놀라운 일을 발견한다. 여자가 아이를 낳고 기르면서 놀라운 변신을 보여주었기 때문이다. 무력한 아이가 여자를 어느덧 '성모'로 변신시켰다. 남자가 하고자 했으나 할 수 없었던 일을 꼬맹이가 간단히 해치운 것이다.

일신교 문화 전통에서는 주기적으로 성상 파괴 운동이 일어났다. 절대자라면 일체의 이미지를 초월한 존재라고 여겨지기에, 성상은 끝내 우상(偶像)일 수밖에 없다는 결론에 이르기 마련이다. 그럼에도 가톨릭 교회에서는 예수 이외에 마리아상을 허용해 왔다. 통상 민중들이 본능적으로 어머니의 품을 갈구해서 포교의 방법으로 마리아상을 인정했다고 해석한다. 설득력 있는 해석이지만, 강박적으로 우상을 기피하는 일신교 문화에서 그렇게나 많은 마리아상이 존재하는 까닭을 설명하기에는 조금 부족해 보인다. 일본의 철학자 사사키 아타루는 『야전과 영원』에서 그 부족분을 채워주고 있다.

> 신비주의자는 마리아를 반복하려 했던 것이다. 출산되는 것, 그것은 연애편지다. 사랑의 문자, 사랑의 징표다. 그렇다. 예수는 육화

한 '말씀'이다. 그리고 '개념(concept)'은 원래 '수태한 것, 잉태한 것 (conceptus)'이라는 뜻이고, '마리아의 임신'은 conceptio Mariae다. … 들뢰즈가 '글쓰기'와 '여자-되기'의 연관을 강조하면서 … 철학이란 개념의 창조라고 정의한 후에, '나 또한 여러 철학자와 교접함으로써 기이한 아이들을 계속 만들어 왔다'고 한 것은 바로 이 점을 말하는 것이다.[29]

당연히 인간은 신이 아니다. 인간의 죄를 대속하려고 십자가를 짊어졌던 예수도 아니다. 아무리 발버둥을 쳐도 거기에 도달하기란 어림없는 일이다. 더욱이 대다수는 그런 존재에 관심마저 없다. 그렇다면 인간이 겨우 도달할 수 있는 궁극의 경지는 마리아처럼 되는 것이다. 사랑을 낳음으로써, 인간은 사랑의 무한한 행렬에 동참할 수 있다. 스스로는 결코 지고의 존재가 되지 못하지만, 그런 존재를 낳을 수는 있다.

여자는 철저히 무력한 아이를 보며 그 애틋함에 어쩔 수 없이 사랑을 쥐어 짜낸다. 고갈된 젖가슴을 움켜쥐고 한 방울의 젖이라도 아이의 입에 넣어주려 한다. 미켈란젤로가 창작한 〈피에타〉(Pieta)는 비탄이란 뜻이자, 연민(pity)의 어원이 되는 단어이다. 그 작품은 죽은 자식을 부둥켜안은 마리아의 비탄이자 동시에 인간을 존엄하게 하는 깊은 연민을 그렸다.

남녀만 사랑의 결실을 낳는 건 아니다. 사랑으로 철학자는 개념을 낳고 예술가는 작품을 낳는다. 창작함으로써 모두 마리아가 되려 한다. 역사에 남은 플라톤이나 칸트, 셰익스피어나 피카소 같은 유명인은 극소수다. 대부분은 잊힌다. 역사의 행간에 숨어 있는 무명씨들도 이전 작품과 접촉하여 새로운(대개 볼품없는) 것을 잉태한 자들이다. 하지만 이름 없는 이 작품들이 없었더라면, 기억될 만한 대작도 불가능했을 것이다. 무로부터의 창조는 인간에게 허락된 것이 아니며, 부단히 생명을 이어가는 창작만 허락된 상황에서, 켜켜이 쌓인 창작의 퇴적물들이 대작의 비옥한 토양 역할을 하기 때문이다.

종교는 신과의 대비 속에서 인간의 존재 위상을 잡아준다. 몇몇 기독교인은 인간 위상의 극대치를 마리아로 잡았고, 그것을 마리아상으로 공표했다. 무지렁이 민중들도 자신이 예수가 되는 것은 불가능해도 마리아가 될 수는 있겠다는 희망을 품었을 것이다. 그래서 성상 파괴의 회오리에서도 마리아상이 존속할 수 있었을 것이다.

2부

한과 멜랑콜리 사이

A PHILOSOPHER'S WAY OF LOVE

노루와 노부부

어느 해 늦가을, 모처럼 오대산 산행을 준비했다. 해가 질 무렵 산마을에 버스가 도착했다. 그날 묵을 산장까지는 한참을 더 걸어야 한다. 별들이 총총 눈을 깜박이기 시작하고, 산의 정취가 그윽하게 물들어 간다. 굽이진 좁은 도로를 한가로이 걷는 중인데, 전방에 소형트럭이 헤드라이트를 밝히며 서행하고 있다. 그때 전혀 예기치 않은 광경이 펼쳐진다. 트럭 앞쪽에 노루 한 마리가 내달리고 있는 게 아닌가! 검고 긴 그림자와 노루, 그리고 트럭이 일렬종대로 나란히 산길을 달리고 있다. 살짝 길섶으로 피하든지 길 밖으로 뛰쳐나가면 될 텐데, 노루는 무작정 앞만 보며 달아난다. 피 말리는 광경에 덩달아 내 심장도 하염없이 뛰기 시작한다.

시간이 꽤 흘렀건만 둘의 쫓고 쫓기는 달리기는 계속되고, 전조등 빛이 소실점처럼 사라질 때까지도 그랬다. 무정한 트럭 운전수는 술래잡기 놀이를 즐겼던 걸까? 노루에게 조금만 감정이입을 했더라면, 차를 잠시 멈추고 전조등을 끌 수도 있었을 텐데. 한심한 노루와 비정한 인간이 연출해 내는 우스꽝스럽고 구슬픈 풍경이 오대산 자락을 한층 어둡게 물들였다. 평화로워 보였던 산과 별들은 실은 저 긴박한 사건을 숨죽이며 바라보고 있던 것이다.

과거 산행을 즐겼던 시절의 한 조각 기억이다. 때때로 무언가에 쫓기는 느낌이 들 때마다 불쑥 떠오르는 기억이기도 하다. 나는 이와 유사한 장면을 다룬 이어령 선생의 글을 처음 읽었을 때의 감동을 잊지 못한다. 우연히 펼친 그의 책 한 대목이 나의 오대산 기억과 절묘하게 어울렸다. 노루가 시골의 노부부로 바뀌지만, 펼쳐지는 상황과 그 장면이 자아내는 안타까움은 대동소이하다.

지프차가 사태진 언덕길을 꺾어 내리막길로 접어들었을 때, 나는 그러한 모든 것을 보았던 것이다. 사건이라고도 부를 수 없는 사소한 일, 또 흔히 있을 수 있는 일이었지만 그것은 가장 강렬한 인상을 가지고 가슴속으로 파고들었다. 앞에서 걸어가고 있던 사람들은 늙은 부부였다. 경적 소리에 놀란 그들은 곧 몸을 피하려고는 했지만 너무나도 놀라 경황이 없었던 것 같다. 그들은 갑자기 서로 손을 부둥켜 쥐고 뒤뚱거리며 곧장 앞으로만 뛰어 달아나는 것이다. 고무신이 벗겨지자 그것을 다시 잡으려고 뒷걸음친다. 하마터면 그때 차는 그들을 칠 뻔했던 것이다. (…) 나는 한국인을 보았다. 천 년을 그렇게 살아온 나의 할아버지와 할머니의 뒷모습을 만난 것이다. 쫓기는 자의 뒷모습을.[1]

이어령의 『흙 속에 저 바람 속에』(1963) 첫 대목이다. 20세기 중반 한국의 현실과 한국인들의 한(恨)을 탁월하게 형상화한 명장면이다. 노루와 노부부, 이들은 이 땅에 살아온 뭇 생명체들이다. 땅에 의지하며 근근이 살아온 존재들, 문명의 이기로 무장한 자들에게 하염없이 쫓기는 자들. 한(恨)이란 이처럼 이름도 힘도 없는 '아무것도 아닌 자들'[2]의 공포와 당혹감을 기저에 깔고 있는 정서다. 여기 한반도 같은 문명의 주변부에서 오랫동안 형성된 정서의 틀, 차라리 노루와 같은 자연 생명체들에 친화력이 있는 저 원시의 정념, 한국인들은 그것을 '한'이라 불러 왔다. 현대인들은 그것을 '멜랑콜리(Melancholy)'라 바꿔 부르기도 하는데, 사실 한과 멜랑콜리를 구분하지 못해 범하는 말실수일 뿐이다.

한과 멜랑콜리는 엇비슷해 보이지만, 사뭇 다른 것이다. 멜랑콜리는 쫓기는 자들의 속절없는 뒷모습과 무관하다. 오히려 서양 인문학에서 말하는 멜랑콜리는 자연(내지 신)을 쫓는 사냥꾼의 정념에 가깝다. 그것은 이유 없이 쫓기거나 속절없이 자기 존재의 근거를 박탈당하는 이들의 슬픔과는 거리가 멀다. 오히려 타자를 자기 것으로 만들지 못한 낭패감에 가까운 것이다. 나르키소스나 아도니스처럼 미친 듯이 사냥감을 쫓다가 사냥에 실패한 자들의 허탈감, 혹은 노루를 쫓던 트럭 운전자의 뒤틀린 심사와 유사한 것이다.

지금 이 마당에 '한'을 거론하는 이유는 무엇일까? 빛바랜 민족주의를 꺼내 들려는 게 결코 아니다. 복고풍 취향이 있어서도 아니다. 한국어를 사용해 온 공동체의 역사적 문맥이 지금의 '우리'를 이해하는 데 긴요하기 때문이다. 체질처럼 형성된 한국적인 것을 찾아내되, 그것을 민족이란 폐쇄적인 우리에 가두지 않고 세계와 창의적인 소통을 하는 매체로 사용하는 데 필요하기 때문이다.

한류와 최근 봉준호, BTS를 통해 확인되듯이, 문화 경쟁력은 한국적인 것의 세계화에 달렸다. 세종대왕의 말, 즉 "우리나라 말이 중국의 그것과는 달라서 글자를 가지고는 서로 통하지 않는 까닭에"라는 문제의식은 현재에도 유효하다. 이 말에는 보편성을 지향하지만, 결코 특수성을 포기하지 않는 글로컬(glocal) 문화 육성 이념이 담겨 있다. 이런 이념의 기저에는 다음과 같은 철학, 즉 인간에게 허락된 보편은 특수를 배제하는 게 아니라 포용할 때에만 허락된다는 철학이 깔려 있다. 보편이라는 나무는 특수라는 토양에 깊이 뿌리를 내릴수록 더 높이 자란다.

대한민국은 OECD 회원국 가운데 부동의 자살률 1위 국가이며, 전 세계 국가들과 비교하더라도 자살률의 최정상을 다투고 있다. 과거보다 우울증(depression) 환자들이 부쩍 늘고 있다. 몹쓸 전염병처럼 우울이 창궐하는 형세다. 이런 인상은 단순한 착시가 아니다. 우리는 분명 '우울 사회'에, 자연으로부터 차단된 '자폐 도시'에 살고 있다. 이 시점에서 시급한 일은 한국인이 겪고 있는 우울의 정체를 밝히는 일이다.

이 작업은 단순히 의학적인 차원에 국한된 일이 아니다. 사회학이나 심리학적인 접근은 물론, 인문학적 차원의 우울 분석이 요구된다. 예술과 철학이라는 렌즈를 통해 고해상도로 확대해 본다면,

강석인, 〈우리들의 할머니〉
작가의 뷰파인더에 잡힌 할머니는 이 땅에 의지하며 근근이 살아온 존재, 문명의 이기로 무장한 자들에게 하염없이 쫓기는 자의 모습이다. 한(恨)이란 이처럼 이름도 힘도 없는 '아무것도 아닌 자들'의 공포와 당혹감을 기저에 깔고 있는 정서다.

아마도 작금의 우울은 한국적 한과 서양적 멜랑콜리 '사이', 그 어딘가에 있을 것이다. 혹은 이렇게 말할 수도 있겠다. 지금 우리는 쫓는 자가 되어야 한다는 강박에 마냥 쫓기고 있다고.

몹쓸 꿈

 어쩌다가 새벽형 인간이 되었다. 초등학교 2학년 무렵, 이 습관이 처음 몸에 붙었던 것 같다. 전적으로 악몽 때문이었다. 그 당시 이상하게도 똑같은 악몽이 매일 반복되었다. 뻔히 스토리가 반복될 줄 알면서도 꿈속에선 왜 그토록 무서웠던지….

 꿈은 어두운 동굴에서 시작된다. 출구가 보이지 않고 사방이 캄캄한데 어김없이 등 뒤로 동굴 천정이 무너져 내린다. 쏟아지는 흙더미에 쫓기는 꿈을 꾸다가 식은땀을 뻘뻘 흘리며 새벽에 깨곤 했다. 이 몹쓸 꿈을 피하려고 알람을 맞춰 둔 꼬마의 계략, 그게 바로 이 습관의 시작이었다. 어쨌든 새벽형 인간이 누리는 최고의 호사는 새벽 어스름의 아우라(aura) 감상이다. 덤으로, 새벽을 부르는 청량한 새소리를 들을 수 있다는 점이다. 아파트 숲에도 새가 살고 있다니.

 아리스토텔레스는 『수면 속 꿈에 관하여』에서 멜랑콜리커의 예지몽에 대해 언급한 적이 있다.

> 아주 평범한 사람들이 예언을 하거나 예언적인 꿈을 꾸는 재능을 가지고 있다는 것은 어떤 신성이 꿈을 보내기 때문이 아니라, 그 모든 이들의 본성이 수다스럽고 멜랑콜리하기 때문이고, 가능한 모든 현상들을 보기 때문이다. 그들의 많고 다양한 정념을 통해서 유사성을 보는 데 성공하기 때문이다.[3]

옛사람들은 예지몽을 신성한 무언가의 계시라고 믿었다. 그런데 아리스토텔레스는 신비에 기대지 않고 예지의 능력을 멜랑콜리에서 찾는다. 멜랑콜리커는 들끓는 정념의 힘으로 상상력을 최대로 가동시켜 이미지끼리의 참신한 유사성을 발견하곤 하는데, 이것이야말로 꿈이 예지력의 온상일 수 있는 이유라고 본 것이다. 감춰지고 억압된 가능성들이 폭로되고 사건의 재구성 가능성이 열리면서, 어렴풋이 미래를 볼 수 있다는 것이다.

통상 멜랑콜리커는 날카로운 이성과 섬세한 감수성을 겸비한 사람으로서 예지몽을 꾸는 인물로 그려진다. 사회 계층적 관점에서 볼 때, 한국적 한(恨)이 피지배계층인 무지렁이 민중들의 정조에 가까운 반면에, 멜랑콜리는 지배층, 특히 엘리트 지식인들의 정조다. 멜랑콜리커는 본래 검은(melas) 답즙(chole) 기질의 사람을 가리키는 말이었지만, 점차 지적인 분위기를 발산하는 사람을 가리키는 말로 쓰였다. 굳이 소수 특권층에 한정시키지 않더라도, 서양 문화에서 멜랑콜리는 지적 소양을 겸비한 자유인(시민)의 체취다. 그러니까 이들 지적 자유인의 꿈에는 미래 예측의 힘이 실려 있다는 말이 된다.

그렇다면 한인(恨人)은 어떤 꿈을 꿀까? 그의 꿈이 지적 예지를 가졌다고 보기는 힘들다. 지적 측면이 도드라진 대신 직관과 정감의 측면이 우세하다. 한의 대표 시인 김소월의 「몹쓸 꿈」을 잠시 읽어보기로 하자. 화자는 화창한 봄날 새벽 몹쓸 꿈 때문에 잠이 깼다. 까마귀와 까치의 울음소리가 마치 자신의 악몽을 보고 내지르는 비명처럼 들린다. 지금은 '봄철의 좋은 새벽'이고 '세월은 도무지 편안'하기만 한데, 이 끔찍한 악몽은 어디에서 온 것일까?

> 고요히 또 봄바람은 봄의 빈 들을 지나가며,
> 이윽고 동산에서는 꽃잎들이 흩어질 때,
> 마 들어라, 애틋한 이 여자야, 사랑의 때문에는
> 모두다 사나운 조짐(兆朕)인 듯, 가슴을 뒤노아라.
> (「몹쓸 꿈」, 부분)[4]

소월의 말에 따르면, 한인의 악몽은 사랑 때문이란다. 아마도 꿈의 몹쓸 내용은 연인이 위험에 빠지거나 죽는 사건과 관계된 것일 테다. 부재하는 연인이 '행여 그렇게 되면 어쩌나' 하는 걱정에 꿈이 사납고 고약해진 것이다. 사사건건 연인에 대한 근심이 앞서기에, 모든 것이 연인에게 일어날 무시무시한 전조로만 보인다. 몹쓸 꿈은 사랑에 전전긍긍하는 마음으로부터 비롯된 것이다.

시적 화자의 이런 마음은 "달하 노피곰 도다샤"로 시작하는 「정읍사」의 마음, 백제인의 그 애틋한 노랫말과 이어진다. 앞서 말했다시피, 여기에는 어떤 예지도 없다. 막연하고 불길한 예감만 있을 뿐이다. 자신은 전혀 아랑곳하지 않고 연인의 앞일만 걱정하는 마음이 있을 뿐이다.

멜랑콜리커도 물론 악몽을 꾼다. 그러나 그의 꿈은 '자기'에 관한 흥조에 그친다. 설사 연인에 대한 것이더라도 연인은 '또 다른 나(alter ego)'이기에, 자기 불운으로 쉽게 이전된다. 연인을 걱정하는 것 같지만, 실상 자기에 대한 걱정인 셈이다. 이것은 지독한 자기연민에서 유래한 것이다. 멜랑콜리커는 '자기'(Self)라는 화려한 성에 갇혀 있다.

프로이트의 지적처럼, 멜랑콜리커는 골수 나르시시스트이다. 하지만 악몽조차 미래 예측의 힘이 있기에 자기보존에 유리하기는 할 것이다. 아이스퀼로스는 비극적 멜랑콜리커(남편을 살해한 클뤼타임네스트라)의 꿈에 대해 이렇게 말한다. "당신의 악몽은 진정한 예언자였소."[5] 멜랑콜리커의 꿈은 자기 운명의 미래적 실현을 보여 준다. 그에게 악몽은 자기 정체성의 위기에서 유래한 것이다. 요즘 우리도 이런 악몽을 꾼다. 쫓기듯 쫓아야만 겨우 자기 정체성을 확보할 수 있는데, 끝내 그 일에 실패할 것 같다는 불안이 그 악몽의 원천이다.

몇 년 전 한국사회에서 대규모 우울을 창궐케 한 악몽 같은 사건이 발생했다. 바로 세월호 참사다. 그때 딸을 잃은 어느 엄마가 합동분향소에 이런 손편지를 써놓았다고 한다.

> 너는 돌 때 실을 잡았는데, 명주실을 새로 사서 놓을 것을. 쓰던 걸 놓아서 이리 되었을까. 엄마가 다 늙어 낳아서 오래 품지도 못하고 빨리 낳았어. 한 달이라도 더 품었으면 사주가 바뀌어 살았을까. 엄마는 모든 걸 잘못한 죄인이다. 몇 푼 벌어보겠다고 일 하느라 마지막 전화 못 받아서 미안해. 엄마가 부자가 아니라서 미안해. 없는 집에 너 같이 예쁜 애를 태어나게 해서 미안해. 엄마가 지옥 갈게, 딸은 천국 가.[6]

이 편지 앞에 서면, 아직도 탄식만 나온다. 텍스트 분석은 엄두조차 못 내겠고, 하염없이 이성복의 시 한 구절만 되뇌게 된다. "아, 저 엄마는 어떻게 살까?"[7] 하지만 마음을 다잡고서 우리의 물음을 던져보기로 하자. 이 글에 담긴 정조는 멜랑콜리에 가까울까, 한에 가까울까? 지금을 사는 한국인의 기본 정조는 멜랑콜리일까, 전통적인 한일까?

인용한 손편지는 그 자체로 한 편의 시다. 형용 불가능한 삶의 진실을 담은 글이 시가 아니면, 무엇이 시란 말인가? 현대를 살아가는 평범한 한국인이 쓴 이 시에는 한과 멜랑콜리가 뒤섞여 있다. 글의 기저에는 짙은 한이 가득하지만, 가혹한 자책과 지옥행을 자청하는 자유인의 모습은 멜랑콜리 향을 자욱하게 발산한다. 이 깊은 정서를 한 올 한 올 섬세하게 풀어내기 전까지, 지금을 사는 한국인의 우울은 정체불명의 상태로 남을 것이다.

딸에게 건네는 꿈결 같은 말에 예지의 빛이라곤 거의 보이지 않는다. 오히려 슬픔에 떠밀려 비합리의 세계로 퇴행한 것처럼 보인다. '자기'가 어떻게 되든 전혀 아랑곳하지 않고, 오직 사랑하는 이만을 생각한다. 동시에 끔찍한 '자기' 반성이 시종일관 이어진다. 한과 멜랑콜리의 혼용 정서가 감지된다. 이 글에 날카로운 예지는 없지만, 훗날 이 새로운 파토스(한과 멜랑콜리의 공생적 융합물)의 출현이 '사나운 조짐'이 되어, 결국 서슬 퍼런 권력마저 무너뜨린 것은 아닐는지.

소월의 꿈에 맞장구를 쳐주던 새들이 점점 줄어들고 있다. 언젠가 도심에서 새가 사라진다면, 봄이 점점 짧아지는 것처럼 새벽을 건너뛰고 곧장 밤이 낮으로 직행할 것만 같다. 이건 꼴사나운 조짐이다.

강석인, 〈꺼지지 않는 꿈〉
이 사진을 보노라면 아직도 희생된 아이들에 대한 미안한 마음과 함께, '아, 저들의 부모는 어떻게 살까?'라는 탄식만 나온다.

맹목적인 사랑

사랑은 맹목적이다. 맹목적인 사랑이 별도로 존재하는 게 아니다. 사랑 자체가 맹목적이다. 맹목(盲目), 이 낱말은 분별력 있는 이성의 눈이 작동하지 않는다는 뜻이다. '넌 왜 나를 사랑하니?'라는 질문에 연인들은 이유를 답하기 어려워한다. 성마르게 대충 이유를 말했다간 오히려 가혹한 추궁을 당하기 십상이다. "내가 늙어 추해지면, 빈털터리가 되면, 치매에 걸리면, … 그럼 사랑하지 않을 거야?" 정말 정답은 보이지 않는다. 빗발치는 물음을 쏘아대는 연인을 그래도 사랑한다면, 침묵의 방패로 오롯이 견디는 수밖에 없다.

사랑의 맹목성은 무조건성과 통한다. 사랑은 이유와 조건을 따지며 계산하지 않는다. 사랑은 계급과 인종, 사회·경제적 지위 고하를 무시한다. 주고받는 등가교환의 법칙을 거부한다. 심지어 근친상간의 금지를 비롯한 윤리적인 규범도 안중에 없다. 현실적인 인간의 조건들을 가볍게 초월하기에, 때로 사랑은 인간 이상의 성스러움으로, 때로는 인간 이하의 추잡함으로 비춰진다. 모두 사랑의 맹목성 덕분이다. 그래서 사랑이 생에 깃든다는 것은 생의 위기가, 동시에 거듭날 기회가 찾아왔다는 뜻이다. 사랑이 찾아오면, 자기 주도적인 생은 중단되고 눈을 가린 큐피드가 생을 주도한다.

멜랑콜리는 이런 사랑에서 유래한다. 사랑이 깨질 때 사랑 대상을 상실할 때, 슬픔이 밀려온다. 사랑의 기쁨만큼 큰 슬픔이 찾아온다. 프로이트식 어법으로 말하자면, 슬픈 이유는 '사랑 대상의 상실' 때문이다. 멜랑콜리는 상실 대상에 대한 '무지'로 인해 마음에 검게 번지는 '이유 없는 슬픔'을 가리킨다. 예컨대 사회적 금기 때문에 사랑하는 줄도 몰랐던 사람이 죽었을 때, 슬퍼도 그 슬픈 원인을 알아채기가 어렵다. 일상의 평온함에 갑작스레 엄청난 규모의 슬픔이 엄습하지만, 아무리 생각해 보아도 이유는 알 수 없다. 무엇 때문에 슬픈지 알지 못하기에, 하염없는 슬픔에 꼼짝없이 당할 수밖에 없다. 모르는 사이에 침투한 슬픔은 속병이 되고 만다.

여기에서 '이유가 없다'라는 말은 이유를 '알지 못한다'는 뜻이다. 서양 철학자들은 대부분 '이유 없는 것은 없다'고 생각했던 합리주의자였다. 단지 이유를 모르는 것일 뿐, 이유 없는 것은 있을 수 없다. 그 점에서 프로이트도 예외는 아니다. 그 역시 억압된 무의식 속에 이유가 들어 있다고 보았다. 그래서 무엇을 잃어버렸는지 찾기만 하면 된다. 이것이 우울증 치료의 기본이다. 프로이트를 비롯한 서양인들은 합리적 인식의 힘과 무의식의 내용을 의식으로 옮겨오는 언어의 힘을 굳게 믿었다.

소월은 「오는 봄」이란 시에서 이런 설움을 노래한 적이 있다.

> 보라 때에 길손도 머뭇거리며
> 지향 없이 갈 발이 곳을 몰라라.
> 사무치는 눈물은 끝이 없어도
> 하늘을 쳐다보는 삶의 기쁨.
> …
> 오늘은 사람마다 님을 여의고
> 곳을 잡지 못하는 설움일러라.
>
> 오기를 기다리는 봄의 소리는
> 때로 여읜 손끝을 울릴지라도
> 수풀 밑에 서리운 들은
> 걸음걸음 괴로이 발에 감겨라. (「오는 봄」, 부분)[8]

인생은 곧잘 '길손'으로 표현된다. 어디에서 와서 어디로 가는지를 모르기 때문이다. 다시 말해서 탄생 이전과 죽음 이후가 캄캄하다. 생이 유래한 곳도 지향점도 알 수 없다. 알 수 없는 까닭은 어쩌면 정말로 없기(無) 때문이다. 되돌아갈 곳도 지향점도 없기에 머뭇거릴 수밖에 없고 '갈 발이 곳을 몰라라'라며 탄식하기 마련이다. 그렇지만 이런 무지는 기쁨의 원천이기도 하다. 시선을 가뭇없는 지평선 끝에, 더 나아가 무한한 하늘에 둘 수 있기 때문이다. 고정된 목표가 있다면, 시선 또한 고정될 것이다. 오직 하나만 바라보며 획일적으로 살 수밖에 없다. 마치 현대인들이 돈만을 목적으로 살아가듯이.

봄은 온다. 그건 전염병 코로나19도 막을 수 없다. 봄은 사랑이 꽃피는 계절이자 동시에 슬픔이 시작되는 때다. 얼마 못 가 꽃이 이울듯이, 연인을 여윌 수밖에 없기 때문이다. 이별하는 설움은 필멸하는 인간의 운명이다. 아는 듯이 운명을 말했지만, 운명을 말하자마자 무지를 자백한 셈이다. '왜 지금, 하필 내 연인과 이별해야 하는 걸까?' 정말로 알 수 없다.

이 설움이야말로 진짜 이유 없는 슬픔이다. 이유를 대면서 진정시킬 수 있는 슬픔이 아니다. 그래서 '곳을 잡지 못하는 설움'인 것이다. 이런 정처 없는 설움은 궁극적으로 사랑의 맹목성에서 나온다.

소월의 설움(恨)은 이유 없는 슬픔이다. 이유는 있는데 단지 그것을 모르는 게 아니다. 알면 고칠 수 있는 질병도 아니고, 알면 진정되는 슬픔도 아니다. 그것은 사랑의 맹목성과 인간의 유한성에서 파생된 인간의 고질적인 정조다.

만나고 가는 바람

　미당의 절창 가운데 하나인 「연꽃 만나고 가는 바람같이」는 이렇게 시작한다.

　섭섭하게,
　그러나
　아조 섭섭치는 말고
　좀 섭섭한듯만 하게,

　이별이게,
　그러나
　아주 영 이별은 말고
　어디 내생에서라도
　다시 만나기로하는 이별이게,

연꽃

만나러 가는

바람 아니라

만나고 가는 바람 같이…

엊그제

만나고 가는 바람 아니라

한 두 철 전

만나고 가는 바람 같이… (「연꽃 만나고 가는 바람같이」, 전문)[9]

  막 연인과 헤어진 상황이다. 애틋한 사별일 수도 있고 흔하디흔한 이별일 수 있다. 어떤 경우든 시적 화자는 감당하기 힘든 슬픔에 진저리치고 있다. 긴급한 애도 작업이 요청된다. 애도 작업이란 쉽게 말하면 견디기 힘든 이별의 슬픔을 견딜 만하게 다듬는 마음의 작용을 뜻한다. 그럼 애도 작업을 어떻게 수행하는 것이 좋을까?
  당연히 슬픔의 크기를 줄여야 한다. 아주 큰 것을 '좀' 작게 만들어야 한다. 그러나 잊지 말아야 할 것이 있다. 슬픔을 도저히 참을 수 없다 하더라도, 그 슬픔을 부정하거나 없애려 해서는 안 된다는 점이다. 거부하거나 부인할수록, 슬픔이 사라지기는커녕 더 강하게 옥죄어 오기 때문이다. 그래서 시인은 맨 먼저 '섭섭하게' 그리고 '이별이게'라며 감정을 솔직하게 긍정하라고 권한다. 슬픔을 긍정하는 것, 이것이 애도 작업의 첫 단추다.

비유컨대 이별의 슬픔은 연인이 떠난 빈자리에 찾아온 손님이다. 주인은 손님을 외면하지 말고 일단 환대해야 한다. 물론 그 슬픔은 도저히 감당하기 어려운 손님이다. 당장 내쫓고 싶은 불청객이다. 하지만 내게 당도한 이상 환영해야 한다. 그런 다음, 사려 깊은 '그러나'를 내뱉을 수 있어야 한다. 해일 같은 슬픔이 찾아왔다. 손님치레는 해야 한다. 그러지 않는다면 손님은 강도로 돌변할 수 있다. 무시무시한 그 감정이 나를 잠식해 주인 행세를 할 수도 있다.

미당은 감당할 수 없는 슬픔을 견딜 만하게 만드는 두 가지 비법을 전해 준다. 먼저 고통스러운 현실을 떠나 가상의 세계로 진입하는 방법이다. '섭섭한 듯만 하게'라는 감각적 가상이든 '다시 만나기로 하는 이별이게'라는 믿음의 가상이든, 아무튼 가상세계에 들어가 슬픔을 완화시킨다. 망망대해 돛단배에서 만난 폭풍과 따뜻한 커피를 마시며 창문 너머로 바라보는 폭풍은 결코 같은 것일 수 없다. 현실과는 다른 세계에 들어가 현실을 멀찌감치에서 바라보는 방법, 이 방법을 두고서 사람들은 기껏해야 '정신 승리법'이라고 폄훼하기도 한다. 하지만 도피할 수조차 없는 인생은 얼마나 끔찍한가. 비명조차 지를 수 없는(비명은 일종의 구조신호다) 고통에 시달리는 사람이 있다면, 그가 현실과 가상 사이에서 오락가락 넘나드는 것을 타박할 수 없는 법이다. 황급히 도움의 손길을 내밀어야 할 일이지 비난할 일은 결코 아니다.

다음으로 슬픔을 돌이킬 수 없는 과거의 것으로 만드는 방법이 있다. 연인에게서 받는 슬픔의 상당수가 연인에 대한 기대에서 온 것(기대의 좌절)이기에, 더 이상 기대할 수 없는 과거로 시간을 맞춰 놓는 것이다. '만나러 가는' 기대를 아예 '만나고 가는' 추억으로 전환시킨다. 통상 추억이 아름다운 이유는 추억이 직접적인 고통을 주지 않을 뿐 아니라, '기대의 배신'을 염려할 필요가 없으며, 시간의 거리를 두고 사태를 관조할 수 있기 때문이다. 까마득하고 아련하게 슬픔이 저만치 떨어져 있다. 이렇게만 되면 이별의 슬픔은 견딜 만한 것이 된다. 심지어 간직할 만한 것까지 된다. 어느덧 아름답게 변모했기 때문이다. 요컨대 미당에게 애도 작업이란 '연꽃 만나고 가는 바람같이' 슬픔을 아련한 추억으로 가공해 내는 슬기로운 체념을 뜻한다.

한이 맺히다가도 풀리는 것이라면, 멜랑콜리는 애초부터 풀리는 감정이 아니다. 멜랑콜리는 맺고 푸는 실(관계)이 아니라 체액의 색깔(실체)이라는 이미지로 표현된다. 서양식 애도 작업의 모델은 알렉산더 대왕의 고르디우스 매듭 자르기에 가깝다. 애도 작업의 성공은 상실된 대상으로 향하는 리비도의 집중과 고착을 싹둑 잘라 내는 데 있다. 바꿔 말해서, 상실 대상을 '단념(斷念)'하는 것이다. 반면 한에서는 다른 방법이 동원된다.「원한의식과 원령의식」이란 글에서 김열규는 달관과 체념을 그 방법으로 꼽고 있는데, 특히 단념과 체념을 구분하는 대목이 주목할 만하다.

자신에게 눈먼 사람일수록 한은 짙어간다. 아집의 강도와 한의 농도는 정비례한다. 한의 통고에 빠지지 않기 위해서는 달관이 있어야 한다. 달관이 어려우면 단념이라도 있어야 한다. 체념은 단념보다 높은 경지라서 더욱 소망스럽다. … 따라서 체념이란 달관의 상념, 깨닫는 마음, 사물과 세계를 심리(審理)하는 마음이다. 묘체(妙諦)나 진체(眞諦) 또는 요체(要諦)라고 할 때의 체(諦)는 모두 이(理)나 도(道)에 통해 있다.[10]

자기집착에서 벗어나야만 고통의 질곡에서 빠져나올 수 있다. 그런데 벗어나는 방식에 있어서 단념과 체념은 서로 다르다. 단념이란 사랑 대상으로 향하는 욕망을 과감히 끊어버리는 것이다. '정(情)을 떼는 것'이다. 단순 명쾌한 방법이기는 한데, 이것은 사랑 자체를 거부할 위험이 있다. 사랑 대상을 쉽게 바꾼다거나 실연 이후 과도하게 고통받은 사람들이 사랑의 무능력자가 되는 것은 이 때문이다. 반면 체념이란 깨달음을 통해 도달한 초월의 공간에서 한의 고통을 견뎌내는 방법이다. 즉 뒤엉킨 감정의 실 꾸러미를 긴 호흡으로 하나씩 풀면서 자신의 깨어짐(깨달음)을 얻어가는 과정이다. 요컨대 단념이란 사랑 주체의 '뜻대로' 관계를 정리하려는 능동적 행위인 데 반해, 체념이란 '뜻대로는 안 된다'는 뼈아픈 각성을 기저에 깔고 있는 달관을 가리킨다.

헝클어진 사랑의 끈을 싹둑 잘라내는 일은 위험하다. 한 오라기 실처럼 보이는 것도 알고 보면 (물레로 자아낸) '꼬인 실들'의 집합체다. 관계의 끈은 원래부터 꼬일 수밖에 없다. 감당 못할 정도로 뒤엉킨 관계는 단절하기보다는 풀어내는 것이 현명하다. 물론 오랜 고통의 시간이 요구된다. 엉클어진 것을 풀려면, 긴 시간 말고도 냉정히 사태를 직시하면서 자기를 내려놓는 체념이 요구된다. 예로부터 한국인들은 그렇게 생각해왔다. 결국 애도 작업에 있어서 한국인과 서양인은 다른 길을 걸었다. 한국인이 오랫동안 한을 삭이면서 깨달음을 얻는 '체념'의 길을 택했다면, 서양인은 자기 정체성을 지키기 위해 과감한 '단념'의 길을 택했다.

삭임의 미학

한국미학 개념사전이 존재한다면, 나는 '삭임'이란 말을 꼭 넣고 싶다. 한국미를 이해하는 키워드라고 생각하기 때문이다. 한(恨)과 관련해서 '풀이'라는 유사어도 쓰이지만, 삭임에 함축된 의미가 더 풍부해 보인다. 멜랑콜리 담론에서는 애도 작업이 고통과 슬픔을 정제(카타르시스)하여 병적 우울의 상태로 나아가는 것을 막아낸다면, 한 담론에서는 삭임이 그와 유사한 일을 한다. 삭임은 한이 복수의 원한(怨恨)으로 변질되는 것을 막아준다. 동시에 그것은 따뜻한 정한(情恨)으로 변모시키는 마음의 메커니즘이다.

판소리에는 시김새라는 장식음이 있다. 그것은 음고를 확정하기 어려워 악보에 담을 수 없는 '유동음', 또는 그런 음을 구사하는 기교를 뜻한다. 소위 명창이라면 이 시김새에 능통해야 한다. 그런데 시김새의 시김은 삭임에서 온 말로 추정된다. 삭임의 고어가 '석다'인데, 그 말에는 썩다(부패) 또는 삭다(발효)라는 두 가지 의미를 담고 있다. 설익은 소리가 아니라 고도의 예술성 있는 소리를 '곰삭은 소리', 즉 시김새가 있는 소리라고 부른다. 이렇게 삭임이란 오랜 시간의 예술적 숙련이라는 뜻만이 아니라, 넓은 의미로 삶의 원한을 정한으로 녹여낸다는 뜻까지 담고 있다.

생물학적 측면에서 보자면, 삭임은 발효다. 발효란 유기물을 분해해서 에너지를 얻는 한 가지 방법이다. 생명체는 크게 두 가지 공정을 거쳐서 에너지를 얻는다. 일차적으로는 광합성이고 다음으로는 세포호흡이다. 엽록소를 가지고 있는 세균과 식물만이 광합성을 통해 빛과 물 그리고 이산화탄소를 가지고 포도당을 합성한다. 생명체는 세포호흡을 통해 광합성의 산물인 포도당을 분해하여 손쉽게 사용할 수 있는 에너지 통화, 즉 ATP(adenosine triphosphate)를 얻는다.

세포호흡에는 다시 두 가지 종류가 있다. 하나는 산소를 이용하는 호흡이고, 다른 하나는 산소 없이 일어나는 호흡이다. 기본적으로 호흡은 연소(燃燒)와 유사한 작용이다. 산소와 결합하여 유기물에 담겨 있는 에너지를 추출하는 과정이라는 점에서 그렇다. 산소가 충분히 공급되면 될수록 완전 연소에 가까워진다. 반면 산소 없이 일어나는 발효는 불완전 연소에 해당하고, 발효물은 불완전 연소의 잔해물이다.

한국의 전통 음식은 대부분 발효식품이다. 김치, 된장, 젓갈류 등 다양한 종류의 발효식품이 존재한다. 발효의 주인공은 미생물들이다. 사실 발효와 부패는 모두 눈에 보이지 않는 미생물의 작용이라는 점에서 같은 현상이다. 다만 전자가 인간에게 유익한 미생물이 일으킨 결과라면, 후자는 유해 미생물이 일으킨 결과일 뿐이다. 발효식품이란 유해 미생물의 침입을 저지하는 유익한 미생물들과 그들의 배설물을 가리킨다.

이런 생물학적 사실에 비춰 볼 때, 삭임이란 미생물 같은 미지의 타자가 개입한 일이다. 타자의 보이지 않는 조력을 통해 소화시킬 수 없던 것을 소화시킬 수 있다. 예컨대 우유와 치즈가 그렇다. 나이를 먹을수록 젖당 분해효소의 활성을 잃어버린 성인 상당수는 우유를 소화하지 못한다. 하지만 그런 성인도 발효식품인 치즈는 즐길 수 있다. 더구나 삭임은 풍미가 뛰어난 음식을 만드는 천연 조리법이다.

한의 정서는 멜랑콜리처럼 사랑하는 대상과의 이별에서 시작된다. 이별은 참기 힘든 슬픔과 고통을 야기한다. 멜랑콜리의 애도 작업은 슬픔을 시원하게 배출함으로써 슬픔에서 벗어나게 한다. 일종의 카타르시스(배설) 작용이다. 반면 한에서의 삭임은 슬픔의 배출을 억제한다. 외부적 강요에 따른 수동적 억제이든 능동적 억제이든, 한의 경우 슬픔은 가슴 한켠의 항아리에 봉인된다. 그곳에서 오랜 숙성의 시간을 갖는다. 그 시간 동안 미생물 같은 보이지 않는 타자들(예컨대 슬픔이 앞을 가려 식별되지 않았던 주변인 혹은 자연물)이 활발히 치유를 돕는다. 원한을 정한으로 바꾼다.

여기서 관건은 고통스런 숙성의 시간을 견디는 것이다. 언제든 또 다른 병인(病因)으로 돌변할 수 있는 타자들을 포용하고 그들과 공존할 수 있는 자로 스스로 변모될 때까지 말이다. 인고의 시간을 버텨낼 때 비로소 비가시적 타자는 훌륭한 조력자가 되며, 슬픔은 말갛게 곰삭을 수 있다. 원래 모습과는 전혀 딴판으로 변모할 수 있다. 여전히 원한의 자취는 남아 있지만, 더 이상 참을 수 없는 격분은 아니다. 이미 삭임을 통해 몸의 수준에서부터 변신하였기 때문이다.

삭임은 멜랑콜리의 애도 작업에서처럼 정신적인 차원에서 고양시키는 것만이 아니라, 온몸의 수준에서 변화시킨다. 어떤 크기의 슬픔에도 멜랑콜리의 주체는 온전히 보존되지만, 정한인(情恨人)은 삭혀지는 과정을 통해 질적으로 변신한다. 멜랑콜리가 나르시시즘에 바탕을 두었기에 그를 통한 근본적인 자기 변신이 불가한 반면, 한은 사랑의 삭임 과정을 통해서 철저한 자기 변신이 가능하다.

멜랑콜리 담론에도 발효와 관련된 이야기가 전혀 없는 것은 아니다. 아리스토텔레스는 고대 서양의학의 4체액설에 등장하는 체내의 '검은 담즙(melancholy)'을 설명하면서, 그것을 포도주에 빗댄다. 포도주가 만들어질 때 거품(공기)이 발생하는데, 아리스토텔레스는 그것을 성적 욕망으로 해석한다. 흥미롭게도 아리스토텔레스는 남성 성기가 발기하는 원인을 공기에서 찾았다.

> 포도주의 힘은 공기에서 기인한다. … 이런 이유로 포도주는 사람들을 사랑하게 한다. 디오니소스와 아프로디테는 올바르게도 서로 연

합된다. 그리고 멜랑콜리커는 보통 호색가이다.[11]

　최종 산물에 따라, 발효는 크게 두 가지 종류로 구분된다. 하나는 알코올 발효이고 다른 하나는 젖산 발효다. 포도주는 알코올 발효에 속하며, 김치, 된장, 젓갈을 비롯한 한국 전통 음식들은 젖산 발효에 속한다. 같은 삭임이라도 서양은 알코올 발효를, 한국은 젖산 발효를 모형으로 삼았던 셈이다. 대개 알코올 발효에만 거품, 정확히는 이산화탄소가 발생한다. 아프로디테의 탄생 신화에도 등장하는 거품은 부풀어 올랐다가 순간 극적으로 사라지는 성적 욕망과 아름다움의 무상성(반전의 비극성)을 상징한다면, 한의 삭임에 이런 거품은 없다. 자극과 흥분을 최고점으로 올렸다가 일순간 추락하는 데에서 오는 짜릿한 쾌감은 없다. 대신 삭임에는 깊고 융융하고 질리지 않는 긴 여운의 맛(멋)이 있다.

왜 한(恨)인가?

일찌감치 한은 한국인의 고유한 슬픔을 표현하는 말로 사용되었다. 지금도 일상에서 흔히 쓰이는 낱말이다. 한에 관한 지적 담론은 60년대부터 80년대 중반까지 크게 융성했다. 문학, 미술, 철학, 종교, 사회학 등을 망라하는 다양한 분야의 지식인들이 이 담론에 대거 참여해서 백가쟁명을 꽃피웠다. 내로라하는 지식인들은 거의 다 이 담론에 참여했던 것 같다. 그런데 놀랍게도 90년대부터 한 담론은 급격하게 쇠락하여 2000년대 이후로는 거의 자취를 감췄다.

놀라움을 넘어 좀 우스꽝스럽기까지 하다. 하나의 담론이, 그것도 공동체의 역사적 정체성을 반성하는 지적 담론이 이처럼 단기간에 명멸한 것은 아무리 보아도 비정상적이다. 왜 그렇게 되었을까? 소위 한국인의 '냄비근성' 때문일까? 자주 듣는 자조적인 목소리처럼, 우리 지식인들이 담론 수입상에 불과하기 때문일까? 한이라는 자생적인 담론이 취약한 것은 오로지 그 때문일까?

한(恨) 담론이 소멸한 주요 원인 가운데 하나는, 그 담론이 더 이상 한국인의 마음을 설명할 수 없다는 데 있을 것이다. 급속한 산업화, 근대화 이후 담론의 유효기한이 만료된 셈이다. 90년대 이후 지식인들은 전통적인 한으로는 한국인을 온전히 설명할 수 없다고 판단한 듯하다. 한 담론은 근대화 직후 '한시적으로' 회고를 통한 현재의 비판 및 반성에 그 존재 의미가 있던 것처럼 보인다.

현재 우리 지식인들은 (한이 아닌) '우울(melancholy)'로써 한국인의 마음과 한국사회를 진단하고자 한다. 멜랑콜리로 두 권의 책을 낸 나로서는 반길 만한 이야기이지만, 뭔가 께름칙한 느낌을 지울 수 없다. 누구나 알고 있듯이, 사람은 하루아침에 그렇게 쉽게 변하지 않는다. 체질화된 감성은 특히 그렇다. 사회 문화 변동의 속도가 아무리 빨라도 과거 문화는 프로이트의 무의식처럼 억압될 뿐이다. 혹은 나무의 나이테처럼 내면 깊숙이로 주름질 뿐, 결코 사라질 수 있는 것이 아니다. 한에 관한 담론은 사라졌을지언정, 오랜 시간 축적된 한은 상흔의 형태로나마 남아 있다. 철저히 극복 대상으로 한을 보았던 고은 시인마저도 한의 위상을 다음과 같이 규정한 바 있다.

> 한은 우리에게 유전이다. 이 말은 너무 극단적인지도 모르겠지만 이미 우리에게는 가장 변질될 수 없는 민족 심상의 체질인 것만은 틀림없다.[12]

여전히 한은 우리의 마음 어딘가에 잠복해 있거나, 아니면 변형된 형태로 존재할 것이다. 그렇기에 한국인의 우울을 논하는 자리에서 한을 다시 거론하지 않을 수 없다. 민족의 역사적 정체성을 다듬어 가는 작업을 위해서도 한에 대한 논의는 필수불가결하다.

한 담론이 소멸할 무렵, 한국인에게는 어떤 변화의 '바람'이 불었을까? 한 시대를 풍미했던 담론의 밑불마저 꺼트린 거센 바람의 정체는 무엇일까? 돌이켜 보자면, 80년대 후반에는 민주화의 바람이 거세게 불었고, 이어 IMF 외환 위기와 거기에서 탈출하려는 내부의 처절한 바람이 있었으며, 그 결과 혹독한 신자유주의 바람을 맞을 수밖에 없었다. 거기에 2002 월드컵이 상징하는 '신바람'과 어느덧 민주주의와 자본주의의 우등생이 되었다는 자신감이 더해졌다. 이 와중에 조선 시대나 일제 강점기에나 있을 법한 한은 점차 망각되었다. 글로벌스탠더드의 광풍에, 한 담론은 순식간에 스러졌다.

사실 한 담론이야말로 맹목적인 서구적 근대화에 대한 진지한 반성에서 싹튼 것이다. 그럼에도 불구하고 대내외적으로 몰아치는 거센 바람을 잠재울 수 없었고, 결국 반성의 새싹은 꺾일 수밖에 없었다. 한 담론은 시대착오적인 담론, 박물관에서나 보존해야 할 골동품 담론이 되었다. 어느새 사람들은 한을 입에 올리는 것조차 꺼린다. '낙후하다'라는 말은 발전과 성장을 지향하는 우리 사회의 최대 악평이기 때문이다.

이런 역사적 맥락에서 멜랑콜리가 한을 대신하여 우리의 심정과 처지를 대변하는 말로 부상했다. 한국인의 마음은 바람 든 무처럼 푸석푸석해졌고 한 담론은 생기를 잃은 지 오래되었기에, 썰렁하고 팍팍해진 마음을 읽고 위무하고자 서양의 멜랑콜리 담론을 도입했다. 그런데 과연 멜랑콜리 담론이 한국인의 우울을 온전하게 해석할 수 있을까? 그럴 수 없다는 것이 (멜랑콜리 연구자인) 나의 생각이다.

  한국인은 여전히 서양인과 다르다. 잠시 외국 여행을 다녀오는 것만으로도 쉽게 확인할 수 있다. 어떻게 수천 년 동안 형성된 서양인의 기질을 단기간에 완벽히 모방하고 내면화할 수 있겠는가? 지금 한국인이 겪는 우울은 과거의 한과도 다르며, 서양의 멜랑콜리와도 다르다. 그 '사이' 어딘가에 있다. 어디쯤일까? 전보다 멜랑콜리와 친숙해졌다지만, 사실 우리는 그것이 무엇인지도 잘 모른다. 다만 서양적 생활세계에서 배태된 멜랑콜리가 한국인의 우울을 분석하는 데 도움이 될 수 있을 것이라고 추정할 뿐이다. 따라서 한국인의 우울을 이해하기 위해서는 먼저 한과 멜랑콜리를 각각 살펴보아야 하며, 둘의 비교를 통해서 한국인의 우울이 둘 사이의 어느 지점에 있는지, 혹은 둘의 화학적 결합으로 새로운 무엇인가가 만들어진 것은 아닌지를 면밀하게 따져 보아야 한다. 아마도 이런 작업 이후에야 진정한 의미의 'K-정서'를 정확히 말할 수 있을 것이다.

  한에 관한 연구는 허무할 정도로 급격히 시들해져 버렸지만, 아직 연구의 '필요성'까지 사라진 것은 아니다. 한국 문화가 해외에 알려지면서, 오히려 외국 지식인들이 한에 주목하고 있다. 예컨대 맨부커 국제상을 받은 한강의 『채식주의자』에 대해 미국 여성 작가인 다이앤 존슨(Diane Johnson)은 한(恨)을 키워드로 삼아 한강의 작품을 분석했다. 그녀에 따르면, 한이란 다음과 같은 것이다.

> 한은 일종의 유니크한 한국인의 민족적 특성 혹은 정신 상황으로서 타인들이나 나라의 적 혹은 역사 그 자체에 대한 특유의 분노이다.[13]

그녀가 보기에, 한은 한국 고유의 민족적 특징이면서 약자(약소민족)의 강자에 대한 역사적인 원한 감정이다. 한강의 작품을 굳이 이런 한으로 분석해야 하는지는 논외로 치더라도, 존슨의 한 개념이 평면적이고 소박한 것임은 분명하다. 원로 문학평론가 유종호는 처음부터 한 담론을 비판적으로 바라보았던 지식인이었다. 그런 그가 존슨 같은 외국 지식인의 한에 대한 몰이해를 지적하면서도 이렇게 자성(自省)한다.

> 통속적·축약적으로 한을 파악하고 있는 외국인이 있다면 무책임한 풍문의 교정을 꾀하지 못한 우리의 불찰도 작은 일이 아니다.[14]

나는 유종호 선생의 비판과 자성이 매우 유의미하다고 생각한다. 그러나 그가 한 담론의 유효성과 역사적 가치를 지나치게 저평가하는 부분은 아쉽게 생각한다. 어쨌든 이 에피소드는 한국 문화가 세계 문화의 한복판으로 진입하면 할수록, 한의 독특성과 보편성에 대한 관심이 세계시민들로부터 더욱 증폭될 수밖에 없음을 보여주는 단적인 사례다. 최소한 한국학 내부에서라도 한에 대한 관심과 연구는 지속되어야 할 것이다. 소위 한국의 'K-문화'가 세계 곳곳에 깊숙이 확산되기를 소망한다면, 소중한 자산인 한 담론을 잊어서는 곤란하다.

사랑과 자살

까마득한 옛날 그리스 사람들은 멜랑콜리와 자살이 긴밀하게 엮여 있다고 보았다. 아리스토텔레스는 이미 그 당시에도 나이에 상관없이 멜랑콜리로 자살한 이들이 많았다고 증언한다. 먹고 살기 급급했던 그 시절에도 우울로 자살하는 사람들이 많았다니! 그걸 상상하기 힘든 이유는 우리 현대인들이 과거를 폄하하면서도, 어처구니 없을 정도로 역사에 무지한 데에 있을 것이다. 우울증적 자살이 근대 이후에나 볼 수 있는 현상이라고 속단한다면, 그것은 섣부른 오판일 수 있다.

자기 비난, 가혹한 자책, 급격한 자존심 실추, 그리고 그것의 극단적 모습인 자살 등이 멜랑콜리커에게 특징적으로 나타난다. 흥미롭게도 프로이트는 사랑과 자살이 "자아가 대상에 의해 압도당한다"[15]는 점에서 동일하다고 보았다. 사랑에 빠지는 것은 자살하는 것과 유사하다. 사랑과 자살 모두 대상의 존재감에 짓눌리는 체험이기 때문이다. 다만 사랑의 경우 그 대상이 '타자'인 반면, 자살의 경우 또 다른 '나'라는 점이 다를 뿐이다. 그런데 자살처럼 보이는 현상도 일종의 죽임이라 말할 수 있다. 자살의 피해자는 자기 자신이지만, 가해자 역시 자신이다. 자살은 자기 자신이 스스로를 죽이는 행위다. 자살은 행위 주체와 객체가 분리되는 자기-분열을 전제하며, 대상화된 자기를 죽이는 일종의 살인 행위다.

자살을 정점으로 하는 멜랑콜리커의 자해 행위는 역설적으로 자기 정체성을 지키려는 시도다. 『멜랑콜리와 사랑 그리고 시간』이란 책에서 피터 투이는 멜랑콜리커의 자살을 다음과 같이 설명한다. "자살 또는 자살 시도는 무엇보다 개인의 자기성(selfhood)의 온전함을 증명하려는 것이다."[16] 자꾸만 쪼개져서 더 이상 자기 정체성을 지킬 수 없을 때, 자살을 선택한다. 또한 우리의 자기 정체성은 대개 이상화된 것이다. 아름답게 조작된 산물이다. 거울이나 사진에 비친 자기 모습에 만족하지 못하는 것을 보면, 쉽게 그것을 알 수 있다. 그런데 환상이 깨어질 때, 사람들은 그것을 견디지 못한다. 환멸(幻滅)에 진저리친다. 환상이 깨지는 것을 환영할 수도 있을 텐데 말이다.

1934년 12월 23일 소월은 아편을 과다 복용해 죽었다. 일종의 자살이다. 이것을 두고 사람들은 그가 우울증을 앓았다고 추정한다. 고흐를 비롯한 숱한 예술가들이 이런 의학적 병인으로 작품을 창작하고 비극적 최후를 맞이한 전례들이 있기에, 소월에 대한 (우울증을 통한) 의학적 해명은 그다지 새로운 것은 못 된다. 그렇다면 정말 소월은 멜랑콜리커였을까? 「가련한 인생」이란 작품에서 실마리를 찾아보자.

> 가련한, 가련한, 가련한 인생에
> 첫째는 살음이다, 살음은 곧 살림이다,
> 살림은 곧 사랑이다, 그러면,
> 사랑은 무엔고? 사랑은 곧
> 제가 저를 희생함이다,
> 그러면 희생은 무엇? 희생은
> 남의 몸을 내 몸과 같이 생각함이다.…사랑을 함도 죽음, 제 마음을 못 죽이네.
> 살음이 어렵도다. 사랑하기 힘들도다.
> 누구는 나서 세상에 행복이 있다고 하노! (「가련한 인생」, 전문)[17]

인생에서 무엇보다 중요한 것은 살아가는 것이다. 생존이다. 그런데 소월은 생존을 살림으로 전치시킨다. 자기생존을 위해서라도 타자를 살려야 한다. 이런 살림이 사랑이고 자기희생이다. 여기서 역설에 빠진다. 자기생존이 자기희생으로 반전되기 때문이다. 서양적 시선에서 이해하기 힘든 지점은 살음이 살림으로, 살림(사랑)이 자기희생으로 넘어가는 곳에 있다. 그리고 그곳에 죽음이 자리잡고 있다. '제 마음을 못 죽이네'라는 구절에서 죽임은, 살음이 살림이 되듯, 사랑을 위한 것이다. 마음, 곧 기존의 자기 정체성을 죽이는 것이야말로 자기희생의 소월적 의미다. 희생이란 그저 자기 몸을 죽이는 것도 아니고 불이익을 감수하는 것도 아니다. 그보다 먼저 (고정되고 미화된) 자기 정체성을 깨트리는 것이다. 그래야만 타자를 사랑할 수 있고 살릴 수 있고 결국 내가 살 수 있다. 그런데 제 마음을 죽이는 일은 결코 쉬운 일이 아니다. 그래서 어렵게 허덕이며 사는 우리네 인생이 가련해지는 것이다.

한국사회의 우울을 보여주는 사례로 2014, 2015년에 연이어 발생한 송파와 서초의 세 모녀 사건을 꼽을 수 있다. 송파 사건은 자살이고 서초 사건은 살인이라는 점에서 차이가 나지만, 한국사회의 모순에서 파생된 우울이 죽음을 야기한 사건이라는 점에서 일치한다. 송파의 경우, 세 모녀가 만성 질환과 실직으로 인한 생활고에 시달리다가 "정말 죄송합니다"라는 메모와 함께 전 재산(현금 70만 원)을 집세와 공과금으로 놔두고 번개탄을 피워 자살한 사건이다. 현행 복지제도의 사각지대를 잘 보여준 사건이자 동시에 아무리 자살로 내몰려도 (멜랑콜리커는 결코 이해할 수 없는) 바보 같은 다정(多情)을 보여준 사건이었다.

반면 서초의 경우, 명문 사립대 출신에 기업 임원까지 지낸 엘리트가 주인공이다. 그는 실직한 뒤 재취업을 하지 못한 데다 주식투자마저 실패하자, 부인과 두 딸을 목 졸라 살해하고 자살을 기도했다. 이 사건은 부의 불평등에서 파생된 '상대적 박탈감'이 매우 심각하다는 점을 잘 보여준다. 또한 이 살인범의 경우 개인의 과도한 자기의식을 엿볼 수 있다. '나는 본래 이런 사람인데'라는 공고했던 자의식(자기 정체성)이 무너지면서 살인을 범한 경우다. 이것은 한보다는 명백히 멜랑콜리적 죽임에 해당된다.

　이 두 사례를 포함하여, 전반적으로 지금 우리가 겪는 슬픔은 한과 멜랑콜리의 '사이'에 있다. 제 마음을 죽이는 소월식 사랑과 정체성을 지키기 위해 마음이 몸을 죽이는 멜랑콜리커의 자살, 이것을 좌표축으로 삼아 현재의 자살 현상을 측량해 볼 수 있지 않을까? 20세기 초반을 살았던 시인이지만, 신식교육과 일본 유학을 통해 서양 문화를 접했던 소월도 그 '사이' 언저리 어딘가에 있다. 그래도 소월은 확실히 한(恨) 쪽에 많이 기울어 있다.

이성의 악몽[18]

1. 자기투영의 역설

아메리카 인디언들은 자신이 찍힌 사진을 처음 보았을 때, 무척이나 경악했다고 한다. 자기의 자유로운 영혼이 종이에 달라붙어 결박되었다고 여겼기 때문이다. 이유는 조금 다를지 모르지만, 어린아이들이 거울에 비친 자신을 보고 흠칫 놀라는 모습도 이와 유사하다.

우리는 자신을 볼 수 없다. 눈이 스스로를 볼 수는 없는 법이다. 뭔가를 보기 위해선 가시거리가 필요하듯이, 자기인식을 위해서도 인식주체와 대상 사이의 거리가 확보되어야 한다. 이 점에서 직접적인 자기인식은 불가능하다. 불가능한 일이 실제로 일어난 것처럼 여겨질 때, 사람들은 경악하지 않을 수 없다. 하지만 사실 그건 간접적으로(mediately), 즉 사진이나 수면, 거울과 같은 매체(media)에 투영하여 나를 본 경우에 해당된다. 내가 객관화되는 순간, 그것은 더 이상 자유로운 '나'가 아니다. 롤랑 바르트가 말하듯이, 사진에 찍힌 내 얼굴이 '유령'처럼 보이는 까닭이 여기에 있다.[19]

인간에 관한 객관적 지식 자체가 과연 인간일 수 있을까? 인간과 똑같은 인공지능을 만드는 것은 이성의 오랜 꿈이었다. 강한 인공지능, 즉 자기의식을 가진 AI를 실현하는 것이야말로 인간에 대한 인식의 완벽한 객관화를 뜻한다. 거울에 비친 영상이 내 뜻대로 움직인다면, 그건 아직 내가 아니다. 그저 나의 환영일 뿐이다. 반면 거울에 비친 것이 제멋대로 움직인다면, 그게 바로 나다. 나처럼 자유로우니까. 아니 동시에 내가 아니다. 나와 따로 노는, 전적으로 독립적인 개체이니까. 여기에서 고약한 자기투영/자기지칭의 역설이 발생한다. 이성의 꿈은 기괴한 것을 낳는다(경악의 투사). 이것을 원천적으로 근절하려면, 불면의 피로를 각오해야 한다.

2. 자유의 발명품, 프랑스 혁명

장 스타로뱅스키(Jean Starobinski), 오래전 나는 그를 멜랑콜리 연구자로 처음 만났다. 그는 창작의 무한한 원천을 멜랑콜리에서 찾았다. 창작에의 고뇌가 농축된 '검은 담즙'(멜랑콜리의 본뜻)을 잉크 삼아 작가는 흰 종이에 글을 써내려간다는 그의 이야기를 듣자마자 무릎을 쳤던 기억이 아직도 생생하다. 바로 그가 『자유의 발명 1700~1789/1789 이성의 상징』을 썼다. 프랑스 혁명과 그 사건 전후의 예술 동향을 자유와 이성이라는 두 열쇠말로 풀어낸 책이다. 표제에 있는 '발명(invention)'이라는 말은 한편으로 "최초의 자유를 정당하게 회복하는 것"과 다른 한편으로 "행복을 약속하는 사회 변혁의 기초를 놓는 것", 즉 "복원과 동시에 창설"[20]을 뜻한다.

혁명(revolution)이란 낱말도 원래 '주기적인 격변'을 뜻한다. 창설의 난데없음(ex nihilo)을 피하기 위해, 주기의 영원한 반복에 기대어 '시작'에 권위를 부여한 것으로도 이해할 수 있다. 저자는 프랑스 혁명기와 겹치는 신고전주의에 주목한다. "신고전주의 예술은 시작의 열정을, 다시 시작하고자 하는 노스탤지어로 번역하고 변형했다."[21] 계몽주의적 이성이 고대 그리스·로마 문화를 '복원'하면서도, 전근대적 암흑과 대적하며 새로운 문화를 '창설'하는 18세기의 흐름 속에서 프랑스 혁명을 바라본다.

지성사가인 스타로뱅스키는 프랑스 혁명 같은 정치적 사건의 문화적이고 지적인 배경을 꼼꼼히 살핀다. 정치·경제·사회적 관점만을 편식하는 우리들에게 이것은 꼭 필요한 시각이다. 물론 스타로뱅스키는 지성사로 남김없이 정치적 사건을 해명할 수 있다고 보지 않는다. 마찬가지로 정치적 사건만으로 예술을 재단하지도 않는다. "예술과 사건은 서로를 비추고, 서로가 서로를 드러낸다는 점에서 중요성을 가진다. 심지어 예술과 사건이 서로를 확증해 주기는커녕 모순이 되는 경우에도 그렇다."[22] 예술과 정치는 서로에게 서로를 비추는 거울이다. 예술이 자기 속에만 침잠하거나 정치가 자기 안에만 갇혀 있으면, 스스로를 제대로 알기 어렵다. 오직 서로를 비출 때에만, 자기인식의 수준을 높일 수 있다. 그렇다고 단순히 반영하는 것만은 아니다. 둘 모두 자율성과 독립성을 가지기 때문이다.

그럼에도 이 책은 1789년에 발생한 프랑스 혁명을 중심에 놓는다. 그 정치적 사건이 발하는 빛이 너무나도 강렬했기 때문이다. 하이데거는 예술과 철학 그리고 정치를 진리가 발생하는 장소라고 본 적이 있는데,[23] 이 점에서 프랑스 혁명은 당시 다른 무엇보다도 진리의 빛이 강렬했던 광원이었다. 스타로뱅스키에 따르면, "어느 면에서 프랑스 혁명은 예술가들을 심판한다. 이 혁명은 현대적인 것과 낡은 것을 가르는 보편적인 기준을 부과한다. 사회적 관계의 새로운 형식을 촉진하고 시험하는 것이다. 그래서 이 새로운 형식을 마주했을 때, 예술작품은 응답하지 않을 수가 없다."[24] 이 사건은 계몽주의적 이성이 현실 지배를 선포한 신호탄이다. 이 불빛에 따라 모든 영역에서 변화가 수반되었다. 예술도 예외는 아니다.

3. 혁명과 미학의 시대, 18세기

현대인들은 18세기를 오해하고 있다. 혁명 이전은 로코코 양식이 대변하듯 귀족적 우아와 사치 그리고 경박함이 만연한 시간대로, 혁명 이후는 공포와 허무로 점철된 시간대로 말이다. 이것은 혁명의 수혜자이면서도 이내 혁명을 부정적으로 평가했던 부르주아가 유포시킨 신화다. 이 신화의 허구성을 폭로하면서 스타로뱅스키는 18세기가 창조성이 꽃핀 세기로서 지금 현재를 규정하는 영향력 있는 시대라고 말한다. 예컨대 예술 분야만 놓고 보더라도 18세기 영국 풍경화가 알렉산더 카즌스는 20세기 초현실주의의 '자동기법'

과 '타시즘(tachisme)'을 예고하고 있으며, 고야는 마네와 표현주의, 20세기 예술가들의 대담한 시도들을 앞질러 보여주고 있다.

　스타로뱅스키도 간파했듯이, 미학은 18세기에 탄생했고 호황을 누렸다. 미학(aesthetics)이란 미에 관한 학문이기 이전에, 우선 감각적인 것에 관한 학문이다. 감각적인 것은 변덕스러운 감정과 욕망, 개별의 육체, 생과 사에 관여된 것이다. 플라톤 이래 오랫동안, 감각적인 것은 보편적이고 항구적인 것을 다루는 학문의 영역에서 배제되었다.

　그런데 18세기에 이르러 바움가르텐이나 칸트와 같은 철학자들은 그 감각적인 것에 학적 영역을 마련해 주고자 했다. 미학 탄생의 의미에 대해서는 크게 두 가지 상반된 견해가 존재한다.[25] 하나는 미학의 성립이 기존 이성적 질서와는 다른, 자율적인 감각 영역의 확보를 뜻한다는 것이다. 다른 하나는 이성이 그동안 통치하지 못한 감성 영역마저 접수한 것을 뜻한다는 것이다(그러나 이 견해는 이성적 기획의 좌초 이후엔 미학이 이성을 견인한다고 수정된다). 나는 두 측면이 모두 있음을 긍정하면서도 후자의 해석에 더 무게를 두는 편이다. 왜냐하면 미학은 처음부터 이성의 기획인 혁명과 긴밀히 연동되어 있기 때문이다.

　혁명은 크게 두 가지 장애물을 만난다. 하나는 기존 구질서 세력의 완강한 저항이고, 다른 하나는 혁명의 이념이 점차 퇴색해간다는 점이다. 기득권의 끈질긴 생명력은 언제나 예상 밖의 규모이기에 대처하기 어렵다. 그런데 혁명의 성공을 더욱 어렵게 만드는 것은 혁명 주체가 초심을 잃고 괴물과 싸우다가 스스로 괴물이 되어 버린다는 점에 있다. 그래서 대부분의 혁명은 실패로 귀결되며, 사람들은 이성의 '육화(감성화)'의 실패에서 근본 원인을 찾았다. 프랑스 혁명 직후의 실러와 68혁명 세대 랑시에르가 그랬다.[26]

우리 경우도 마찬가지다. 혁명의 기운이 고조되었던 87년 이후 정치적 진전이 지지부진해지자(또 현실 공산주의의 몰락이 본격화되자), 우리 지식인들이 찾은 곳도 예술문화를 중심으로 한 감성 영역이었다. 이성이 감성의 뿌리 끝까지 스며들지 않는다면, 진보는커녕 혁명 이전으로 퇴행한다는 자각이 일어났다. 이처럼 혁명기의 앞뒤로 미학이 포진해 있다. 앞서 미학은 혁명을 예비하고, 혁명(의 실패) 이후에는 좌절의 상처를 보듬고 이성의 좌표를 다시 그린다.

4. 이성의 빛이 사랑을 파괴한다

다시 18세기를 요약해 보자. 혁명의 시대였던 18세기는 경박하고 우아한 로코코, 그리고 신고전주의가 창궐했던 시기다. 한편에서 "즐거움을 발명"하기라도 한 것 같고, 다른 편에서 감수성이 "격렬해지고, 초조해지고, 과도해"[27]진 시대다. 그 시대는 사치스러운 축제, 스펙터클한 극장 경험을 통해서 시대의 불안을 누그러뜨렸다. 또한 18세기는 개인의 고독과 개성이 표현된 초상화가 유행했다. 그 시대는 불가능한 목가에 대한 노스탤지어가 강렬했고, 폐허에 깃든 멜랑콜리를 즐겼다. 하지만 그 무엇보다도 "18세기는 빛, 명료성, 명확성, 그리고 시선의 작용과 밀접하게 연결된 듯한 이성에 사로잡혔던 세기다. … 의지의 스타일이 승리를 구가할 때 사물은 수단이 되고 더는 그 자체로 사랑받지 못한다."[28]

철학자들은 곧잘 이성을 눈에 빗대곤 했다. 눈은 모든 것을 명료하게 내다본다. 눈은 다른 신체 기관보다 먼 미래를 예측한다. 하지만 눈만으로 사지를 움직이지는 못한다. 욕망과 결합해야 한다. 이성적 욕망인 '의지'가 비로소 몸을 움직이며 실천을 가능케 한다. 이성이 욕망과 결합할 경우, 이성이 욕망을 지배할 수도 있지만, 역으로 욕망이 이성을 도구로 쓸 수 있다. 어떤 경우든 의지가 관철될 때, 의지의 대상은 수단으로 전락한다. 의지는 원칙을 고수하려만 할 뿐 사랑에 무능하다. 예측하고 계산하는 의지는 사랑을 파괴하기 마련이다. 이런 의미에서, 이성의 날카로운 눈빛에 드리우는 검은 그림자는 사랑의 상실로 밝혀진다. 계몽주의 이성은 자신이 무엇(사랑)을 잃었는지 모른다. 그 때문에 알 수 없는 불안과 이유 없는 슬픔이 해일처럼 덮쳐도 속수무책일 수밖에 없다.

프랑스 혁명은 태양 신화로 미화된다. 혁명 과정이 '빛의 영광과 시련'으로 해석된다. 그런데 자유와 이성을 상징하는 빛은 혁명 주체의 전유물만은 아니다. 이 대목에서 스타로뱅스키의 지적 성실함과 예리함이 잘 드러난다. 그는 동 쥐앙과 사드 같은 이들의 위반 행위와 혁명 주체의 행위가 친연성이 있다고 본다. 혁명에 적극 동참했던 자크-루이 다비드 같은 소수의 예술가를 제외한다면, 차라리 구질서의 죽음과 동행했던 예술가들이 더 창의적이고 시대를 앞서가는 작품을 산출했다고 주장한다.

5. 이성과 괴물

책장을 넘길 때마다 어김없이 배움의 즐거움을 만끽할 수 있지만, 이 책의 백미는 뭐니 뭐니 해도 과르디, 다비드, 퓌슬리, 카노바, 특히 고야의 그림을 분석하는 부분이다. 책의 마지막을 장식하는 고야에 대한 빛나는 분석만 인용하기로 한다.

> 이성의 인간으로서 고야는 이성이 잠들었을 때 태어나는 그로테스크한 형상들을 대놓고 보여주었다. … 이성은 철저히 이성이 아닌 다른 것을 마주하고 있다. 이성은 저 괴물과 자기가 어떤 내적인 끈으로 연결되어 있는지 안다. 괴물이 생긴 것은 바로 이성이 그런 괴물을 필요로 했기 때문이다. 아니 더 정확히 말하면 그 필요를 거부했기 때문이다. … 이성은 적에게서 자신의 뒤집힌 실재를, 자신을 빛으로 만들어 주는 이면을 보면서 극복할 수 없는 차이에 오히려 매혹되기 때문이다. … 어둠이 드러나면 짐승들이 우글거리게 된다. 기원에의 호소는 삶의 깊은 원천을 향한다. 바로 여기가 잡종이 만들어지는 지점이며, 고야의 그림에서 삶의 색채가 악의 어둠과 뒤섞이게 되는 기이한 합류점이다.[29]

한낮에 기세등등했던 이성도 이내 잠들고, 이성의 꿈에는 어김없이 괴물이 나타난다. 악몽을 꾸지 않기 위해 아예 잠을 자지 않는 방법이 있겠다. 그러나 과연 이성이 잠들지 않을 재간이 있을까? 항상 깨어 있는 것 역시 이성의 헛된 꿈에 불과하지 않을까? '살아

있는 인간'의 이성은 잠들 수밖에 없다. 현실과 이성 원칙의 접점을 찾는 각성의 시간이 견딜 수 없을 만큼 힘겹기 때문이다. 끔찍한 악몽보다 불면의 고통이 더 참기 어려운지도 모르겠다.

　이성이 잠드는 것을 막을 수 없다면, 괴물과의 조우는 불가피하다. 이 괴물은 비-이성적 존재다. 하지만 이성과 괴물은 내밀한 끈(-)으로 연결되어 있다. 이성이 존립하기 위해 필요하지만, 이성이 자신의 절대성을 꿈꾼 결과로 그 '필요를 거부'해서 생겨난 것이 바로 괴물이다. 낯설면서도 (동시에 어렴풋이) 낯익은 괴물은 섬뜩한 (un-heimlich) 매혹을 안겨준다. 이것은 현대인들이 클론, AI를 목도하면서 느끼는 감정과 유사하다.

　이성의 원대한 꿈을 꾼 최초의 철학자는 플라톤이다. 그의 꿈나라가 바로 천상에 존재하는 이데아 세계다. 천상계의 거주민이었던 자유로운 인간 영혼은 지상에 떨어져 육체의 감옥에 갇힌다. 육체와 관계하는 감각, 감정, 욕망 등은 모두 영혼을 묶고 있는 현실의 사슬들이다. 그것들은 이성을 혼미하게 만드는 장애물이다. 현실에 엄존하는 이름 없는 것들이다. 이성의 원칙이 역사의 현실로 내려오게 되고 "이성의 관점에서 본다면 현실로 내려간다는 것은 불명료함으로 내려간다는 뜻"[30]이기에, 이성은 현실 전체를 정체불명의 괴물로 마주한다. 현실의 괴물과 싸우다 지치면 향수 어린 꿈을 꾼다. 그런데 현실의 입장에 선다면, 이성의 꿈이 바로 괴물이다. 시간의 저편, 생명의 피안에서 온 존재이기 때문이다.

　고야는 모든 것의 기원을 이성 원칙이 아닌 '생명의 에너지'에서 찾았다. 이것은 지상의 살아 꿈틀대는 생명, 린네식 이성적 분류법을 위반하는 잡종의 끈질긴 생명력을 뜻한다. 더불어 이성의 통제라는 것이 기껏 지배 이데올로기에 불과함을 폭로하는 민중적 생명력을 뜻한다. 이런 맥락에서 스타로뱅스키는 고야의 작품 〈1808년 5월 3일의 학살〉을 분석한다. 혁명 전파를 명분으로 스페인을 점령하고 민간인 학살을 자행했던 프랑스군들의 규율과 질서가 도리어 '정신 나간 합리성'이며, 두 팔을 번쩍 뻗은 민간인은 이성에 굴욕당한 생명, 무력하지만 숭고한 생명을 가리킨다. 이 사람은 이름 없는 일개 범부에 불과하지만, 폭력에 굴하지 않는 자유를 숭고하게 보여준다. 스타로뱅스키는 "물질 및 사건의 숙명성을 받아들이고 그 도전에 충실하게 응전할 줄 아는"[31] 고야 같은 화가만이 최고의 자유를 화폭에 그릴 수 있다고 결론짓는다.

이처럼 이성의 악몽을 역설하지만, 정작 스타로뱅스키의 글은 시종일관 합리적이고 건조한 기조(基調)를 유지하고 있다. 탄복할 만한 균형 감각을 겸비한 일급 학자의 글임은 의심의 여지가 없다. 그럼에도 글의 약점을 굳이 말하라면, 그 '합리적인 기조'를 꼽을 수 있겠다. 이것이 책의 진입장벽을 높이고, 어둠의 풍요와 숙명성을 받아들여야 한다는 자신의 최종 논지를 약화시킨 것으로 보인다. 이런 점에서 그의 글은 (자기 의도와는 달리) 고야보다는 신고전주의자 다비드의 그림과 더 잘 어울린다. 합리적 기조를 떠받치고 있는 그의 사유는 18세기에 최적화되어 있어서, 이후의 사유 동향에 취약한 편이다.

6. 영구혁명의 멜랑콜리

한편에서 인간은 다른 생명체처럼 그저 한 마리 이름 없는 짐승일 뿐이다. 하지만 인간은 꿈꾸는 짐승이며, 그 꿈 가운데 하나가 바로 이성이다. 그런데 이성도 꿈을 꾼다. 유감스럽게도 이성의 꿈에 나타나는 것은 몸을 가진 인간에게 괴물로 밝혀지고 있다. 신처럼 전지전능한 것처럼 보여도 짐승보다 못한 괴물. 앞으로 인간이 풀어야 할 과제는 이 괴물을 길들이는 일이 아닐까 싶다. 꿈꾸기를 일체 금지할 수 없는 이상 괴물과의 조우는 불가피하며, 괴물을 길들이는 과정에서 아마 인간도 길들여야 할 것이다. 이성적 혁명의 유토피아든 AI든, 이성의 꿈에 익숙해져야 한다.

기적처럼 혁명에 성공했다고 마냥 기뻐하고 안심하는 것은 섣부른 짓이다. 아직 혁명이 완결된 것은 아니기 때문이다. 아니 어원적 의미 그대로라면, 혁명은 본시 영구혁명일 수밖에 없다. 사건 이후, 혁명 주체는 안팎의 괴물들을 주시해야 한다. 그리고 괴물을 길들이는 만큼, 주체도 속절없이 길들여짐을 인정해야만 한다. 이것이야말로 혁명의 환희가 순간인 반면에, 멜랑콜리가 철두철미 혁명을 관통하는 이유다. 괴물을 목도한 사람들에겐 두 가지 선택지가 있다. 멜랑콜리에 함몰되어 냉소적 허무주의자가 되느냐, 아니면 멜랑콜리를 잉크 삼아 이성의 청사진을 매번 새롭게 창작하느냐.

초연한 추상[32]

1. 겨울의 추상

무더운 여름이 오면, 지상은 한껏 풍성해진다. 먼발치에서 지구를 본다면, 아마도 두꺼운 외투를 걸친 듯 지구의 볼륨감이 제법 실감 나게 느껴질 것이다. 무엇보다 하늘로 치솟는 식물들, 무성한 나뭇잎들 때문에 그럴 것이다. 태양 에너지를 비축하기 위해서 광합성을 하는 식물들이 몸집을 한껏 키우면, 뒤를 이어 초식동물들과 육식동물들은 번성하기 마련이다. 그래서 여름 한 철 지상에는 형형색색의 생명체들이 웅성대며 우글거린다.

그러나 겨울이 되면 상황은 급변한다. 생명을 가진 것들은 추위를 피해 동굴이나 땅속 깊숙이 숨는다. 나무는 그 많던 잎새를 떨구고 앙상한 가지만 남긴다. 혹독한 시련에도 도저히 숨길 수 없는 것들만 고스란히 남긴다. 화려하고 번잡한 것들은 죄다 사라지고, 단순하고 강인한 것들만 자리를 지킨다. 형과 색의 추상이 시작된다.

겨울은 추상의 계절이다.

오수환은 이런 '겨울의 추상'을 작품에 수놓는 작가다. 겨울의 나목(裸木)처럼, 그의 작품은 최소한의 것만을 남겨둔다. 길고 어두운 겨울밤을 넉넉히 견뎌낼 수 있는 것만 추출한다. 그는 화폭에 꿈틀대는 원시와 생명의 비밀만을 담는다. 몬드리안이나 말레비치 같은 몇몇 추상 화가들이 기하학적 질서로 사물의 형태를 환원하고 단순화했다면, 오수환은 이런 식의 환원은 거절한다. 지나치게 인간 중심의 인식체계로 자연을 재편한다는 생각 때문이다. 물론 그들과의 대화를 마다하지 않기에, 오수환은 〈대화 — 말레비치 Dialogue — Malevich〉(2013) 연작 시리즈를 내놓기도 했다. 기하학적 선과 도형이 자연스러운 선과 묘하게 어울린 작품이다.

환원주의적 추상은 '이것'의 구체성을 철저히 배격한다. 사물들에서 보편, 즉 공통적인 것을 추출한다는 명분을 내걸지만, 그 보편이란 것이 대개 편파적이고 인간 편의적인 것이기 일쑤다. 더구나 '이것'은 보편의 지배를 받는 사례들 가운데 하나로 전락하기 쉽다. 곧 '이것'은 대체 가능한 것으로서 간주된다. 반면 오수환의 추상은 봄과 여름을 기약하는 겨울의 추상이다. 우리는 청명한 겨울 하늘에 드리운 앙상한 나뭇가지에서 울창한 잎들을 기억하거나 상상할 수 있다. 마찬가지로 오수환의 추상에서는 구체적인 '이것'이 수월하게 연상된다.

그가 추상 능력이 부족해서 그런 것이 아니다. 차라리 그의 추상이 보편을 참칭하지 않기 때문이며, 떠나보낸 구체와의 만남을 그

오수환, 〈Drawing〉, 1995, 94×64.5cm, ink on paper [화보 참조]
오수환 작가는 이미지와 문자, 예술과 철학의 접점을 이미지로 구축했다. 동아시아의 서예를 서양의 추상회화 전통과 접속시켰다. 작품에서 보이는 검은 선은 분명 서예의 붓놀림에서 유래한 것이다. 그 선은 형체를 분간할 수 없는 문자의 잔해다.

리워하는 추상이기 때문이다. 자연을 동경하는 추상이기 때문이다. 그렇다면 그는 어떻게 이런 추상 세계를 개척할 수 있었을까? 이 독특하고 새로운 추상을 무엇이라 규정할 수 있을까? '겨울의 추상'이란 잠정적인 규정은 아직 애매한 비유일 뿐이다.

철학적인 관점에서 본다면, 지각과 인식의 영역에서 순도 100%의 추상도 없고 그런 구체도 없다. 추상과 구체는 상호의존적인 개념이다. 동전의 양면이다. 아무리 추상적인 것도 구체적인 사물과 이어질 수밖에 없으며, 아무리 구체적인 사물도 추상이 개입되지 않을 수 없다. 예컨대 오수환이 자주 사용하는 푸른색은 엊그제 산책길에서 보았던 '푸른 하늘'이나 '푸른 기와'의 색깔과 다를 뿐만 아니라, 그가 사용하는 푸른색들도 제각기 조금씩 농도가 다르다. 완벽한 추상물인 푸른색의 이데아도 없지만, 색깔로 지각되는 순간부터 구체적인 색은 추상의 옷(가령 '푸른색'이라는 기호)을 입을 수밖에 없다. 추상에 의지하지 않는다면, 구체는 스스로를 드러낼 수조차 없다. 사르트르는 추상에 관해 통찰력 있는 말을 한 적이 있다.

> 추상이란 구체를 드러내기 위해 필요한 세계의 구조다. 그래서 구체는 오로지 그것의 추상을 향해 가고 추상을 통해 존재하는 바를 알리는 한에서만 구체적이다.[33]

추상은 '세계의 구조', 즉 구체를 드러내는 데 필수불가결한 뼈대다. 앞서 언급된 나무로 빗대자면, 추상이란 나뭇잎(구체)을 틔우는 앙상한 가지다. 나뭇잎은 나뭇가지 없이는 존재할 수 없다.

이미지의 추상에서 관건은 상상이다. 추상화를 감상하는 사람도 당연히 상상이 필요하지만, 작품을 창작하는 사람에게 상상은 더욱 요구된다. 추상을 감행하려는 자는 일상적인 세계에 갇혀 있으면 안 된다. 리얼리즘이란 이념적 방패 뒤에 숨어서는 안 된다. 구상(figuratif)이라는 비좁은 틀에 안주해서는 결코 추상의 세계에 발을 들여놓을 수 없다. 지루하게 반복되는 이미지들을 초월하는 상상의 시선이 요구된다.

2. 토끼굴

추상은 구체를 드러내는 세계의 구조다. 그 구조가 달라지면 구체도 새로운 모습으로 드러난다. 그렇다면 우리의 시선을 전혀 다른 세계의 구조로 이동시키는 것은 어떻게 가능할까?

본래 인간의 시선은 보수적이다. 습관은 인간에게 제2의 천성이다. 인간의 감성과 사유 체계는 관성의 법칙을 따른다. 즉 새롭고 낯선 것을 싫어하고 기존의 방향대로 움직이려는 경향을 가지고 있다. 인간이 경제적 효율성과 삶의 안정성을 추구하기 때문이다. 이런 시선의 보수성을 깨트리기 위해서는 강렬한 매혹이 요구된다. 이 파괴적인 매력을 발휘하는 영역이 바로 예술이다. 예술은 감상자를 홀려서 새로운 세계를 경험하게 한다.

이 말은 예술작품이 난생처음 보는 어떤 것을 보여준다는 의미가 아니다. 오히려 추상의 구조를 바꿈으로써 기존에 보아온 구체를 새롭게 볼 수 있게 한다는 의미다. 작품의 예술성은 작품 내부에 구축된 추상의 세계로 인도하는 매력 포인트, 비유컨대 『이상한 나라의 앨리스』에 등장하는 토끼굴과 같은 것이다. 앨리스가 토끼굴로 들어갔다가 이상한 나라로 빠지게 되는 것처럼, 예술은 친숙한 세계를 떠나 완전히 '이상한 나라(Wonderland)'로 인도해 준다. 이 비유가 가능하기 위해서는 몇 가지 전제가 필요하다.

   (1) 단 하나의 세계만 존재하는 것이 아니라 다수의 세계가 존재한다.
   (2) 추상은 세계의 구조이며, 다수의 추상적 세계가 존재한다.
   (3) 다른 추상의 세계로 이어지는 통로가 존재한다.
   (4) 예술작품이 바로 그런 통로다.

세계는 세계들, 즉 복수로 존재한다. 우리가 말하는 세계는 '유한한 인간'에게 드러난 세계이기 때문이다. 또한 드러남은 동시에 감춤을 전제하고, 세계의 개방과 은폐는 수시로 반전(反轉)하기 때문이다. 그렇다면 복수의 세계를 경험하는 것이 왜 필요할까? 이유는 간단하다. 그래야만 편협한 세계에서 벗어나 광활한 진리의 세계로 진입할 수 있기 때문이다.

다양한 세계를 경험한 자라야 시간의 강물 밑에 켜켜이 쌓인 세계의 두터움과 깊이를 체험할 수 있다. 그런 사람만이 인생을 풍요롭게 체험할 수 있다. 예술이 구축한 추상의 세계는 감상자의 시선을 풍성하고 깊이 있게 만든다. 오수환은 이런 예술론을 실천한 작가다. 그는 담담하게 이렇게 말한다.

> 나에게 그림이란 사람들로 하여금 세계를 보는 일에 도움을 주는 것이다. 미술의 중요한 기능은 세계에 관해서 또는 세계에 있어서 보다 많은 것을 보도록 사람들을 인도하는 것이다.[34]

오수환은 일상의 현실에서 만나는 구체적인 사물을 상투적으로 보여주지 않는다. 대신 그는 구체의 현시 조건인 추상 세계를 직접 보여준다. 보통 사람들은 가시적인 사물만을 지각하고 인식한다. 사물을 볼 수 있게 하는 추상의 세계까지는 주목하지 못한다. 화가란 그 비가시적 세계를 가시적으로 만드는 사람이다. 만약 추상 세계를 직시하지 못한다면, 사물은 암호나 수수께끼로 남을 수밖에 없다. 요컨대 예술은 낯선 세계로 빠트리는 구멍이자, 추상을 통한 사물의 암호해독(cryptanalysis)이다.

> 암호일 수 없는 것은 하나도 없다. … 암호해독의 언어는 예술이다. 사색도 암호해독이다.

3. 이미지와 문자

추상회화는 어렵다고들 한다. 당연하다. 일상에서는 결코 볼 수 없는 세계를 제시하기 때문이다. 배고픈 사람에게는 바비큐 장소에서 잘 구워진 고기만 보이는 법이다. 그에게 고기 굽는 석쇠는 눈에 들어오지 않는다. 마치 그런 것처럼, 인식 욕망에 허기진 사람에게는 인식의 그물(세계)에 '잡힌 것'만 보인다. 인식의 그물 자체는 돌이켜볼 여유가 없다.

 화가는 때로 감미로운 감각의 고기도 제공하지만, 기본적으로 감각적(aesthetic) 인식의 그물을 직조하는 사람이다. 누군가 전자만을 취한다면 예술을 예능으로 간주한 셈이다. 쉽지만 어리석은 선택이다. 후자를 취한다는 것은 감상자 스스로를 바꾼다는 뜻이다. 시선을 낯선 곳으로 돌리고, 입맛을 바꾸고, 취향(taste, Geschmack)을 심미화한다는 뜻이다. 어렵지만 현명한 선택이다. 우리의 화가도 이렇게 말한다.

> 나에게 그린다는 것은 맛있는 것을 주기 위함이 아니라 미각을 바꿔놓기 위한 것이다.

 추상화가 어려운 까닭은 그것이 대상의 향유를 지향하지 않고 인식 주체의 변용을 지향하기 때문이다. 그래서일까? 구상을 물리도록 향유했던 사람들이 대개 비구상을 찾는다.
 사실 추상은 회화의 전유물이 아니다. 오히려 문자가 추상에 능하다. 문자는 기본적으로 감각적 이미지의 희생을 통해 구축된 추상이기 때문이다. 예컨대 수없이 많은 파란 색조의 차이를 과감하게 버려야만, '파랑색'이라는 단어를 발설할 수 있다. 반면 회화는 감각적 이미지를 본령으로 삼기 때문에 추상에 불리한 면이 있다.

물론 문자로 엮인 텍스트 역시 또 다른 차원에서 구체와 추상의 두 측면을 가지고 있다.

문자로 최고의 추상을 발휘하는 분야는 철학(그리고 시)이다. 철학은 추상회화처럼 보이지 않는 것을 보이게 하려고 전력을 다한다. 추상적인 개념을 창조함으로써 철학은 비가시적인 세계를 드러낸다. 이 점에서 추상회화와 철학은 매우 친밀하다. 오수환이 철학에 깊은 관심을 보이는 까닭이 여기에 있다. 동서고금의 철학책이 그의 작업실 서가에 즐비하게 꽂혀 있어도 절대 어색하지 않은 이유가 여기에 있다. 우리에게 오수환은 이른바 '철학이 있는' 희귀한 화가다.

그렇다고 예술과 철학을 혼동해서는 안 된다. 이미지와 문자 텍스트의 심원한 간극을 잊지 말아야 한다. 같은 추상이라도 회화의 추상과 철학의 추상은 전혀 다른 것이다. 이 간극의 일차적인 의미는 '호환 불능'이다. 다시 말해 예술적 이미지는 철학적 언어로 완벽히 번역될 수 없다. 철학적 개념 역시 온전히 이미지로 그릴 수 없다. 다만 예술적 이미지는 철학적 사유를 불러일으키며, 철학적 언어는 이미지의 자동연상을 촉발시킨다. 예술적 이미지는 자체로 말이 없지만, 말을 불러오는 호소력을 가지고 있다.

반면 철학적 개념에는 이미지가 없지만, 태풍의 눈처럼 이미지 구름을 몰고 다닌다. 역설적으로 이미지의 완강한 '침묵'과 철학의 이미지 '공백'이 서로를 끌어당기는 힘의 원천이 된다. 이처럼 이미지와 문자의 간극은 처음에는 어떤 '불능'처럼 보이지만, 나중에는 양자의 독립과 공존 그리고 창조의 '가능성'을 보장해 주는 간극으로 판명된다. 장-뤽 낭시는 이런 간극을 "우리가 발가벗은 진리를 항상 재인식하는 곳으로서, 완벽하고도 결정적이며 멋진 균열"[35]이라고 표현한 바 있다.

그런데 놀랍게도 오수환은 이 균열 자체를 이미지화하려 했다. 그는 종종 이미지와 문자, 예술과 철학의 접점을 이미지로 구축했다. 동아시아의 서예를 서양의 추상회화 전통과 접속시켰다. 그의 작품 대부분에서 보이는 검은 선은 분명 서예의 붓놀림에서 유래한 것이다. 그 선은 형체를 분간할 수 없는 문자의 잔해다. 그 잔해에서 문자적 추상과 회화적 추상이 교차된다. 이 '멋진 균열'이 시원의 흔적으로 자리 잡는다.

오수환은 집요하게 이 균열의 흔적을 그린다. 시원의 배꼽을 어루만진다. 그럼으로써 이미지와 문자, 예술과 철학이 분화되기 이전의 원시를 복원하려 시도한다. 하지만 잔해와 흔적들을 아무리 끌어모아도 원시를 복원하는 일은 불가능해 보인다. 그래서 결국 실패로 끝날 테지만, 즉 이미지와 문자의 미분화 상태를 복원할 수 없겠지만, 오수환은 실패의 대가로 철저히 차별화된 추상회화의 장을 열었다. 방법적 실패는 종국에는 실패가 아니다.

4. 초월과 자연

오수환이 한평생 개척한 추상회화의 경지를 어떻게 설명할 수 있을까? 어떤 개념으로 이 신개척지를 명명할 수 있을까? 이 물음에 답하는 것이 화가의 그림에 매료된 철학자의 최종 과제다. 나는 오수환의 추상회화를 떠받치는 두 기둥이 있다고 생각한다. 초월과 자연이 바로 그것이다. 어쩌면 대충 어울리는 개념의 조합처럼 보일 수 있다. 그러나 지성사적 문맥에서 보자면, 두 단어는 물과 기름처럼 쉽게 화합하지 않는다. 초월(transcendence)은 서양문화를 상징하는 단어이고, 자연(自然)은 동양문화를 풀어내는 코드이다. 서양의 상식에서 초월은 '자연을 넘어간다'라는 뜻이다.

서양 철학사에서 초월은 크게 두 가지 의미를 가진다. 하나는 피조물인 인간과 자연을 넘어서는 '신을 향한 초월'이며, 다른 하나는 필연적인 자연법칙을 넘어서는 '인간 자유의 초월'이다. 어느 경우이든 서양의 초월은 자연을 넘어서는 데에서 비롯된다. 반면 동양에서 자연은 도무지 초월될 수 있는 것이 아니다. 노자의 '도법자연(道法自然)', 즉 길은 자연을 본받고 따른다는 말에서 볼 수 있듯이,[36] 자연은 으뜸 개념인 도(道)보다도 상위에 놓인다. 동양에서 자연은 존재하는 모든 것을 자기 안에 품고 있다. 이런 점에서 초월과 자연은 서양과 동양의 핵심적인 차이를 폭로하는 개념이다.

회화사를 포함한 서양 문화사를 회고해 보면, 상당히 극적인 장면을 엿볼 수 있다. 이 장면의 대부분은 '부친살해'로 요약될 수 있다. 한 명의 독립적인 작가로 서기 위해서는 아버지 같은 스승과 선배를 밟고 지나가야 한다. 서양 예술가들은 과학자처럼 부단히 실험하고 새로움을 좇고 자신의 개성을 살리고자 했다. 추상화는 이런 전통의 최종 산물이다.

동서양 회화의 전설적인 인물인 제욱시스나 솔거가 모두 극사실적 재현으로 명성을 얻었다면, 왜 유독 서양에서만 추상화가 등장했을까? 물론 동양화에도 추상이 존재한다. 하지만 서양식 추상이라기보다는 구상 이미지의 절제에 가깝다. 예컨대 추사 김정희의 〈세한도〉는 재현으로부터 자유롭지만, 결코 재현을 떠나지 않는다. 끊임없는 넘어서기의 전통, 초월을 긍정하고 미화하는 전통이 있어야만 재현을 철저히 거부하는 추상화의 자리가 마련될 수 있다. 오수환은 추상화에 빠졌고, 서양식 초월의 전통을 계승했다.

추상 자체가 초월을 전제한다. 아리스토텔레스 전통에서 추상은 크게 두 모델로 분류된다. 하나는 '모아들인' 다양한 경험들에서 공통된 것을 추출하는 '귀납적 추상'이고, 다른 하나는 사물에서 개별적인 특수성, 사물의 이미지나 재현 등을 '벗겨내는' '수학적 추상'이다.[37] 이런 추상은 '지성적 초월'을 전제한다. 지성은 경험 자료를 모으고 인식에 쓸모없는 것들을 배제함으로써 사태의 본질로 넘어간다. 그 추상의 산물이 개념적 인식이다.

반면 회화에서의 추상은 '상상적 초월'을 수반한다. 이미지에서 재현의 요소를 과감하게 벗겨내고 배제함으로써 전무후무한 상상적 이미지로 넘어간다. 요컨대 지성이나 상상의 날개, 즉 제한된 울타리를 가뿐히 넘어갈 수 있는 초월 능력이 있어야만 추상이란 것이 가능하다. 서양인들은 이 초월 능력을 '자유'라 불렀다. 자유로운 사람만이 초월할 수 있고 추상의 세계에 진입할 수 있다.

오수환은 이런 자유와 초월을 동경했다. 그러나 동시에 서양의 초월로 서양을 초월하고자 했다. 급진적으로 초월의 자기부정을 감행한 셈이다. 그때 만난 화두가 바로 자연이다. 〈곡신〉 연작은 오수환식 초월의 첫 결실이다. 서양의 초월이 항상 초자연을 향한다면, 그런 초월을 초월하려는 오수환은 다시금 자연으로 향한다.

여기에서 언급되는 자연은 나무도 아니고 벌레도 아니며, 산과 바다도 아니다. 실체로서 존재하는 그 '무엇'이 아니다. 어쩌면 그것은 오직 '아니다'라고만 말할 수 있다. 있는 것이 '아니다'. 그래서 '무(無)'에 가깝다. 벌써 언어가 헝클어진다. 어쩌면 자연은 애초부터 언표 불가능한 것이다. 그럼에도 굳이 말한다면, 그것은 명사라기보다는 동사에 가깝다. 그것은 모든 것을 아우르는 어떤 흐름이자 힘이다. 과거, 현재, 미래의 전체를 관장하는 미지의 시간이다. 시간으로서의 자연은, 없지만 있고 있지만 없는 역설적인 '사이(between)'에서 비롯된다. 이 사이에서 변화와 생명이 나오고, 고저와 강약의 리듬을 타는 역동적인 힘이 나온다.

자연은 무한한 사이(관계)의 그물망이자 밀려드는 그것의 파도다. 동서양 일급의 철학자들은 모두 이런 자연을 사유하고자 했다. 예컨대 하이데거가 '존재는 존재자가 아니다'라는 존재론적 차이(ontological difference)를 통해 말하고자 했던 것이며, 노자가 '곡신'과 '무'를 통해 표현하고자 했던 것이다. 오수환의 연작들, 〈곡신〉 〈적막〉 〈변화〉 〈선의 시간〉 등은 이런 자연을 (언어가 아닌) 이미지로 포착하려는 거인적인 시도의 결과물이다.

자연에 대한 철학적인 사변은 이 정도에서 끝내고, 오수환의 손을 통해 그려진 비정형의 자연에 더 천착하기로 하자. 한편에서 오수환의 자연은 이런 철학적 사변과 맞닿은 자연이지만, 다른 한편에서 그것은 생태계의 자연이고, 동양 고전에 등장하는 자연이자, 무엇보다도 한반도의 자연이다. 그리고 분명 인간이 자연의 한 부분이라면, 그의 자연에는 이 땅의 사람들이 경험했던 자연도 포함된다.

앞서 말한 것처럼 자연이 비실체적인 것이고 재현 불가능한 것이라면, 자연은 니체의 디오니소스적인 것에 가깝다. 그리고 디오니소스적 음악(비재현적 예술)은 인간에 내재한 자연을 잘 드러내는 예술 분야다. 이런 점에서 오수환의 추상회화는 한국의 전통 노랫가락에 친화력이 있다. 그의 그림에서 시골 아낙네가 불렀던 투박한 민요 가락이, 또는 선비가 읊조렸던 운율이 들리는 듯하다. 재현 불가능한 자연을 따른다는 점에서 추상화와 음악은 일치한다.

자연은 멀리 있지 않다. 아주 가까이, 우리 내부에 있다. 독일의 미학자 멘케는 이것을 "어두운 힘"이라 부른다.[38] 예술가는 거칠고 야수적인 이 힘을 "미학적인 힘(ästhetische Kraft)"으로 변용시킨다. 그런데 미학적인 힘은 역설적이게도 '무능할 수 있는 힘'이다. 우리의 고만고만한 능력들을 내려놓을 수 있는 힘이다. 특히 그것은 이성적으로 기획하는 능력을 적시(適時)에 버리고, 내면 깊은 곳에서 올라오는 어두운 힘에 도취될 수 있는 능력이다. 다시 말해서, 작위적인 능력을 떠나 무위를 실천할 수 있는 능력이다.

오수환은 이런 무능의 능력을 가진 작가다. 부단히 작위를 빼냄으로써, 그는 하지 못함이 없는 경지에 올랐다. 성실한 장인의 면모를 갖추면서도, 꿈틀대는 자연, 그 어두운 힘에 몸을 의탁한 결과다. 그의 회화에서 가끔씩 맹수의 포효소리와 산새의 지저귐을 들을 수 있는 것도 이런 까닭이다.

5. 초연한 추상

언젠가 이어령은 모기 대처법을 소개한 적이 있다.[39] 열대우림의 어느 부족은 세 가지 방법을 사용한다고 한다. 첫 번째는 모기와 싸워 '쫓아내는' 길이고, 두 번째는 모기장으로 '막는' 길이며, 마지막 세 번째는 높은 탑 위에 올라가 '피하는' 길이다. 특히 세 번째 길에 주목하면서, 그는 이것이 "수평적인 삶을 수직적인 삶으로 바꿔놓는 일"이며, "모기를 죽이거나 막는 것이 아니라 모기의 능력으로는 감히 이룰 수 없는 새 '환경'을 만드는 것이기 때문에 그것은 일종의 창조성을 지니고 있는 것"이라고 평가한다. 내가 보기에, 이 세 번째 길은 오수환의 독특한 초월, 즉 자연 친화적 초월을 이해하는 중요 알레고리다.

빼어난 서양의 추상화가들처럼 오수환의 추상도 초월을 전제한다. 자유를 갈망하는 그는 억압의 장애들을 훌쩍 뛰어넘고자 한다. 그래서 수직적인 추상의 세계를 창조한다. 그런데 서양의 화가들과는 달리, '모기' 같은 장애물을 멸절시키지 않는다. 이 세계와 철저히 단절된 피안의 세계로 넘어가지 않는다. 서양인들이 수직적 초월을 위해 인위적인 탑을 쌓았다면, 오수환은 튼튼하고 높은 나무를 찾았다. 그리고 서양인들이 높은 곳에 올라가 내려올 줄 모른다면, 오수환은 모든 높낮이가 자연의 리듬임을 알기에 오르막에서부터 내리막을 준비한다. 서양회화에서는 멜랑콜리 정조가 지배적이다. 그것은 초월하려는 '오만'과 추락에의 '불안' 그리고 수직적 정점에서의 '고독'을 잘 표현해 준다. 반면 오수환의 추상화는 초월과 자연의 절묘한 접경에서 형용하기 힘든 정조를 발산한다.

오수환의 모든 작품에는 이름이 없다. 제목이 없다. 한평생 제목 없는 작품만을 창작한 예술가가 또 있을까? 하이데거는 자신의 평생 작업을 두고 이런 말을 한 적이 있다. "작품이 아니라 길이다(Wege – nicht Werke)." 이 말은 오수환의 창작 활동 전반을 가리키는 데 적합하다. 그는 유-명(有名) 작품을 창작했다기보다 무-명(無名)의 길을 새롭게 낸 예술가다. 그렇기에 사실 오수환의 평생 작업을 명명하는 일은 애초부터 무모하고 부질없는 짓이다. 그러나 불행하게도 철학자는 예술의 폭과 깊이를 가늠하여 언어로 규정짓는 일을 외면할 수 없다. 덧없는 열정임을 알면서도 예술가가 이미지 창작을 중단할 수 없는 것과 같은 이치다.

결론적으로 나는 그의 작품 전반을 가리켜 '초연 추상주의'라 명명할 것이다. 사전적으로 초연이란 말은 '아무것에도 구애받지 않는 자유, 그것에서 유래한 탁월함'을 뜻한다. 이런 의미를 포함하면서도 나는 초-연(超-然)을 초월과 자연의 혼융이라는 뜻으로 새긴다. 즉 초월과 자연의 신비한 공생적 변이를 가리킨다. 이런 의미를 담았기에, '초연'이란 단어는 원칙적으로 번역 불가능하다.[40] 그런데 이 불가능성은 오히려 오수환의 작품세계의 유일무이성을 증명해 준다.

구도자처럼 오수환은 초연하게 길을 걷고 있다. 그의 길은 오롯이 추상의 길이다. 동시에 자연의 무한한 길이다. 아무도 가보지 못한 길이자 무한히 열린 길이다. 무한에서 아무리 많은 것을 빼내도, 무한은 무한으로 남는다. 끝없이 추상해도 무한은 줄어들지 않는다. 다만 길을 걷다가 잠시 머문 자리에 작품이 남을 뿐이다. 무한의 흔적, 자연의 숨결을 담고 있는 작품이.

미역국을 먹자

이 글은 김상환의 책, 『김수영과 〈논어〉』[41]에 대한 조금 긴 서평이다.

> 미역국 위에 뜨는 기름이
> 우리의 역사를 가르쳐준다 우리의 환희를 (「미역국」, 1연 첫 부분)[42]

롤랑 바르트는 사진의 문외한이었지만 그의 『밝은 방』[43]은 사진 이론사에 굵은 일획을 남겼다. 요즘 같은 전문가 전성시대에 특정 분야의 전문가가 아니면 대개 그 분야에서는 명함을 내밀기 어렵다. 하물며 시대를 가를 만큼의 영향력을 미치기란 거의 불가능해 보인다. 바로 그 불가능의 성취를 통해 바르트는 자신의 지적 희귀성을 입증해 냈다. 그렇다면 '한국 철학계의 바르트'라고 불릴 수 있는 사람이 있을까? 나는 주저 없이 김상환을 꼽을 것이다. 그는 석박사 학위논문을 데카르트로 시작했으나, 고대 그리스 철학은 물론이거니와 독일 관념론과 낭만주의, 프랑스 구조주의와 정신분석학, 해체주의 등등을 종횡무진, 아주 가뿐하게 넘나들었다. 존재론에서 미학으로 향하더니만 어느덧 문학에 머물었고, 이제는 윤리학과 동양철학의 한가운데 서 있다.

누구나 이런 모험을 즐길 수는 있다. 하지만 발 딛는 곳마다 커다란 족적을 남기는 일은 불가능에 가깝다. 바르트처럼 김상환은 희(稀)·귀(貴)한 사례에 속한다. 과연 어떤 철학 전문가가 김상환의 아리스토텔레스, 칸트, 헤겔, 하이데거, 데리다, 들뢰즈 등을 외면할 수 있을까? 그의 이번 책, 『김수영과〈논어〉』도 어김없다. 과연 어느 누가 김상환의 김수영과 공자를 무시할 수 있을까? 외면과 무시는커녕, 그 분야의 전문가들은 훌쩍 상향조정된 담론 수준에서 그의 해석을 무겁게 감당해야만 할 것이다.

한 권의 철학책은 플라톤식으로 표현하자면 '영혼의 자식'이다. 이 책을 낳는 과정에서 산고가 심했을 것이라 짐작된다. 이 아이가 어떻게, 얼마만큼 자랄지는 아무도 모른다. 아이 걱정은 나중으로 미루고, 김상환은 진한 미역국을 먹고 빨리 기력을 회복하기를 바란다. 아직 갈 길이 요원하기 때문이다. 그리고 우리도 책의 탄생을 축하하며 미역국을 나누어 먹자. 융숭한 환희가 함께할 것이다.

이 글은 시인 김수영과 철학자 김상환의 '미역국'을 먹는 즐거움에 관한 글이다. 나는 김상환의 글을 '엄정하게' 논평할 깜냥이 못 된다. 다른 무엇보다, 그에 필적할 만한 동서 철학에 대한 지식이 없다. 다만 나는 김수영의 「미역국」과 김상환의 해석을 잇는 팽팽한 '끈'에 주목할 것이다. 그리고 끈의 미묘한 울림에 공명했던 상념 몇 가지를 되도록 명징하게 기록할 것이다. 이런 연유로 「미역국」에 등장하는 네 가지 소리를 글의 실마리로 삼을 것이다.

1. 결혼의 소리

> 인생도 인생의 부분도 통째 움직인다 - 우리는 그것을
> 결혼의 소리라고 부른다 (「미역국」, 5연)

시인의 증언을 토대로, 김상환은 「미역국」(시인이 사고로 죽기 3년 전 작품)을 김수영의 본격적인 첫 작품으로 꼽는다. 여기서 첫 시작은 마지막과 전체를 함축하고, 결국 시인으로서의 정체성을 말해준다. 김상환에 따르면, 시에 등장하는 미역은 고리타분한 과거의 공자를, 미역국에 뜬 기름은 시인이 전유한 미래의 공자를 가리킨다. 그는 「미역국」의 전후(前後)에 걸쳐 있는 김수영의 많은 작품에서 공자의 흔적을 찾아낸다. 그래서 이 책, 『김수영과 〈논어〉』는 공자를 통한 새로운 김수영론이자, 시인의 상상력과 저자 자신의 사유 역량을 총동원하여 새롭게 내놓는 공자론이기도 하다. 전대미문의 김수영론과 공자론, 이것이 이 책이 설정한 기본 과제다. 그리고 이 과제를 반복적으로(그리하여 성공적으로) 완수함으로써 덤으로 열리는 세계, 즉 '동서 문화를 포괄하는 제3의 교양의 세계'가 글

의 최종 목적지다.

　기존의 김수영 연구는 크게 모더니즘과 리얼리즘 양축의 방향으로 갈린다. 1981년에 제정된 김수영 문학상이 제1회 수상자로 리얼리즘 계열의 정희성을, 다음으로 모더니즘 계열의 이성복을 선정한 것도 같은 맥락이다. 그런데 철학자는 엉뚱하게도 유가적 전통에서 시인을 재조명한다. 안개에 시나브로 옷이 젖듯 부지불식간에 전통에 영향을 받은 정도가 아니다. 김수영은 전통을 배격하는 통상의 모더니스트가 아니라, 역사적 전통을 적극적으로 긍정하는 이상한 모더니스트다.

　대개의 동아시아의 지식인들이 실천을 역설할 때마다 그들의 말에서는 유가적 어조가 묻어난다.[44] 첫 시집으로 『답청』을 낸 정희성은 말할 것도 없거니와 이성복의 글에도[45] 유가의 전통이 역력하다. 마찬가지로 저항적 참여시를 짓기 한참 이전부터 김수영은 공자, 퇴계, 다산, 그리고 송시열과 김성일의 '선비정신'으로 무장하고 있었다. 어찌 보면, 공자를 통한 김수영 해석은 우리 학계가 짊어져야 할 불가피한 연구 과제였다. 다만 전통의 엄청난 규모 때문에, 아니면 서양인들이 미역을 보고 구역질하듯이 악취의 온상지로 전통을 바라보는 근대성 숭배의 시선 때문에, 엄두조차 내지 못했던 과제일 뿐이다.

　시인은 '인생도 인생의 부분도 통째' 움직이는 것을 '결혼의 소리'라고 부르는데, 김상환은 결혼의 소리를 '사랑의 소리'로, '온몸을 통한 온몸의 움직임에서 울리는 소리'로 해석한다. 이 해석을 이해하기 위해서는, 그가 고안해낸 전문용어, '원격감응'과 '잉여 수반적 반복'의 논리를 숙지해야 할 것 같다. 원격감응이란 미지의 먼 곳으로부터 전해오는 메시지에 호응하는 교감능력이다. 그리고 그것은 시공(時空)의 간극을 넘어 서로 어우러져 감응할 수 있는 사랑의 호응 작용이다.

이런 사랑의 작용에서 줄탁동시(啐啄同時), 즉 알껍데기 안팎에서 새끼 새와 어미 새가 벌이는 부리의 화답을 떠올릴 수 있다. 이것은 김수영이 "시에 대한 사유"로서 언급했던 "무한대의 혼돈에의 접근"[46](산문「시여, 침을 뱉어라」)을 설명해 주는 개념이기도 하다. 멀리 떨어진 곳에서도 사랑하는 이들은 서로 교신할 수 있다. 사랑이 무한하기 때문이다. 교신에 혼선이 일어나기도 하는데, 그건 근본적으로 사랑이 혼돈이기 때문이다.

모든 것들은 촘촘한 끈으로 연결되어 있어서, 멀리서 출렁이는 파동이 모호하게 지연된 채로 감지된다. 우리는 그 떨림에 반응하며 호응할 수 있다. 김상환은 감응을 크게 대타감응, 자기감응, 원격감응 세 가지로 구분한다. 들뢰즈에 기대어 대타감응은 현재적 종합, 자기감응은 과거 기억의 종합, 원격감응은 미래의 종합이라 말한다. 그리고 무한대의 혼돈에 대한 모호한 예감(豫感)인 원격감응은 대타감응을 확장시키고 자기감응을 심화시킨다.

반면 잉여 수반적 반복은 사랑의 방법(길)이자 존재방식이다. 사랑이란 원격감응을 논할 때처럼 '무한대의 혼돈'이라 거창하게 말할 수도 있지만, 실상 특수하고 구체적인 행위 모델의 반복을 통해서 드러나는 잉여물이다. 김상환은 이 사태를 공자의 인(사랑)과 예의 관계로 설명한다. 사랑이란 반복되는 의식(儀式)이 정서적 특이점을 통과하면서 수반되는 잉여 산물이다. 이런 면에서 사랑은 내면 깊은 곳 혹은 천상의 저편 어딘가에서 실체로서 존재하는 것이 아니다. 차라리 그것은 정성을 다해 장만한 일상의 음식 같은 곳에 담겨 있다. 시인의 어법으로 말하면, "사랑의 음식이 사랑"[47]이다. 이런 점에서 정성이 담긴 미역국 한 사발이야말로 사랑의 진정한 처소다.

여기서 사랑은 한갓 낭만적인 정념도 호르몬 작용도 아니다. 차라리 결혼이라는 예(禮)를 무한 반복, 절차탁마함으로써 가까스로 얻게 되는 결정체다. 사랑은 반복되는 관계 맺음(結)의 빛나는 잉여이자, 도래할 맺음의 바탕이다. 쉽게 말해서 사랑은 결혼의 조건이자 동시에 결혼이라는 수도(修道) 생활의 잉여물이다. 결혼의 의미를 더 확장한다면, 그것은 무한히 멀리 있는 것들과 소통하는 원격 동거, 우주적 공생이라고도 할 수 있다. 이런 차원에서 사랑이란 무한대의 혼돈에 대한 치명적인 욕망을 문화라는 여과지로 걸러낸 인문적 정념이라고도 말할 수 있겠다.

2. 빈궁의 소리

미역국은 인생을 거꾸로 걷게 한다 그래도 우리는
삼십대보다는 약간 젊어졌다 육십이 넘으면 좀더 젊어질까

… 우리는 그것을 빈궁(貧窮)의

소리라고 부른다 (「미역국」, 3연 부분)

김상환은 빈궁의 소리를 '욕망의 소리'로 옮긴다. 통상 욕망의 의미는 결핍이자 가난이다. 욕망이 클수록 빈궁의 정도가 심하다는 말이다. 횔덜린이 그렇듯, 김수영은 궁핍한 시대의 시인이다. 정치·경제·사회적 궁핍은 물론이거니와 낙후한 문화적 전통의 궁핍도 시인을 빈궁하게 만들었다. 여기에서 김상환은 비루한 유교 전통에 초점을 맞춘다. 이 전통을 어떻게 할 것인가?

누구보다 모더니즘을 갈망했지만, 시인은 유교 전통을 헌신짝 버리듯 폐기하지 않는다. 그것은 쉬운 일이 아니었다. 서양의 '근대'와 4.19 '혁명'에 열광했던 시인에게 그것이 어찌 쉬운 일일 수 있으랴! 당연히 김상환도 유교 전통의 문제점을 잘 알고 있다. 수백 년 넘게 우리를 옥죄어 왔던 끔찍한 가족 이데올로기를 순순히 긍정할 수는 없다. 그 끔찍한 모습을 보고 있노라면, '낙후하고 빈궁한 전통은 하루빨리 폐기되는 편이 낫지 않을까?'라는 의구심이 치밀어오르는 게 당연하다. 하지만 시인처럼 철학자도 그 폐기의 길을 택하지 않는다. 김상환은 크게 세 가지 이유를 꼽는다.

첫째, 현대사회는 "가족적 온정이 너무 모자라서 병들어가는 듯한" 사막화된 사회다. 이런 사회에서 공자는 새로운 의미를 가질 수 있다. 둘째, 시인에게 그러했듯, 여전히 공자로 대표되는 동아시아의 문화전통은 보호막 역할을 할 수 있다. 김상환은 시인에게 공자가 '세포막'[48] 역할을 해주었다고 보고 있다. 동아시아인들이 서구 문명의 치명적인 빛에 그대로 노출될 경우, 그 빛을 광합성의 자원으로 사용하기도 전에 죽을 수 있다. 공자는 서구라는 거대한 파도에 직면한 동아시아인들에게 방파제 역할로 사용될 수 있다. 셋째, 미래의 우리가 세계 문화 창달에 기여하기 위해서는 반드시 독창성이 필요한데, 전통은 그 원천이 될 수 있다. 독창성이란 것은 난데없는(ex nihilo) 것이 아니라, '죽어 있는 듯한 과거 전체를 미역국처럼 통째로 삶을 수 있을 때 우러나오는 새로움'이다. 요컨대 궁핍한 세계화 시대에 동아시아인들이 자기 정체성의 보호막이자 독창성의 원천으로 삼기 위해서는 공자의 재전유가 반드시 요청된다.

시인은 미역국이 인생을 거꾸로 걷게 한다고 말한다. 미역국을 먹고 가파른 인생의 고갯길에서 미끄러진다. 처음의 무(無)로 곤두박질한다. 그런데 이런 퇴행이 젊음을 선사한다고도 볼 수 있다. 달랑 몸뚱아리만 가진 젊음은 빈털터리이다. 동시에 젊음은 모든 것을 욕망하고 사랑할 수 있다. 한국인들이 생일날마다 미역국을 먹는 것은 비비 꼬인 인생을 첫 단추부터 다시 시작하고픈 희구 때문일지도 모른다.

물론 과거로 되돌아갈 수 없으며, 빈궁했던 과거가 마냥 아름답지도 않다. 하지만 통째 움직이는 것이 인생이기에, 결코 과거를 버릴 수 없다. 시인 고정희의 통찰에 따르면, "버림으로써 사라지는 것은 이 세상에 아무것도 없다/다 오직 버림받은 뒷모습이 있을 뿐이다"⁴⁹ 그렇다면 남은 길은 미역을 푹 삶아서 기름을 추출하는 것, 즉 과거와 전통을 '완전히 죽여 그 형질을 변형'시키는 길뿐이다. 김상환은 미역국에 둥둥 뜬 기름을 '독창성의 함량이자 미래의 가능성'이라고 말한다. 이것이 바로 과거와 전통을 회고하는 이유다. 창의적인 미래는 빈궁했던 젊음으로 미끄러질 때만 열린다.

3. 전투의 소리

해는 청교도가 대륙 동부에 상륙한 날보다 밝다
우리의 재(灰), 우리의 서걱거리는 말이여
인생과 말의 간결—우리는 그것을 전투의
소리라고 부른다 (「미역국」, 2연)

김상환은 「미역국」을 진정한 첫 작품이라고 규정한다. 서구적 모더니즘의 수용만이 아니라 동아시아적 전통을 비로소 긍정했던 이 시야말로 김수영의 정체성을 규정할 수 있는 작품이라고 보기 때문이다. 물론 「미역국」보다 한 해 전에 발표된 「거대한 뿌리」(1964)에서도 그런 긍정을 찾아볼 수 있지만, 「미역국」에서야 비로소 시인이 그것을 명료하게 자각했다고 본다. 「미역국」에는 전통의 발견에 대한 대자적 인식이 담겨 있다. 이런 맥락에서 김상환은 「미역국」 2연의 첫 구절을 '어떤 위대한 발견을 암시하는 구절'이라고 평가한다.

그런데 이 구절의 의미의 자장은 좀 더 중층적인 것 같다. 이어지는 '우리의 재(灰)'와 '전투의 소리'라는 시어들 때문이다. 영국 청교도의 아메리카 상륙은 서구인에게는 위대한 발견이겠지만, 아메리카 원주민들에게는 대규모의 재앙이었다. 동아시아인에게도 서양은 우선 재앙이었다. 아메리카 원주민 문화는 무참히 도륙되어 재만 남았지만, 동아시아인은 자신의 문화를 스스로 불태워 버려야만 했다. 무기력하고 고루한 자기 전통과의 살벌한 전투가 시작된 것이다.

시인은 미역을 끓이고 철학자는 공자를 죽인다. 둘은 모두 전투에서 화공(火攻)을 쓴 듯하다. 이 방화는 화염(시인의 모던과 철학자의 포스트모던)을 통과하고서도 살아남는 것을 추출하기 위함이다. 무쇠를 정련하듯, 연옥(煉獄)에서 죄를 사하듯. 그렇다면 '전통의 가장 소중한 부분을 죽여 미래의 역사를 담을 가죽'이 될 만한 것은 무엇일까?

소크라테스와 견줄 수 있는 공자, 그의 부활이다. 묵은 통념과 허례(虛禮)로 고착된 유교를 태워버리자, 종교 교주나 처세술사가 아닌 심오한 철인 공자만 오롯이 남는다. 김상환의 지적 정련을 통해 부활한 공자는 여느 최첨단 현대 철학자와 겨뤄도 손색이 없다. 이처럼 대등한 사유의 지평이 열리고 나서야 비로소, 선악과 시비를 넘어 동서 철학 비교의 장이 마련될 수 있다.

김상환의 공자론은 크게 몇 가지 논리와 개념으로 요약된다. 잉여 수반적 반복, 3중감응, 이중분기, 반구 등이 바로 그것이다. 잉여 수반적 반복과 3중감응은 앞서 언급했기에, 나머지 둘만 간단히 요약하기로 한다. 우선 이중분기란 하나의 사태가 수평과 수직, 객관과 주관, 일반화와 개체화라는 이중적 방식으로 분화되면서 펼쳐짐을 뜻한다. 예컨대 인(仁)의 잠재력이 현실화되는 과정은 이중분기의 논리에 의거하여 충서(忠恕)로 분화된다. 충은 자기 마음의 중심을 지킨다는 뜻으로서 대자적 자기관계, 혹은 내면의 이념에 대한 수직적 관계라면, 서는 타인의 마음과 자기 마음을 같게 함으로써 사회적 대타 관계 혹은 타인들에 대한 수평적 관계이다. 그리고 반구(反求)란 자기로 돌아가 구한다는 것인데, 자기를 찾고 지키기 위해서가 아니라 타자의 소리에 의거하여 자신의 주장을 버리거나 수정하는 것을 뜻한다. 활로 과녁을 맞추지 못할 때 자신의 활시위를 조정하는 것처럼, 자기 자신에게서 원인을 찾아 스스로를 조정·변신하는 것을 뜻한다.

  이 밖에도 이 책에는 탁월하게 공자(와 김수영)를 해석하는 대목이 수없이 산재해 있다. 이같이 김상환은 독창적인 공자론과 김수영론을 펼쳐냈고 멋지게 성공했다. 예고했던 기본 과제는 깔끔하게 완수한 셈이다. 그렇다면 덤은 없을까? 이 과제의 잉여 산물로서 동서를 횡단하는 철학적 탈주선을 따라 미래의 철학을 스케치하는 일은 어느 정도까지 마무리되었을까?

4. 영원의 소리

> 풀 속에서는 노란꽃이 지고 바람소리가 그릇 깨지는
> 소리보다 더 서격거린다―우리는 그것을 영원의
> 소리라고 부른다 (「미역국」, 1연 부분)

시인은 미역국에서 영원의 소리를 듣는다. 시인의 상상력이 어이없다가도 경이롭기만 하다. 시(詩)야말로 자연에 가장 근접한 문화의 첨병이기에 가능한 일인지도 모르겠다. 미역국은 불을 사용하여 만든 문화적 산물이다. 대표적인 한국의 전통 음식이다. 고래가 새끼를 낳고 인근의 미역을 모두 먹어치운 것을 보고서 예로부터 한국인들은 산후조리를 위해 미역을 먹었다고 한다. 시인은 남루한 전통문화를 미역에 빗대려 했지만, 궁극적으로 문화가 자연에 뿌리내리고 있음도 잘 알고 있었다.

애석하게도 현대인들은 문화에서 자연으로, 혹은 자연에서 문화로 이어지는 연상 회로를 상실한 지 오래되었다. 석유는 미역과 같은 조류(algae)에 속해 있는 규조류가 수백만 년 전 침전층에 묻히면서 만들어진 것이라고 한다. 미역의 식용 기름과 현대문명의 핵심 에너지원인 석유 기름은 이렇게 연결된다. 시인의 상상대로 미역의 기름이 미래의 에너지원일 수 있다.

시인은 미역국 기름에서 문화 및 역사를 읽어내지만, 먼저 자연에 감응한다. 시 속의 자연은 목가적인 풍경이나 과학적 탐구 대상과는 거리가 멀다. 그것은 노란 꽃의 화사한 질서를 함몰시키고 파열음을 내는 혼돈의 자연이다. 이 자연에서 시인은 영원의 소리를 듣는다. 김상환의 김수영론과 공자론은 성장과 도야를 핵심으로 하는 인문주의적 성찰의 산물이다. 물론 그의 인문주의는 이전의 것과는 차별화된다. 전통 인문의 인간(이성)중심주의에 대해 오랫동안 비판적으로 성찰했기 때문이다.

그러나 저자의 숨길 수 없는 인문적 편향 때문인지 이번 책에서도 '영원의 소리'가 잘 들리지 않았다. 전작에서 이미 소리 높여 '헤겔 만가(輓歌)'를 불렀음에도 여전히 이 책 도처에서 헤겔의 유령이 어슬렁거리는 것은 어찌된 일인가? 열광적인 광자(狂者/도가/분열증)의 '초-인문'과 고지식한 견자(狷者/법가/편집증)의 '반-인문'은 인문(중용의 공자)의 친구라지만, 위계상 엄연히 인문의 아래에 위치한다. 아니면 인문이 거쳐야만 할 광기에 불과하다. 공자는 '극복된' 광견이다. 하지만 이런 위계가 정말 존재할까?

철학자는 시인이 명명한 영원의 소리를 토속적 문화에서 움트는 어떤 '보편성'의 함량, 역사적 전통 속에 발아하는 어떤 '초역사적 표면'이라 해석한다. 그리고 그것을 "초역사적이고 영원한 것처럼 보이는 그런 정신적 요소"라고 규정한다.[50] 그런데 너무 빨리, 영원이란 말에서 보편성, 초역사 그리고 정신으로 옮겨가는 것은 아닐까? 영원이란 시어를 지나치게 느슨하게 인문적으로 해석한 것은 아닐까? 차라리 「미역국」의 '영원'은 시인의 '무한대의 혼돈'이나 박동환의 $X(\ )$[51]에 가까운 것처럼 보인다. 그것을 정신이라 칭할 수 있더라도, 물음 대상의 이름만 바꾼 것에 지나지 않는다. 그렇다면 정신이란 또 무엇일까?(데리다가 하이데거에게 물었던 것처럼)[52]

김상환은 천명의 중요성을 강조한다. 원격감응을 역설한다. 중용(中庸)조차 '광기의 시련 끝에 겨우 성취되는 역량'임을 밝힌다. 심지어 유가 사상의 주류적 방법인 "능근취비(能近取譬)", 즉 '가까운 것에서부터 먼 것을 깨닫는 방법'의 한계를 적시하면서, '먼 곳에 대한 깨달음이 가까운 곳으로 육박하는 능원취비(能遠取譬)'를 제안하기도 한다.[53] 이 모든 사유의 몸짓은 무한대의 혼돈인 자연을 가리키고 있다.

하지만 그의 자연은 기존 문명의 인문학 이념을 통해 지나치게 순화된 것처럼 보인다. 이것은 단적으로 박동환 철학과 대비해 보면 쉽게 확인할 수 있다. 박동환의 3표론과 x의 존재론에 따르면,[54] 문명을 이룬 중국(집체부쟁)과 서양(정체쟁의)은 미래의 철학을 대표할 수 없다. 오히려 문명의 주변부이자 문명과 자연의 경계에 거주하고 있는 이들의 철학이야말로 미래에 성큼 다가가 있다. 김수영의 시적 '영원'이 박동환의 $X(\ )$라면, 그것은 어떤 인문적 도야나 성찰의 틀로도 가둘 수 없다. 차라리 그것은 인문적 질서가 '격파'되는 순간에만 드러난다.

공자나 헤겔을 현대의 극단적 사유와 관련지어 새롭게 해석해 내고 있지만, 도리어 그것이 무한대의 혼돈에의 접근을 가로막고, $X(\ )$의 위력을 순치시키는 결과를 초래하는 것만 같다. 김상환은 '문명에 대항하는 비결은／ 당신 자신이 문명이 되는 것이다'(「미스터 리에게」)라는 시인의 말로 글의 대미를 장식한다. 그의 인문주의적 입장을 잘 대변해 주는 표현이다. 하지만 대항-문명의 참된 의미는 새로운 문명이 되어 중심을 교체하는 데 있지 않다. 오히려 문명과 '영원히' 마찰하는 소리에 화답하는 데 있다. 당연히 그 화답은 항상 서걱거리는 말일 수밖에 없다.

* * *

    마음을 먹는다는 말
    기막힌 말이에요.
    마음을 어쩐다구요?
    마음을 먹어요! … 마음먹으니
    만물의 귀로 듣고
    만물의 눈으로 봐요.

    마음먹으니
    태곳적 마음
    돌아보고
    캄캄한데
    동터요.[55]

정현종 시인에 따르면, 다분히 주관적인 '마음먹기'가 오히려 만물의 귀와 눈으로 감각하게 하고 태고의 신비까지 알려준다. 진정한 환희는 마음먹는 자에게만 선사된다. 여기 김상환이 갓 끓인 맛있는 미역국이 있다. 우선 감사의 마음으로 즐겁게 먹자. 그다음 미역국을 손수 끓이려는 마음도 먹기로 하자.

지식인과 '모리배'

돌이켜보면, 지적 열망이 컸던 젊은 시절에 정작 내가 찾았던 것은 각 방면의 구체적인 지식들이 아니었다. 차라리 어찌할 수 없는 이 열망의 의미와 비전에 관한 앎에 가까웠다. T. S. 엘리엇은 이런 질문을 던진 적이 있다.

> 살면서 우리가 잃어버린 생명은 어디에 있을까? 지식 속에서 우리가 잃어버린 지혜는 어디에 있을까? 정보 속에서 우리가 잃어버린 지식은 어디에 있을까?[56]

엘리엇식으로 말하자면, 세상 물정(지식정보) 모르는 마냥 순진하기만 한 청년들이 으레 그렇듯, 나 역시도 무턱대고 '생명의 지혜'를 갈망했던 것 같다. 플라톤, 칸트, 니체, 아도르노, 하이데거 등의 철학에서 그런 것을 뒤지고 있었는데, 언어적·문화적·역사적 차이 때문인지 뾰족한 무언가를 발견하기 어려웠다. 선배 철학자들 대부분은 서양철학을 수입하고 따라잡기에 여념이 없어서, 젊은이의 성마른 열망을 채워줄 수 없었다. 그들은 정보와 지식 습득에도 헉헉대고 있었다(물론 예외적인 소수는 존재한다).

철학은 이전되는 데 오랜 시간이 걸린다. 소위 문화접변(文化接變, acculturation), 즉 하나의 문화가 이질적인 다른 문화와 접촉하면서 적응하고 동화되는 과정에 있어서, 유독 철학은 긴 시간을 요구한다. 누가 뭐래도 철학은 문화의 중추 혹은 기본 얼개에 해당되기 때문이다. 문화적 전이의 대표 사례로서 번역을 꼽는다면, 철학책은 가장 번역하기 어려운 책이다. 한국어로 번역된 헤겔의 『정신현상학』이나 하이데거의 『존재와 시간』 등을 펴보시라. 한국어로만 적혀 있을 뿐, 단박에 이해할 수 있는 문단은 거의 찾기 어려울 것이다. 이에 비견할 만한 것이 있다면, 번역 불가능성을 토로하는 시 정도가 있을 것이다. 하지만 시는 그나마 짧기라도 하지 않는가. 시에서는 누구도 진위 여부나 엄밀한 논리 등을 따져 묻지 않는다. 아무튼 문화 전체를 짊어진 철학의 호흡은 길고, 내딛는 발걸음은 묵직할 수밖에 없다. 이런 점만으로도 철학의 마스코트는 황혼이 질 무렵에야 날개를 펴는 '미네르바의 부엉이'일 수밖에 없다. 철학의 느린 행보에는 분명 정당한 면이 있다.

서양철학의 난해함에 짓눌려 날로 왜소해져 가고 있을 무렵, 나는 김수영을 만났다. 통쾌했다. 특히 묵직한 사유의 쾌속이 경탄스러웠다. 날쌘 토끼의 잰걸음을 처음 본 거북이의 심정이었다. 정보와 지식에 관한 한, 김수영은 지금의 우리에 비해 뒤처져 있었을 것이다. 하지만 생명의 지혜에 관한 한, 그는 선구자였고 지금도 여전히 '뉴 프런티어'에 있는 예지적 시인이다. 이번에 생각을 정리해 보니, 아마 나는 세 가지 측면에서 김수영의 영향을 받았던 것 같다. 김수영은 ① 과감히(괴짜 같은) 진짜 지식인이 되라고, ② 제발 변명(자기 정당화) 따윈 그만하고 제대로 철학하라고, ③ (청승과 구별되는) 설움의 의미를 음미하라고 내게 말을 건넸던 것 같다.

1. 지식인의 조건

지식인인 척하는 이들이야 지천에 널려 있지만, 정작 지식인은 드물다. 요즘에는 지식인이라는 말도 사장된 것 같고, 대신 '오피니언 리더'가 득세 중이다. 여론을 이끌고 가는 자는 지식인이 아니라 혹세무민하는 자일 수 있다. 누군가 지식과 정보로 무장한 전문가들을 지식인이라 부른다면, 뭔가 찜찜하고 미진한 느낌이 남는다. 아무래도 엘리엇의 '생명의 지혜'까지 있어야 진짜 지식인이라고 말할 수 있을 것 같은데, 그럼 생명의 지혜란 무엇이며, 그것은 어떻게 얻을 수 있을까?

김수영은 이런 물음에 대해 진지하게 고민했고, 고민의 과정을 실감 나게 표현했다. 그에 따르면, 지식인이란 "인류의 문제를 자기의 문제처럼 생각하고, 인류의 고민을 자기의 고민처럼 고민하는 사람"[57](산문 「모기와 개미」)이다. 누구나 공유하고 있는(하지만 보통 감춰진) 보편적인 문제를 발굴하고 그 해법을 구하는 자가 지식인이다. 지식인이라면, 한 개인이나 가족, 민족이나 국가에 국한된 문제만이 아니라, 인류 전체가 연루된(그래서 하부 단위의 관심들이 난맥을 형성하는) 문제를 다룬다. 더구나 문제를 다룰 때, 지식인은 그것을 남의 문제처럼 다루지 않는다. '나'의 일로 여긴다. 지식인은 수학 문제를 풀듯 단지 합리적인 판단을 내리는 데 그치지 않는다. 지식인이라면, 여기에 한술 더 떠야 한다. 자기의 실존을 건 '진정성'을 가지고 답을 구해야 한다. 바로 이 진정성이야말로 전문가는 결코 흉내 낼 수 없는 지식인만의 한술이다. '생명의 지혜'란 이 한술에 얹혀 있다.

그렇다면 생명의 지혜는 어떻게 얻을 수 있을까? 골머리를 썩는 수준만으로는 안 된다. 그건 전문가도 하는 일이다. 실천해야 한다. 이때 실천이란 이론을 배제한(혹은 이론과 대립하는) 무엇이 아니다. 차라리 (머리와 몸이 따로 놀지 않는) '온몸'으로 '몸부림'치는 것을 뜻한다. 그래야만 '목에 칼이 들어와도' 앎을 이행할 수 있다. 생물학적 생명과 맞바꿀 수 있는 앎, 죽음에 단련된 지식만이 역설적으로 생명의 지혜가 될 수 있다. 지식인이라면 꼭 이만큼은 해야 한다.

시인의 육성을 직접 들어보자. "몸부림은 칠 줄 알아야 한다. 그리고 가장 민감하고 세차고 진지하게 몸부림을 쳐야 하는 것이 지식인이다. 진지하게라는 말은 가볍게 쓸 수 없는 말이다. 나의 연상에서는 진지란 침묵으로 통한다."[58](산문 「제 정신을 갖고 사는 사람은 없는가」) 몸부림을 친다고 하면, 통상 거칠고 동물적인 몸짓이 연상된다. 그런데 시인은 '가장 민감하고 세차고 진지하게'라는 단서를 달아두고 있다. 지식인의 몸부림은 둔탁한 게 아니라 열린 세계에 예민하게 깨어 있는 떨림을 뜻한다. 또한 그것은 허약하고 수동적인 반응이 아니라 비상한 의지와 열정으로 몰아치는 행위이다. 그렇다고 요란한 자기과시는 결코 아닌데, 도리어 진심 어린 무언의 몸짓에 가깝다. 시인은 이것을 진지(眞摯)하다고 말한다. 진지함을 이미지로 그려본다면, 주먹〔手〕을 꼬옥 거머쥐고〔執〕 입을 앙다물며 사태의 진실〔眞〕로 육박해가는 자세다. 그건 온몸으로만 말할 수 있는 침묵이다.

김수영은 매문(賣文)과 매명(賣名)을 극도로 경계했으며, 노예의 언어를 거부하고, 언론과 창작의 자유를 '진지하게' 요구했다. 아마도 그는 허리를 곧추세우고 아끼던 만년필로 정성껏, '불온한' 시를 적었을 것이다. 스스로에게 추상같은 조건들을 내걸면서 말이다. 김수영은 '-척'하지 않는 진정성을 가지고서(종종 괴짜로 보이는 이유), 우리 역사의 설움과 서구 아방가르드의 혁신을 자신의 문제로 삼았던 진짜 지식인이었다.

2. 철학의 자기반성

김수영이 하이데거(M. Heidegger) 철학에 각별한 관심을 가졌던 것은 잘 알려진 사실이다. 그럴 만한 까닭으로 추정해 볼 수 있는 것은 시인과 철학자 모두 '죽음'과 '불가능성'을 시작(始作/詩作)의 무궁무진한 원천으로 삼았으며, 하이데거가 시와 예술에 관해 탁월한 성찰을 보여주었다는 점을 꼽을 수 있겠다. 시인이 얼마나 열정적으로 하이데거를 읽었는지는 다음의 글에서 쉽게 확인된다. "요즘의 강적은 하이데거의 「릴케론」이다. 이 논문의 일역판을 거의 안 보고 외울 만큼 샅샅이 진단해 보았다. 여기서도 빠져나갈 구멍은 있을 텐데 아직은 오리무중이다. 그러나 뚫고 나가고 난 뒤보다는 뚫고 나가기 전이 더 아슬아슬하고 재미있다."[59](산문 「반시론」)

한국어 번역본이 없는 상황에서 "일역판을 거의 안 보고 외울 만큼 샅샅이 진단"했다는 것은 시인이 얼마나 하이데거에게 열정적으로 몰입했는지를 보여준다. 그런데 놀라운 일은 난해한 하이데거를 독해하면서 하이데거로부터 "빠져나갈 구멍"을 찾았다는 점이며, 더 놀라운 것은 "뚫고 나가기 전이 더 아슬아슬하고 재미있다"면서, 하이데거 공부를 즐겼다는 점이다. 이건 전공자들조차 쉽게 엄두를 못 내는 일들이다. 번역과 독해부터 어렵다 보니 몰입이 쉽지 않은 것은 물론이거니와, 입구조차 찾지 못한 상황에서 출구까지 고려할 경황이 없는 것은 당연한 일이다. 그러다 보니 철학을 즐길 수 있는 경지는 요원하기만 하다. 하이데거 예술철학에 관한 박사논문을 준비하면서, 나는 시인의 이 말을 항상 기억하려 했다. 명색이 하이데거 전공자로서, 당연히 시인보다 하이데거를 더 잘 이해해야 할 터인데, 그러려면 인용문에서 묘사된 시인의 모습 이상으로 공부해야겠다고 다짐했던 것 같다. 그 무렵부터 시인은 내게 멋진 경쟁 상대였다.

한번은 하이데거 전공자에게서 이런 말을 들은 적이 있다. "김수영은 기껏 일역본으로, 그것도 일부분만 읽었으니, 독일어 원문으로 전집 전체를 읽은 우리보다 이해 수준이 떨어질 수밖에 없지요." 회의적인 어조로 나는 반문했다. "과연 그럴까요? 우리가 정말로 시인보다 더 잘 이해하고 있을까요?" (지식이 아닌) 지혜가 이해 수준을 결정하는 최종 심급임을 그이는 모르는 것만 같았다.

유감스럽게도 한국 철학자들은 서양철학 안으로 확실히 진입하지 못했다. 아직까지도 서양 언어와 논리의 벽에 구멍만 뚫고 있다. 예를 들어 약 30년 전에는 『존재와 시간』 번역을 두고 학계 내의 소소한 분란이 있었고, 최근에는 칸트 번역을 두고 제법 진지한 지상 논쟁[60]을 벌이고 있다. 이전보다 논의 수준이 나아진 건 사실이지만 그걸 마냥 기뻐하기는 어렵다. 작금의 철학 논쟁에도 께름칙한 구석이 없지 않기 때문이다.

번역, 중요하다. 번역의 중요성을 폄하하고픈 생각은 추호도 없다. 하지만 1968년 김수영과 이어령이 한국문학과 문화 전반의 향방을 두고 신문지상에서 논쟁했던 것에 비한다면, 2018년 철학계의 떠들썩한 번역 논쟁이 낙후하고 옹색하게만 보이는 것은 어쩔 수 없는 노릇이다. 여전히 철학계는 서양철학에 제대로 '진입'하는 방법을 두고 논쟁하고 있는 반면, 문학계는 일찌감치 ('빠져나갈 구멍'을 찾았던 김수영과 함께) 글로벌 수준의 문화 창작 방법을 두고 논쟁했던 셈이기 때문이다. 50년의 '시차'에다가 쟁점 수준의 '격차'를 고려하면, 나를 포함해 우리 철학자들은 먼저 부끄러운 줄 알아야 한다. '철학은 부엉이'라며 자기정당화하는 것에도 한도가 있는 법이다.

나로서는 시인의 하이데거 이해 수준을 높게 평가할 수밖에 없는데, 「모리배」는 그런 판단을 뒷받침해 주는 결정적인 작품이다.

> 언어는 나의 가슴에 있다
> 나는 모리배들한테서
> 언어의 단련을 받는다
> 그들은 나의 팔을 지배하고 나의
> 밥을 지배하고 나의 욕심을 지배한다
>
> 그래서 나는 우둔한 그들을 사랑한다
> 나는 그들을 생각하면서 하이데거를
> 읽고 또 그들을 사랑한다
> 생활과 언어가 이렇게까지 나에게 밀접해진 일은 없다
>
> 언어는 원래가 유치한 것이다
> 나도 그렇게 유치하게 되었다
> 그러니까 내가 그들을 사랑하지 않을 수가 없다
> 아아 모리배여 모리배여
> 나의 화신이여 (「모리배」, 전문)[61]

보기 드물게 이 작품은 하이데거라는 이름을 직접 거론한다. 그래서 '모리배'를 하이데거 철학의 전문용어와 쉽게 연결시킬 수 있

다. 이 시의 모리배는 하이데거의 '다스만'(das Man: 그들, 세인), 즉 일상의 세계를 함께 살아가는 우리들 세인(世人)을 가리킨다. 이따금 전문가들조차도 다스만을 자기 자신과는 무관한 일단의 사람들로 오해하면서, '그들'의 모리배 성향과 비본래적인 모습을 비판하곤 한다. 그러나 시인은 모리배들이 시인 자신과 무관하지 않으며, 심지어 그들을 사랑한다고까지 말한다. 그들을 사랑함으로써 오히려 생활세계와 언어에 밀착해졌다고 고백한다. 내가 보기에, 시인의 다스만 해석은 올바르며 심오하기까지 하다.

하이데거의 본래적인 자기와 비본래적인 '그들'은 둘이 아니다. 다스만은 지울 수 없는 우리 자신의 일부다. 단련 받지 않고서 존재할 수 있는 본래성이란 없다. 그래서 '그들'은 배척의 대상이 아니라 사랑의 대상일 수밖에 없다. 모리배를 비난함으로써 자신이 모리배가 아님을 입증하려 드는 이들은, 설사 하이데거 할아버지라도, 모리배를 사랑한다는 시인보다 더 모리배에 가깝다.

또다시 누군가 시인의 철학적 일천함을 질타한다면, 나는 이렇게 말해줄 것이다. '「모리배」를 읽어 보셨나요? 그만한 글을 쓴 적이 있나요? 시가 아니라 산문(논문)만을 쓰신다고요? 그래서 비교할 수 없다고요? 그럼 하이데거가 언급된 시인의 산문「시여, 침을 뱉어라」와 당신의 글을 비교해 보세요. 그다음에 평가해도 늦지 않을 겁니다.'

3. 설움의 의미

시인이 일깨워준 경각심 덕분인지, 나는 겨우 '빠져나갈 구멍'을 찾았다(아니, 찾았다고 생각했다. 이에 대한 평가는 내 소관이 아닌 후배 철학자들의 몫이다). 아주 자그마한 구멍을 통해 하이데거로부터 가까스로 빠져나와 '멜랑콜리'라는 새로운 주제를 연구할 수 있었다. 그동안 멜랑콜리에 관한 두 권의 책을 공부의 결과물로 내놓았는데, 거기에 담긴 주요 주장들 가운데 하나는 멜랑콜리가 서양문화를 이해하는 핵심 키워드라는 것이다. 그런데 충분히 답변하지 못한 질문이 있다. 바로 '멜랑콜리에 준하는 동양문화(내지 한국문화)의 정조는 무엇일까?'라는 질문이다. 우환(憂患)의식과 한(恨)이 물망에 올랐고, 일단 한에 대해 연구하며 몇 편의 글을 썼다. 그러면서 다시 김수영을 만났다. 그의 작품에서 한이 변용된 정서, 곧 '설움'을 보았다.

시인은 설움에 대해 두 가지 양가적(ambivalent) 태도를 취한다. 한편에서는 "무엇보다도 먼저 끊어야 할 것이 설움"[62](「병풍」)이라 말하면서, 전통 한의 연장선상에 있는 청승맞은 설움을 극복하고자 한다. 그러나 동시에 "섧지가 않아 시체나 다름없는 것이다"[63](「여름뜰」)라며 보편적인 생의 조건으로서 설움을 언급하기도 한다. 시인은 근대성과 전위를 추구하면서도, 다른 한편에서 전통의 끈을 놓지 않는다. 시인은 못나고 비루한 전통이라도 숨겨진 보편성의 층위가 있다고 보았는데, 이런 관점에서 보면, 문화적 변방지대가 오히려 잠재적인 '뉴 프런티어'가 될 수 있다. 서양문화의 최신·최전

방과 한국 전통문화의 동시적 추구는 언뜻 모순적인 태도처럼 보이지만, 실은 서양문화와의 접촉 이후 우리네 삶과 정서의 (무)의식적 대응 과정을 보여주는 것일 따름이다.

시인의 설움은 전통적인 한의 정서와 서양의 멜랑콜리 그 '사이'에 있다. 말하자면, 서구 근대화를 이행하는 가운데, 한의 정조가 멜랑콜리로 변천되는 과도기의 한 국면을 보여주고 있다. 아니 정확히 말하면, 시인에겐 멜랑콜리가 종착역이 아니었다. 시인의 설움은 문화 접변 와중에 한과 멜랑콜리가 화학적으로 결합한 산물이다. 그것은 초기 결합단계에서 침전된 미량의 새로운 정조다. 동서를 횡단할 미래의 정조가 탄생 과정에서 슬쩍 정수리만 내비친 형국이다.

"시인을 발견하는 것은 시인"[64](산문「시인의 정신은 미지」)뿐이라면, 철학자의 시인 이해는 항상 위태로울 수밖에 없다. 그래서 김수영의 됨됨이와 설움의 의미를 한꺼번에 잘 포착한 또 다른 시인, 정현종의 글을 옮겨 본다. 정현종은 김수영의 설움을 '살아있음의 증거'로서, 더구나 '착하게 살아왔다'는 뜻으로 새긴다. 그리고 이렇게 부연한다.

> 그런데 착하지 않은 사람은 슬퍼하지 않는다. 그러니까 그가 설움을 유달리 많이 느꼈다는 것은 그가 착한 사람이라는 이야기이다. 그리고 여기서 착하다는 것은 상처 입을 수 있다는 것, 우리의 상처, 시대의 상처를 자기의 상처처럼 아파한다는 걸 뜻한다.[65]

우리 현대인들은 착함을 극도로 경계한다. 대책 없이 착한 이는 그저 '호구'로만 인식될 뿐이다. 게다가 착함이란 타인의 지시에 순순히 복종하게 하는, 위험한 이데올로기의 산물이라고 여겨진다. 예컨대 사람들은 세월호 사건이 대형 참사로 번진 이유 중 하나로 말 잘 듣는 착한 학생들이 '가만히 있으라'는 안내방송을 그대로 따랐던 것을 꼽는다. 이런 일들이 반복되는 상황에서 '착해서는 안 돼, 착하면 손해 본다'고 말하는 것은 어찌 보면 당연한 일이다. 그럼에도 굳이 착해야만 하는 이유는 뭘까? 정말 착해도 되는 걸까?

정현종 시인의 풀이에 따르면, 질문이 잘못되었다. 정확히는 현대인들의 착함 개념에 문제가 있다. 착하다는 건 어리숙함도 노예근성도 아니다. 오히려 그것은 "우리의 상처, 시대의 상처를 자기의 상처처럼 아파"하는 연민의 사랑을 뜻한다. 지금은 점차 잊혀져 가고 있지만, 착함은 지상에서의 인간 생존법이었다. 너무도 연약하고 너무도 상처받기 쉬운 인간이 척박한 환경에서 살아남기 위해서는 서로의 상처를 핥아주는 것 외에는 다른 뾰족한 방법이 없었기 때문이다. 그래서 사랑에서 유래한 슬픔인 설움이 살아있음의 증거가 되는 것이다. 타인의 상처에 무감해지면, 시체나 다름 없는 것이다. 나약함이 인간을 착하지 않을 수 없게 만든 셈이다. 특히 생의 시작과 마지막 무렵에 철저히 무력한 인간은 본능적으로 착해야만 한다. 인간은 그렇게 진화된 동물이다.

어쩌면 그래서, 지독하게 행복을 갈망하지만 현대인은 불행할 수밖에 없는 것 같다. 똑똑한 체하며 '착해서는 안 돼, 착하면 손해

봐'라고 다짐하며 살면 살수록, '살아도 사는 게 아니다'라는 께름 칙한 느낌을 결코 지울 수 없는 이유가 바로 거기에 있는지도 모르겠다. 외면받고 배척받는 과정에서 어느덧 착함은 생존의 '비밀(秘密)'이 되었다. 누가 애써 감춰서가 아니라 아무도 거들떠보지 않아서.

3부

이 시대의 푼크툼

A PHILOSOPHER'S WAY OF LOVE

빛바랜 소풍 사진

 비탈진 곳에 아파트를 지을 때, 보통 경사면을 깎고 커다란 시멘트벽을 두른다. 그 벽 때문에 비탈의 흙은 쏟아져 내리지 않는다. 그런데 벽을 가만히 들여다보면 작은 구멍들이 이곳저곳에 뚫려 있다. 아마 땅속에 물이 고여 그 하중으로 벽이 허물어질까 봐 만들어 놓은 것 같다. 벽을 세워 무언가를 막으려 할 때도 안팎을 관통하는 구멍은 필수적이다.

 어느 겨울날, 그런 시멘트벽을 우두커니 바라보고 있었다. 벽에 난 작은 구멍에서 물이 조금씩 흘러내렸고, 땅바닥에 패인 작은 물웅덩이에서 비둘기 한 마리를 발견했다. 비둘기는 참 맛있게 물을 먹고 있었다. 시골처럼 실개천이 있는 것도 아니니까, 도심의 비둘기는 이런 물이라도 마셔야 한다. 먹이는 지천으로 널려 있다. 간밤 취객이 내뱉은 길 위의 구토물을 비롯하여 온갖 음식 쓰레기들이 즐비하다. 누군가 길고양이를 위해 놓아둔 먹이를 비둘기 떼가 달려들어 순식간에 먹어치운 모습도 본 적이 있다. 어찌나 많이 먹었는지 제대로 날지도 못하고 뒤뚱거리며 걷는 새의 모습이 오히려 애잔해 보인다. 문득 비둘기가 도시인의 모습과 닮았다는 생각이 들었다. 전례 없이 풍부한 영양분이 공급되면서 굶주림보다 비만을 걱정하지만, 정작 심신을 고양시키는 청량한 물 한 모금은 구하기 힘들다는 점에서 그렇다.

여기 빛바랜 낡은 사진 한 장이 있다. 한 남자의 품에 안긴 아이가 나라고 한다. 당연히 내 기억에는 전혀 존재하지 않는 광경이다. 아기 때이기도 하거니와, 부친이 세상을 뜨신 후 최근에야 이 사진을 보았기 때문이다. 아마도 책갈피 어느 깊숙한 곳에 감춰져 있었던 모양이다. 그래서인지 사진은 남의 집 사진처럼 낯설기만 하다. 누님의 귀엽고 앳된 모습이 중앙 하단에 보이고, 그 위에 아버지가 나를 안고 계신다. 어머니 말로는 도봉산으로 소풍을 나갔을 때의 한 장면이란다. 젊으셨을 때 사진 속 모습처럼 아버지는 선글라스를 자주 착용했다. 아마 당시 젊은이들 사이에서 유행했던 모양이다. 사진을 보면, 입을 앙다문 아버지가 한 손으로 나를 붙들고 있다. 웃는 아이의 고사리 같은 손이 아빠의 큰 손 위에 살포시 얹혀 있다.

롤랑 바르트의 『밝은 방』이란 책에는 사진의 '구멍'이 등장한다. 바로 그 유명한 푼크툼(punctum)이다. 이 라틴어는 작은 구멍, 뾰족한 도구에 의한 상처를 뜻하는 말이다. 바르트는 이 용어를 스투디움과 한 쌍으로 묶어서 사진을 해명하는 열쇠말로 사용한다. 먼저

아버지의 사진

스투디움(studium)이란 어원상 스터디(study)와 관계된 말로서 배워 알고 있는 부분을 뜻한다. 즉 지식과 교양으로 쉽게 알아볼 수 있는 영역을 가리킨다. 이 부분은 대개 정보전달이 쉽도록 양식화되어 있다. 아버지의 사진에서는 선글라스가 스투디움이라 할 만하다. 당시의 양식화된 유행을 알려주기 때문이다. 스투디움에서 받는 느낌은 인식 범주에 길들여진 것으로서 기지의 것을 재인식하는 데에서 오는, 비둘기처럼 평온한 즐거움이다.

반면 푼크툼은 스투디움의 익숙함을 깨뜨린다. 혹은 밋밋한 스투디움에 생기 넘치는 박동을 불어 넣는다. 스투디움처럼 사진을 보는 이가 찾고 발견하는 게 아니라, 푼크툼이 감상자를 급습한다. 마치 화살처럼 날아와서 감상자를 꿰뚫는다. 살을 파고드는 이 아픔이 역설적으로 강렬한 감동을 남긴다. 이를 통해 감상자는 자신의 고정된 시각이 변화됨을 느낀다. 그리고 사진은 매개로서의 위상을 버리고 사물 자체가 된다. 화룡점정(畫龍點睛)이 말해주고 있듯이, 이미지가 한갓 매체에 그치는 것이 아니라 기운생동하는 실재가 되는 기적 같은 경험을 푼크툼이 선사해준다.

요컨대 푼크툼이란 앎 속의 신비(무지), 인공 속의 자연, 환상 속의 실재가 드러나는 장소로서, 마치 고대인들이 우주를 감싼 검은 휘장에 작은 구멍들이 뚫려서 빛나는 별이 된 거라 상상했듯이, 일상의 베일에 뚫린 구멍, 그로부터 삶의 진실이 내비치는 작은 구멍이라 하겠다.

그럼 소풍 사진의 푼크툼은 어디일까? 그건 바로 아기의 가슴에 놓인 남자의 '손'이다. 다소곳이 무릎에 올려놓은 순종적인 손(근대 규율 사회에서 훈육된 남성의 손)이 아니라, 아들을 꼭 붙들고 있는 억센 손이다. 그 미더운 손은 묵묵히 사랑을 실천한 한 남자의 손이다. 동굴에서의 가족 만찬을 위해 돌도끼를 움켜쥐고 사냥감을 쫓던 원시인의 손이자, 온종일 컴퓨터 자판을 두드리는 오늘날 아버지들의 손이다. 그 손을 볼 때마다 가슴이 저며온다. 아버지에 대한 미안함이 아프게 밀려온다. 신기하게도 이런 고통 이후엔 청량하고 신선한 기운이 온몸을 감싼다. 시멘트벽 구멍의 물을 마신 비둘기처럼.

잃어버린 낭만

과거에 낭만주의라는 예술사조가 있었다. 그 낭만주의는 사라진 지 오래다. 서구 지성인들이 한때 열광했던 것이 사라진 것에 대해서는 일말의 아쉬움도 느끼지 않는다. '그럼에도 불구하고'(낭만적 아이러니 수사법) 낭만이 사라진 시대는 왠지 허전하다. '낭만이 없다'는 말은 여전히 순수를 상실했거나 드높은 꿈과 이상을 잃었다는 의미로, 아니면 삶의 멋과 여유가 없다는 의미로 사용된다. 그래서일까? 낭만주의는 사라졌어도, 낭만만큼은 우리 곁에 남아 있기를 바라는 것 같다. 하지만 냉혹한 현실에 부딪혀 낭만주의는 물거품처럼 사라졌고, 그와 함께 낭만까지 사라지고 말았다. '목욕물 버리려다 아이까지 버린' 격이다.

독일 낭만주의 전문가 최신한 선생에게 배운 것인데, 과거 낭만주의의 중심 테마는 크게 1) 무한성에의 동경, 2) 거룩한 슬픔, 3) 개성적 보편으로 정리해 볼 수 있다. 초기 독일 낭만주의자들 중에는 노발리스, 슐레겔 형제, 셸링, 슐라이어마흐 등이 있었다. 독일 낭만주의는 칸트의 지적 유산, 즉 인식 가능한 현상계와 인식 불가능한 물자체의 이원론을 극복하려 했다. 이 점에서 낭만주의는 피히테, 셸링, 헤겔로 이어지는 독일 관념론과 문제의식을 공유한다. 그러나 낭만주의는 관념론과는 다른 길을 걷는다. 관념론이 이성의 개념적 앎을 통해서 유한과 무한의 단절을 통합하려 했다면, 낭만주의는 계몽주의적 이성의 독단과 오만을 비판하며, 감성과 직관, 상상력과 개성적 삶의 역동성을 통해 무한에 다가서려 했다.

낭만주의는 한편에서는 인간의 유한성을 철저히 인정하면서도, 다른 한편으로 무한에 대한 동경의 끈을 놓지 않으려 한다. 바꿔 말하면, 무한에의 도달 불가능성을 인정하는 동시에 무한한 동경을 포기하지 않는다. 여기에서 인간은 무한과 합일할 수 없는 슬픈 운명의 존재이자, 동시에 무한한 동경을 품고 끊임없이 새롭게 시작할 수 있는 거룩한 존재임이 밝혀진다. 절대자에 대한 절대 지식이 아니라, 유한한 이해와 해석만 가능하다. 오직 해석의 무한한 열림을 통해서만, 인간은 무한과 접속된다. 그리하여 우리의 삶은 무한과 유한, 성과 속, 기쁨과 슬픔, 영원과 순간 등등의 역설적 구조로 엮일 수밖에 없다.

이런 점에서 낭만주의자의 관심사는 무한의 어두운 심연에서 어떻게 청량한 물 한 모금(유한)을 길어 올릴 수 있는지로 압축된다. 낭만주의가 두레박으로 삼은 것은 아름다운 가상을 창작하는 예술적 직관과 종교적인 절대 의존의 감정, 그리고 무한히 열린 철학적 이성이다.

과거 독일 낭만주의자는 그렇다고 치고, 우리의 낭만주의자는 어떤 모습이었을까? 시인 임화의 「해협의 로맨티시즘」을 떠올려 보기로 하자.

> 바다는 잘 육착한 몸을 뒤척인다./해협 밑 잠자리는 꽤 거친 모양이다./…/아마 그는/일본 열도(列島)의 긴 그림자를 바라보는 게다./흰 얼굴에는 분명히/가슴의 '로맨티시즘'이 물결치고 있다.//예술, 학문, 움직일 수 없는 진리…/그의 꿈꾸는 사상이 높다랗게 굽이치는 동경(東京)/모든 것을 배워 모든 것을 익혀,/다시 이 바다 물결 위에 올랐을 때,/나는 슬픈 고향의 한 밤,/해보다도 밝게 타는 별이 되리라./청년의 가슴은 바다보다 더 설레었다./…/어떠한 불덩이가,/과연 층계를 내려가는 그의 머리보다도/더 뜨거웠을까?/어머니를 부르는, 어린애를 부르는,/남도 사투리,/오오! 왜 그것은 눈물을 자아내는가?//정말로 무서운 것이…/불붙는 신념보다도 무서운 것이…/청년! 오오, 자랑스러운 이름아!/적이 클수록 승리도 크구나.//삼등 선실 밑/동그란 유리창을 내다보고 내다보고,/손가락을 입으로 깨물을 때,/깊은 바다의 검푸른 물결이 왈칵/해일처럼 그의 가슴에 넘쳤다.//오오, 해협의 낭만주의여![1]

이 시에는 임화 자신이 시적 화자로 등장한다. 한 조각의 '희망'도 찾아보기 어려웠던 절망의 시대에 한 '청년'이 유학을 떠난다.

거칠게 뒤척이는 바다 건너 '진리'가 빛나는 희망의 나라로 말이다. 어두운 '고향'을 밝게 비추는 '별'이 되고자 청년은 설레는 마음으로 배에 오른다. 해협을 건너는 청년이 임화 자신이라면, 그는 (프랑스 혁명의 자식이었던) 18-19세기 낭만주의자가 아니라 20세기 한반도에서 러시아 혁명을 꿈꾸던 혁명가였다.

그렇지만 시의 제목은 물론이고 시에 등장하는 주요 시어들은 사회주의적 리얼리즘이 아닌 낭만주의의 핵심 모티브를 담고 있다. 로맨티스트는 현실의 한계에 깊이 절망하지만, 그럼에도 현실과 타협하지 않고 한계 돌파의 의지를 불태우는 젊은이다. 감탄을 연발하는 뜨거운 정열의 소유자다.

젊다고 꼭 낭만적인 게 아니다. 오히려 낭만이 사람을 젊게 만든다.

너무 쉽게 낭만주의자들을 싸구려 감상에 빠진 소아병적 비-현실주의자로 속단해서는 안 된다. 로맨티스트는 동경의 대상이 허물어지는 현실을 모르지 않는다. 그는 계속되는 실패와 좌절에 단련된 자이다. 그가 무서워하는 것은 다만 자기 근원의 순수한 목소리, 고향의 목소리, 어머니의 '남도 사투리'뿐이다. 그는 단지 무한히 깊어만 가는 절망 속으로 가뭇없이 사라져 가는 희망을 붙들고 싶은 자일 뿐이다. 인간의 존엄은 꿈을 성취하는 데 있는 게 아니라 좌절에 굴하지 않고 계속해서 꿈꿀 수 있다는 점에 있다고, 그는 믿는다.

이렇듯 낭만의 본질은 현실에 안주하지 않고 현실적 한계를 돌파하려는, 아니 최소한 돌파에의 희망을 잃지 않으려는 의지에 있다. 그렇다면 낭만주의는 사라졌어도, 낭만은 사라질 수 없다. 사라질 수도 없고 사라져서도 안 되는 것이 낭만이다. 저마다의 가슴에다 '젊음의 불꽃'을 지펴 준다는 점만으로도 낭만의 존재 이유는 충분하다.

예나 지금이나 꽃다운 청춘은 세상에 가득하다. '꼰대-되기'를 거부하고 회춘을 갈망하는 이들은 전보다 훨씬 더 많아졌다. 그들은 부지런히 젊은이들의 어법과 유머 감각을 따라잡으려 한다. 하지만 이상하게도 낭만은 사라졌다. 왜일까?

김수영과는 정반대로, 사랑의 입을 강제로 벌리고 그 속에서 욕망만을 찾고 있기 때문은 아닐는지.

뒤늦은 응답

사람과의 접촉을 피하고 있다. 대인기피증이 있어서가 아니라, 코로나19 때문이다. 소위 사회적 거리 두기를 하다 보니, 이래저래 뒤엉켜 살던 사람들과는 소원해지고 그간 소홀했던 자연과는 이전보다 더 가까워졌다. 바이러스는 숙주 특이성, 즉 특정 생명체만을 숙주로 삼는 특성이 있기에, 사람보다는 비인간 생명체와의 접촉이 아무래도 빈번해진다. 모처럼 뒷산에 산책을 나갔다가, 우연히 꿩도 스치고 먼발치에서 딱따구리도 보았다. 무엇보다도 나무를 만났다. 도토리가 '톡' 발밑에 떨어지는 소리를 듣고서야, 주위의 나무들을 알아차렸다. 그 소리에 (지천에 널려 있었지만 내 시야에는 들어오지 않던) 나무들이 비로소 나타났다. 일제히 수런거리기 시작했다.

이유는 잘 모르겠지만 나는 나무가 좋다. 그냥 좋다. 산책을 마치고 집에 돌아와 나무가 좋은 이유를 곰곰이 생각해 보았다. 마지막까지 정확한 이유를 찾는 데는 실패했지만, 대신 기억에 각인된 몇 그루의 나무들을 오랜만에 떠올릴 수 있었다.

그중 하나는 늘씬한 미루나무다. 유년기 시골집 근처에 있던 어마어마하게 큰 미루나무였다. 나무 꼭대기에 비행기가 걸릴 것만 같아 조마조마 마음을 졸이게 했던 생명체다. 합리적으로 따져 보면, 그건 당연히 꼬맹이의 착시 환영일 테다. 하지만 이후 나무는 내게 세상에서 가장 키가 큰 살아 있는 물체, 그래서 수직으로 솟아 하늘과 접속된 경이의 초월대상으로 자리 잡았던 것 같다. 어느덧 아빠가 되어 아이들에게 처음 가르쳐 주었던 동요에도 미루나무가 등장한다.

> 미루나무 꼭대기에 조각구름 걸려있네 솔바람이 몰고 와서 살짝 걸쳐 놓고 갔어요. (〈흰구름〉, 박목월 작사, 1절)

또 당시 내가 살던 마을과 이웃 마을 사이에는 폐가가 한 채가 있었는데 그 집 옆에는 속이 빈 나무 한 그루가 서 있었다. 그 텅 빈 공간에 어린아이 서넛은 족히 들어가고도 남았으니 꽤 큰 허리를 가진 나무라고 할 수 있다. 허리둘레로 미루어 짐작하자면 아마 수령이 몇 백 년은 족히 되었을 것이다. 그 나무는 무서운 분위기를 자아내고 있었다. 폐가 옆의 나무는 스산하고 쓸쓸하면서 신령스런 분위기를 연출했다. 게다가 마을 사람들이 그 나무 주변에서 자주 굿판을 벌였다. 그래서인지 나무가 살아 있는 신처럼 느껴졌고, 나무 어딘가에 귀신이 숨어 있으리라고 상상했다. 아마 새마을 운동이 끝날 무렵에, 마을 어른들이 보기 흉하다며 그 나무를 잘라냈다. 그때 처음 신의 죽음을 목도했고, 나는 손쉽게 계몽의 정신으로 무장할 수 있었다.

독일에서 보았던 작은 버드나무도 자주 기억나는 나무다. 사실 그렇게 볼품 있는 나무는 아니었다. 당시 내가 거주했던 동네 뒷산에 꽤 유명한 산책로가 있었다. 거의 10킬로미터가 넘는 산책로에 잘 자란 나무들이 즐비하게 널려 있었다. 수십 미터의 곧은 나무들이 숲을 가득 메우고 있는 모습은 우리나라에서는 보기 힘든 장관이었다. 그런데 그 숲을 지나서 한참을 가다 보면 작은 언덕이 나오는데 잔디와 풀로 덮힌 언덕 꼭대기에 작은 버드나무 몇 그루가 땅에 뿌리를 내리고 있었다. 바람에 치렁한 가지들이 흔들리고 있는 언덕 위의 작은 나무를 상상해 보라! 종종 그 나무 밑 그늘 아래서 단잠을 자곤 했다. 어딜 가나 불편한 이국땅에서 그 나무는 내게 제일 편한 수면과 휴식을 제공해 주었다.

나무에 기대어, 나무 그늘의 비호를 받으며 잠드는 것보다 행복한 것이 있을까? 때로는 누군가에, 무엇인가에 기대어 내게 쏟아지는 온갖 무게를 잊고 싶을 때가 있다. 이처럼 나무는 마음 놓고 기댈 수 있는 친구다. 말없이 위무해 주는 친구.

기억해 달라며 떠오르는 나무들은 많지만, 마지막으로 소개하고픈 친구는 은행나무다. 군대를 제대해 막 대학원 복학하고 한동안 정신없이 보낼 때였다. 집 근처 도서관에서 책을 읽곤 했는데, 도서

관 건물 사이 사이에 작은 정원이 있었다. 그 정원에는 다섯 그루의 은행나무와 몇 그루의 장미 그리고 이름을 알 수 없는 화초들이 오밀조밀 자리를 차지했다. 당시 부족한 독일어 독해 실력으로 칸트의 『판단력 비판』과 씨름하고 있었다. 번역과 해석에 실패하고 자괴감에 잠겨 정원 쪽을 바라보는데 그만 숨이 턱 막혔다. 엄청난 물체, 압도적인 존재가 나를 엄습했다. 찬란하고 아름다운 거대한 물결이 해일이 되어 내게 밀려들었다. 그 짜릿하고 행복한 당혹감이란!

가을날 해질녘이었다. 오층 건물보다 키가 큰 다섯 은행나무가 황금빛 비늘갑옷을 입고 살랑이는 바람에 잔가지를 움직이며 내게 다가왔다. 느낌으론 실제 사건이었다. 그 사건은 아름다움에 대한 칸트의 사변으로 풀 수 없던 수수께끼였다. 반성적 판단과 취미판단, 숭고 체험에 대한 칸트의 언급을 모조리 뒤져보아도 시원찮다는 느낌만 남았다. 막 일어났던 일에 대해 다시금 생각해 보았다, 도대체 무슨 일이 일어났던 것일까? 단순한 착시 현상도 아니었고, 요사스런 감정의 폭발도 아니었다. 무엇이었을까? 나무는 아무 일도 없었다는 듯 예전처럼 정원에 서 있다.

'은행나무는 생김새가 피라미드 형으로 둥그런 기둥처럼 생긴 줄기에 가지가 많이 달리지 않으며 키 30m, 지름 2.5m까지 자란다'라는 식물도감에 나오는 말은 아무런 도움이 되지 않았다. 정말 내가 본 은행나무가 이런 것이었던가? 아니다. 나무에 대한 이런 관찰은 피상적이고, 인간 중심적이며, 턱없이 부족한 설명이다. 그런 설명 방식은 대상을 인식적 편의를 위해서, 그리고 효율적으로 사용하기 위해 고안된 분류 방식에 지나지 않는다. 차라리 시인의 말을 경청하는 게 더 낫다. 정현종 시인은 「나무에 깃들여」에서 이렇게 노래한다.

> 나무들은
> 난 대로가 그냥 집 한 채.
> 새들이나 벌레들만이 거기
> 깃든다고 사람들은 생각하면서
> 까맣게 모른다 자기들이 실은
> 얼마나 나무에 깃들여 사는지를! (「나무에 깃들여」, 전문)[2]

나무는 바람과 새들과 작은 곤충들이 거주하고 노는 곳이고, 인간을 포함한 모든 동물이 숨쉬는 공기의 제작소이며, 하늘에 닿기 위해 상승하기 위해, 끊임없이 침잠하고 하강하는 생명체이다. 나무는 움직이지 않으면서 다른 것들을 움직이게 한다. 나무가 없다면, 온갖 새들과 곤충, 인간 등이 어떻게 깃들어 쉴 수 있겠는가? 쉬지 않고 어떻게 움직일 수 있겠는가? 바람과 구름이, 해와 별마저, 나뭇가지에 잠시 머무르다 간다. 이런 의미로 나무는 아리스토텔레스가 형이상학적 신으로 표현했던 '부동의 동자(unmoved mover)'와 유사하다. 시인의 말처럼 나무는 존재의 '집'인 우주(宇宙) 그 자체다.

형이상학적 사변과 시적인 상상에만 의존한 감이 있어서, 진화론적·고생물학적 접근을 해본다. 인간은 불을 사용하면서 막대한 에너지를 얻을 수 있었다. 불에 고기를 구워 이전보다 많은 영양소를 뇌에 공급할 수 있었고, 장작불을 피워 털이 없이도(전신 탈모는 오래달리기를 잘 할 수 있어 사냥의 성공 가능성을 높였다) 겨울을 날 수 있었고, 산업혁명기부터는 발전기를 돌려 거대한 에너지를 수족처럼 사용하여 테크놀로지 문명을 건설할 수 있었다.

불이란 것은 기본적으로 나무를 태워 만들어진 것이다. 나무는 광합성을 통해 태양 에너지를 비축할 수 있는 대표적인 생명체이며, 프로메테우스 신화가 말해 주는 것처럼, 불은 나무에 싸여 인간에게 전달된 천상의 (태양) 에너지다. 한때 지구에 과도하게 나무들이 번성했던 적이 있었고(석탄기), 그때 썩지 못한 채 쌓인 나무의 사체들이 화석 원료인 석탄과 석유가 되었다. 결국 현재와 같은 인간이 될 수 있었던 것은 나무로부터 에너지를 추출할 수 있었기 때문이라 말해도 과언은 아니다. 과학적인 맥락에서도 나무 덕에 인간이 될 수 있었다는 말이다.

그날 은행나무가 성큼 다가왔던 것을 나무가 내게 말 건넨 것이라고 이해하고 있다. 당연히 나무는 침묵의 언어를 구사한다. 우리는 잘 알고 있다. 때때로 묵언이 번잡한 언어보다 더 많은 것을 보여주는 묵시라는 것을. 이 글은 나무의 과거 발신에 대한 응답이다. 너무 뒤늦은 응답이다. 이마저도 코로나19 덕분이라니, 이 얼마나 한심한 노릇인가!

나희덕 시인도 나와 비슷한 〈나무언어의 청취〉 경험을 했던 것 같다. 아니다. 여기서도 내가 뒤늦었다. 이미 오래전에 시인은 나무의 언어를 듣고 이렇게 노래했다.

> 상수리나무가 이따금 무슨 생각이라도 난 듯
> 제 열매를 던지고 있다
> 열매가 저절로 터지기 위해
> 나무는 얼마나 입술을 둥글게 오므렸을까
> 검은 숲에서 이따금 들려오는 말소리,
> 나는 그제야 알게도 된다
> 열매는 번식을 위해서만이 아니라
> 나무가 말을 하고 싶은 때를 위해 지어졌다는 것을
> …타다닥…따악…톡…타르르… (「저 숲에 누가 있다」, 부분)[3]

피라미의 은빛 비상

안톤 체호프의 「산딸기」라는 단편 소설에는 이런 문구가 등장한다. "평생 단 한 번이라도 농어를 잡아봤거나 가을에 이동하는 개똥지빠귀들, 그러니까 맑고 신선한 날 시골 마을 위로 떼 지어 날아가는 개똥지빠귀를 본 사람은 말이죠, 절대 도시 사람이 될 수가 없어요."⁴ 수사학적 과장으로 들릴 수 있는 이 견해에 동의하지 않는 사람도 있을 것이다. 그런데 이 말에 선뜻 동의하는 사람으로서 나는 그 이유를 밝혀보고 싶다.

우선 인용문에 등장하는 도시 사람이란 어떤 사람을 가리키는 말일까? 우선 소설 문맥상의 의미는 그다지 긍정적이지 않다. 통상 도시인을 부정적으로 묘사할 때처럼, 그는 자유롭지 못하고 비정하고 술수에 능하고 가식적이며 세속에 물든 사람이다. 숱한 사람과 만나지만, 피상적인 관계에 머문다. 항상 타인으로부터 인정받으려 발버둥을 치건만, 군중 속 고독을 사무치게 느끼는 사람이다.

그렇다면 체호프의 말처럼 농어를 잡거나 개똥지빠귀를 본 사람, 다시 말해 자연 체험을 한 사람은 어떤 사람일까? 내 경우를 사례로 삼아 생각해보자.

나는 서울에서 태어났고 지금까지 생의 태반을 서울에서 살고 있다. 그 점만 고려한다면, 도시 사람이라 말해야 한다. 하지만 서울 토박이 느낌이 들지 않는다. 그다지 정겹거나 친숙하지 않다. 타향 같다. 고향을 어떤 장소로 봐야 할지 의견이 분분하지만, 어머니의 자궁처럼 존재의 근원이라 생각되는 곳이 고향이라면, 분명 서울은 내 고향은 아니다. 서울에 거주하는 대개의 사람이 그러하듯, 빽빽한 건물 숲속에 살건만 내 집이 없기 때문인지도 모르겠다.

그렇다면 내 고향은 어디일까? 유년기 시절 지냈던 시골 마을이다. 부모의 생활 형편 때문에 몇 년을 시골 조부모 댁에서 기숙했던 적이 있다. 사실 그곳에서 나는 또래 아이들보다 어렵게 지냈다. 할아버지가 지병으로 방에만 계셨기에, 할머니랑 밭일도 나가고 땔감도 구하고 기르던 소의 여물도 만들어야 했다. 그런데 힘들었던 그런 일들은 기억도 잘 안 난다. 자주 기억나는 일은 천둥벌거숭이로 뙤약볕이 뜨거운 냇가에서 물고기를 잡고, 산꼭대기부터 빠르게 내려오는 구름에 쫓겨 들판을 뛰었던 장면이다. 가을에는 밤을 따라 풀숲을 헤집고 다녔고 겨울에는 허공에 연을 날리다가 지나가는 철새들을 보았다. 체호프가 말했던 개똥지빠귀 경험을 한 셈이다. 정말로 그 경험은 강렬해서 절대 잊히지 않는다. 참을 수 없는 삶의 무게가 나를 짓누를 때마다, 그때 그 경험은 생(사랑)의 버팀목이자, 도시 생활의 해악에 물들지 않게 해준 방파제 역할을 했다. 붉은 석양이 질 무렵 잔잔한 수면 위로 은빛 찬란하게 뛰어오르는 피라미의 군무(群舞)를 본 사람이라면, 도시 사람이 되기는 정말 어렵다.

이 경험은 시적 체험과 유사하다. 다음과 같은 정현종 시인의 이야기를 듣고 나는 단번에 수긍했다. "시인이 어린 시절에 살았던 자연(숲)의 숨결과 혼은 고스란히 시인의 숨결이 되고 영혼이 되었다. 감수 능력과 호기심이 문자 그대로 무한한 어린 시절, 다시 말해 모든 신체기관의 잠재력이 무한하다고 할 수 있는 어린 시절을 어디서 어떻게 살았느냐 하는 것이 특히 예술가에게 중요하다. 시인이라면 그의 작품의 생명력을 그의 청소년 시절 자연 체험과 떼어놓고 생각할 수 없는 것이다."[5] 이와 같이 자연 체험은 사랑하는 마음의 고향이자 예술적 창작의 원천이다.

현재 인류는 바이러스와 전쟁 중이다. 몇몇 사람들은 자연 파괴가 재앙을 부른다는 우려의 목소리를 내고 있다. 자연과 인간은 마치 연인의 밀당처럼, 애증병존 감정의 흐름처럼, 싸우다가 화해하기를 반복한다. 지금껏 그래왔고 앞으로도 그럴 것 같다. 사랑의 관점에서 자연과 인간의 관계를 바라본다면, 우리 인간의 태도가 어때야 하는지가 쉽게 도출된다.

사랑하는 연인들끼리 자주 사소한 일로 다툰다. 당연히 당사자들에게는 사소하지 않게 보인다. 하지만 사랑보다 더 크고 중요한 일은 없다. 어리석게도 우리는 그 점을 놓친다. 그리고 후회한다.

다시 안톤 체호프의 말이다. "그제야 우리의 사랑을 방해한 그 모든 것이 얼마나 불필요하고 사소하고 기만적이었는지를 깨달았습니다. 사랑할 때, 그리고 그 사랑을 생각할 때는 일상적인 의미에서의 행복이나 불행, 선행이나 악행보다 더 고상한 것, 더 중요한 것에서 출발해야 하며, 아니면 차라리 아무 생각도 하지 말아야 한다는 것을 그때 알았습니다."[6]

사랑한다면, 사랑 외에는 아무 생각도 말아야 한다. 예를 들어 인류는 아직 방사능 폐기물을 처리하는 안전한 방법을 모른다. 그러면 이해득실, 경제적 효율성 등을 따지지 말자. 관계파탄을 대가로 서글픈 깨달음을 얻지는 말자. 어느 시인의 말처럼, 이익에 따라서가 아니라 '인간은 시적으로 거주한다.'

나우시카와 해오리

 그 작은 바이러스 때문에 전 세계가 곤경에 처했다. 백신과 치료약이 개발되었다고 하니 그나마 한숨을 돌린다. 코로나19와의 전쟁에서 승리하는 그날이 성큼 다가온 느낌이다. 의학, 특히 면역학 관련 글을 접하다 보면, 군사 용어가 자주 등장한다. 방역도 그렇다. 외부로부터 침입한 적을 퇴치하는 것이 그 분야의 기본 서사이기에 그럴 것이다. 그런데 과연 그렇게 보는 게 현명한 일일까?

 코로나19가 아니더라도 바이러스는 헤아릴 수 없을 정도로 많고 시시각각 돌연변이체가 생긴다. 인간이 그런 존재와 맞서 최종 승리할 수 있을까? 전염병을 연상시켜서 그렇지, 기실 바이러스도 자연(의 일부)이다. 동양적 세계관에 익숙한 이들은 자연이 승부의 대상일 수 없음을 잘 알고 있다. 싸움이란 비슷한 수준의 상대끼리 하는 짓거리다. 힘의 현격한 차이가 있을 때 싸움은 일어나지 않는다. '자연과의 대등한 쟁투', 아무래도 수긍하기 어려운 말이다.

미야자키 하야오 감독의 애니메이션 작품, 〈바람계곡의 나우시카〉(1984)에 보면, 미래의 인류는 '부해(腐海)'라는 유독물질을 내뿜는 거대한 숲과 '오무'라는 거대 곤충의 위협을 받으며 살아간다. 부해와 오무가 생겨난 것은 인류가 지속적으로 지구 환경을 파괴했기 때문이다. 나우시카는 인간과 자연 사이에서 둘의 화해를 도모하는 여성으로 등장한다. 원래 나우시카라는 이름은 호메로스의 『오뒷세이아』에 등장하는데, 조난 중인 오뒷세우스에게 도움을 준 공주의 이름이다. 영화에서 가장 인상적이었던 한 부분은 부해와 오무가 인간을 공격하는 것처럼 보이지만, 사실은 지하 깊숙이에서 오염된 물을 자정(自淨)하는 것으로 처리한 장면이다.

다른 지면에서[7] 나는 자연재해의 반복에 대처하는 세 가지 방식을 제시한 바 있다. (1) 돌파하기, (2) 방어하기, (3) 반복과 하나 되기가 그것이다. 첫 번째 방법은 자연을 극복대상 혹은 적으로 규정하고, 아예 근절해 버리려는 태도다. 임시적이고도 본능적인 대처 방식이다. 두 번째 방법은 생태주의적인 제도 장치를 마련하고 인간에게 해가 될 수 있는 대상으로부터 방어벽을 쌓아 만일의 사태를 준비하는 태도다. 이 방법도 면역 과잉반응처럼 자해(自害) 위험이 있고 방어벽이 오히려 자신을 가두는 감옥이 될 수 있다는 단점이 있다. 마지막으로 자연과 인간의 운명이 상호 의존적이고 재해의 반복이 생사의 리드미컬한 박동임을 깨달아(부해의 자정 작용을 알아차린, 자연친화력의 소유자 나우시카처럼), 선악의 저편으로 초월하여 불안 및 강박으로부터 자유로워지는 길이다. 가장 지혜롭지만 습득하기는 가장 어렵다. 이런 종류의 지혜는 고통을 통해서만 온몸으로 취득될 수 있다. 겨우 체득한 소수의 현자도 속절없이 죽기 마련이며 어린(어리석은) 새 세대를 통해서만 인류는 생을 이어가기에, 지혜의 전수가 어렵다.

이 세 가지 방법은 각기 장단점을 가지고 있다. 그리고 새옹지마처럼 장점이 곧 단점을 이룬다. 그래서 어느 하나만 취할 이유는 없다. 그중 세 번째 방법은 너무 막연하고 차원을 달리하는 것이라서, 사실 방법이라 명명하기도 어렵다. 어쩌면 적기에 적재적소에 맞춰 처음 두 방법을 번갈아 운용하는 지혜에 가깝다. 거창하게 재난에 대처하는 방법이라고 제시해 보았지만, 어쩌면 인간 역시 엄습하는 자연재난 앞에서 속수무책이라는 게 진실인지도 모르겠다.

미당의 시 가운데 「한 발 고여 해오리」라는 작품이 있다. 여기서 해오리는 왜가릿과의 새, 해오라기 혹은 백로를 가리킨다. 논이나 냇가에서 한발로 단정히 서 있는 해오라기를 떠올리면 된다.

세상이 두루두루 늦가을 찬물이면
두 발 다 시리게스리 적시고 있어서야 쓰는가?

한 발은 치켜들어 덜 시리게 고였다가
물 속에 시린 발이 아조 저려오거던
바꾸어서 물에 넣고 저린 발 또 고여야지.

아무렴 아무렴 그렇고 말고,

슬기가 별 슬기가 또 어디 있나? (「한 발 고여 해오리」, 부분)

   춘하추동은 반복된다. 생명의 호시절인 춘하만 있는 게 아니라, 엄혹한 추동도 어김없이 찾아온다. 변화된 환경에 몸뚱이 하나로 적응하는 동물들은 장기 대책 같은 것을 세울 수 없다. 그저 한 발로 섰다가 발을 바꾸는 해오라기처럼 임시변통으로 변화된 자연과 만난다. 고통을 근절시키려 하기보다 시공간적으로 고통을 분산시킨다. 시인의 말처럼, 호모 사피엔스의 슬기라는 것도 그저 해오라기의 발 바꿔 서는 수준에 불과할 수 있다. 신용카드를 돌려막거나 친환경 태양광을 설치하려고 벌목하는 걸 보면, 우리 인간도 해오리와 다른 '별 슬기'는 없어 보인다.

   다윈 진화론에 기대어 동물과 인간의 연속성을 주장하던 과학자들이 돌연 자연 극복의 대표주자 노릇을 하는 것도 그런 발 바꾸기다.

실감

　코로나19의 여파로 지난 학기 수업을 비대면 영상 강의로 진행했다. 그동안 촬영해 놓은 영상을 올려놓기도 하고 실시간 화상 강의 및 채팅도 하고, 온라인 게시판에서 토론을 활성화하려 했다. 분주하게 뭔가를 하였지만, 허전한 구석이 남는 것은 부정할 수 없다. 그게 뭘까? 가장 먼저 떠오른 답은 '실감(實感)'이다. 원격현전을 구현하는 인터넷 기술, CG나 3D 같은 기술이 보완된다 하더라도, 이 실감의 허전함을 메울 수는 없을 것 같다. 지금 말하는 실감은 고해상도 같은 것과는 크게 관련이 없기 때문이다. 이 실감의 정체를 밝히기 위해 과거 수업의 정경(情景) 하나를 소개해 볼까 한다.
　나는 언덕배기에 있는 강의실 건물 인근의 벤치에 앉아 있기를 즐겼다. 그곳에서 다음 수업을 준비하고 지나간 수업을 회상하기도 한다. 거기에선 계절의 정취와 탁 트인 전망도 감상할 수 있다. 그러나 그곳이 유난히 좋은 이유는 따로 있다. 수업 전에 그곳에 있노라면, 내 수업을 듣는 학생들의 모습이 조금씩 천천히, 그리고 봄날의 아지랑이처럼 황홀하게 피어오른다. 계단을 올라오는 사람의 얼굴이 먼저 보이고 이어 목과 가슴, 다리가 서서히 보이기 시작한다. 설렘의 순간이다. 수업이 끝난 뒤에는 거꾸로 학생들의 뒤꿈치부터 다리, 등, 뒤통수가 서서히 사라진다. 섭섭한 순간이다. 섭섭하지만 사라지는 것의 아름다움을 '실감 나게' 느낄 수 있다.

여기에서 나타났다 사라지고 만났다 헤어지는 삶을 축약시킨 짧은 드라마를 본다. 게다가 수업 전후로 학생들이 내게 말을 걸어오기도 한다. 강렬한 존재감을 내비치는 인물들과 대화하는 느낌, 내게 실감이란 이런 것이다. 비대면 수업에서 아직 이런 느낌을 기대하기는 어렵다.

실감의 원천 가운데 하나로 꼽을 수 있는 게 '필요'다. 필요한 것들이 무엇인가를 실감 나게 한다. 목이 마르면 청량한 물 한 모금이, 추운 겨울밤에는 따뜻한 아랫목이 실감 난다. 그런데 살다 보면 필요한 것이 무척 많다. 실감을 느끼게 할 만한 것들이 많다는 이야기가 된다. 우리가 사는 이곳이 자본주의 사회이기 때문에, 즉 돈의 매개를 통해서만 원하는 것을 얻을 수 있는 세상이기 때문에, 무엇보다 돈이 필요하다. 가뜩이나 욕망을 조장하는 소비사회에 살고 있으니까, 욕망 실현의 수단인 돈이 필요하다는 사실은 코흘리개 꼬마조차 잘 알고 있다.

돈만 필요한 것은 아니다. 성취감을 느낄 수 있는 직업도 필요하고 따뜻한 가정도 필요하고 명예와 권력도 필요하다. 이것도 필요하고 저것도 필요하고, 또 자꾸만 필요하다. 필요한 것을 얻기 위해 새벽부터 공부하고, 밤새워 일하고, 죽기 살기로 노력한다. 연애마저도 필요해서 하고, 친구를 사귀는 것도 필요해서 한다. 어쩌면 우리는 '필요의 노예'인지 모른다. 노예제가 폐지되었다는 환상 때문에, 오히려 필요의 노예로 심신이 착취당하고 있음을 못 보고 있는 것일지도 모른다.

그렇다면 무엇을 위한 필요일까? 누군가 '살기 위해서'라고 말한다. 틀리지는 않지만, 적절한 답은 아니다. 내 몸 하나 존속시키는 데에는 그렇게 많은 것이 필요하지 않기 때문이다. 혹자는 또 말한다. '잘(행복하게) 살기 위해서'라고. 그렇다면 잘 산다는 것, 행복하게 산다는 것은 어떤 것일까? 행복하게 살려고 필요의 노예가 되어야 하는 걸까? 분명 아니다. 필요의 노예로 살고 있다면, 틀림없이 우리는 잘못 사는 셈이다. '잘 살기 위하여'라는 명분은 지금 노예처럼 살고 있다는 사실을 감추기 위한 알리바이에 불과하다.

2000년 이후 많은 대학교에서 철학과가 사라졌다. 서양 최초의 교육기관인 플라톤의 아카데메이아나 중세와 근대 대학에서 차지했던 철학의 비중을 고려한다면, 이것은 껍데기만 남고 대학의 알맹이가 사라진 사건으로 볼 수 있다. 특정인의 무지몽매라기보다는, 불가피한 시대 흐름 때문에 사라졌다고 보아야 할 것이다. 그 과정에서 철학은 자기 존재의 필요성을 입증하지 못했다. 필요(특히 경제적 필요성)를 증명하지 못하면, 필요의 노예들에게 외면받을 수밖에 없는 것은 당연한 일이다.

그런데 철학은 진정 자기 존재의 필요성을 입증할 수 없었던 것일까? 전통적으로 논리학과 수사학을 가르쳐 온 철학이 자기 정당화 능력이 떨어져서 입증하지 못한 것은 아닐 것이다. 그렇다면 입증하려 하지 않은 것일까? 그것도 아닐 것이다. 철학자들의 생존권이 달린 문제니까. 그렇다면 왜 철학은 사라져 가고만 있는 것일까? 왜 전혀 실감이 안 나는 허깨비가 되고 만 것일까?

한 가지 답은 이미 나왔다. 우리가 점점 필요의 노예가 되고 있기 때문이다. 필요의 노예가 된 이들의 눈에 철학은 불필요한 것이다. 아무짝에도 쓸모없는 것이다. 나는 철학이 불필요하고 쓸모없는 것이라는 말을 애써 부인하고 싶지 않다. 그렇다고 철학이 필요하다며 핏대 세워 외치고 싶지도 않다. 다만 철학은 필요의 잣대로 측정될 수 없는 것이라고 말하고 싶다. 철학은 필요/불필요의 도식 속에서 파악될 수 있는 것이 아니다. 철학은 삶의 의미를 추구하는 과정에서 필요와 불필요를 나누고, 그 나눔의 기준을 정하고, 또 우리가 필요의 노예로 살고 있는지를 성찰하는 장(場)이기 때문이다. 한마디로 철학은 필요와 불필요의 저 너머에 있다. 그렇기에 철학이 불필요하게 보이는 것은 이해 못할 일이 아니다.

사라지는 것이 섭섭한 동시에 실감 나게 아름다울 수 있으려면, 기약은 없더라도 다시 만날 수 있다는 희망이 있어야만 한다. 수업을 파하고 종종걸음으로 계단 아래로 사라지는 학생들처럼 말이다. 온갖 필요에 사로잡힘으로써 더욱 가난해진 이 시대에, 불필요한 철학수업이 더없이 좋아 보였던 것은, 학생들의 가슴 깊은 곳에서 어떤 희망을 볼 수 있었기 때문이다. 흐림 없는 학생들의 눈에서 필요의 쇠사슬이 불필요한 사회를 꿈꾸는 모습을 읽어낼 수 있었기 때문이다.

 필요에서 나온 실감은 얄팍하다. 실감이란 기실 (만났다 헤어지고 다시 만나는) 관계 맺는 시간의 두툼한 두께에서 나온다. 이런 실감은 관계의 깊이를 광활하고 아득하게 드러낸다. 비대면 화상 강의에서 과연 이런 실감을 느낄 수 있을까? 코로나19가 잦아들고 평상시처럼 대면 강의를 하게 된다면, 다시 실감을 복원할 수 있을까? 아니 정말 과거 수업에 실감이 있기나 했을까? 철학이 사라진 대학에서 그런 실감이 가능할까? 누구의 말처럼 대학이 기업이 되어버려 폐허가 된 지 오래되었다면, 그곳에서 대체 무엇을 기대할 수 있을까?

이 시대의 사랑 형이상학

비대면 화상 강의는 낯선 수업방식이어서 불만이 많은 게 사실이다. 앞서 나도 실감이 나지 않는다며 슬쩍 불평한 바 있다. 그런데 이 수업방식도 찾아보면 장점이 많다. 첫째, 직접 대면하기 어려운 상황에서도 수업에 참여할 수 있게 해준다는 점, 둘째 대면 강의에서는 정중앙 앞에 앉은 학생들 위주로 수업을 하게 되는데 화상 강의에서는 그런 공간적 배치의 한계를 뛰어넘을 수 있기에(말하는 이의 얼굴을 큰 화면에 담을 수 있는 기능이 있다) 원하는 누구와도 가까이 시선을 맞출 수 있다는 점, 셋째, 강의 내용을 모두 저장하여 반복 학습할 수 있다는 점 등이다.

반면 이 수업의 치명적인 약점은 인터넷 접속이 불안정할 때가 있다는 것이다. 마치 현대문명이 전력 중단으로 인해 전면적인 생활의 마비에 이를 수 있는 것처럼, 접속 불량 상태가 되면 화면이 정지되고 목소리가 뭉개지며 심지어 접속된 디지털 공간에서 강제

퇴거당한다. 이것을 두고서 학생들은 '튕겨 나간다'라고 표현한다. 젊은이들의 생기발랄한 언어 감각은 정말 따라갈 수 없다.

그즈음 나는 '형이상학'이라는 제목의 수업을 맡았다. 심오한 형이상학과 화상 강의는 도저히 결합이 불가능해 보이지만, 코로나가 억지로 가능하게 만들었다. 어느 날 강의 도중 현대 형이상학의 주요 개념인 실존을 설명해 달라는 학생 요청을 받고서, 하이데거적 실존(Ex-istenz)을 풀이하려 했다. 어원적 의미를 살려서 '바깥으로 나가 섬'이라고 말한 다음 그 의미를 설명하려 하는데, 갑자기 인터넷 접속 불량으로 내가 대화방에서 튕겨 나갔다.

이전에도 이런 경험이 있었기에, 당황하지 않고 차분히 재접속을 시도했다. 화상회의실로 다시 들어와, 수업의 흐름이 끊어진 어색한 분위기 속에서 수업을 이어갔다. 주섬주섬 수업을 마무리 짓고 저장된 수업 내용을 확인했는데, 거기에는 내가 튕겨 나간 사이에 오갔던 학생들의 대화 내용이 기록되어 있었다.

학생1: 교수님, 실존의 정의에서, 바깥은 세계를 의미하나요?
(short interval)
학생2: 교수님 나가신건가요?
학생3: 교수님 튕기신 것 같아요
학생4: ㅋㅋㅋ
학생5: 바깥에 나가섬이시네요
학생3: ㅋㅋㅋ

학생2: 이게 실존인가요?

학생1: 바깥은 세계를 의미한다는 답변 같습니다

학생5: 실존을 몸소 보여주셨네요

이걸 보면서 한참을 웃었다. 그리고 화상 강의를 통해서도 형이상학 수업이 가능하다는 작은 희망을 보았다. 인간은 실존한다. 실존한다는 것은 자기 바깥으로 나아갈 수 있다는 말이다. 인간은 주어진 세계에만 머무르지 않고 낯선 세계로 여행할 수 있다. 그래서 존재의 의미를 묻고 다양하게 드러낼 수 있다. 하이데거는 인간 존엄성의 출처를 바로 이런 실존에서 찾았다.

내가 인터넷 화상 강의 플랫폼에 있을 때, 학생들은 제 목소리를 내지 못했다. 선생 눈치 보느라 다른 친구들 시선을 의식하느라, 주제에 집중해서 자기 생각을 펼치지 못했다. 그런데 교실의 권력자인 선생이 바깥으로 나가자마자 그곳은 일종의 지적 해방구가 되었다. 각자 자기 생각을 맘껏 펼친 것이다. 창의성은 이럴 때 나온다. 조금 다른 측면에서 말하자면, 자기에서 나와 자기를 비울 때 그 빈터에 타인들이 들어올 수 있으며, 자기 바깥으로 나가야만 타인들을 제대로 만날 수 있다. 현실 세계와 디지털 가상세계의 관계도 마찬가지다. 현실 세계 바깥인 가상세계로 나갔을 때 비로소 현실 세계가 제대로 보이기 시작한다. 그 역도 마찬가지다.

서양 형이상학의 역사를 회고해 보면, 고대와 중세에 철학자들은 바깥 세계의 정점을 찾아 헤맸다. 있는 것들을 있게 해주는 최고의 근거를 찾았다. 플라톤의 이데아, 아리스토텔레스의 부동의 동자, 중세 철학자들의 신이 그렇게 찾은 결과물들이다. 그런데 근대로 오면서 철학자들은 정반대 방향으로 선회한다. 그들은 내면세계의 정점을 찾아 헤맨다. 데카르트의 코기토, 칸트의 선험적 통각, 후설의 초월적 자아가 그 결과물이다.

거인들의 어깨에 올라 앉은 현대 철학자들은 고중세 철학자들이 찾아낸 것은 실재하는 것이 아니라 인간의 투영물이라고 비판한다. 마찬가지로 근대 철학자들이 찾아낸 자아는 타자에 의해 구성된 것이라고 비판한다. 그럼 그렇게 비판하는 현대 철학자들은 뾰족한 해법이 있냐 하면, 그렇지도 않다. 안팎의 아포리아에 부딪혀 난감해하고 있을 뿐이다. '이 노릇을 어찌하리'라고 한탄하며 아예 형이상학을 버리고 있다. 나는 그들에게 정현종 시인의 시적 직관을 소개하고 싶다.

안은 바깥을 그리워하고
바깥은 안을 그리워한다
안팎 곱사등이
안팎 그리움

나를 떠나도 나요
나에게 돌아와도 남이다
남에게 돌아가도 나요

나에게 돌아와도 남이다

이 노릇을 어찌하리

어찌할 수 없을 때

바람 부느니

어찌할 수 없을 때

사랑하느니

이 노릇을 또

어찌하리 (「이 노릇을 또 어찌하리」, 전문)[8]

 시의 전반부는 앞서 언급한 서양 형이상학의 역사와 절묘하게 오버랩된다. 시인도 궁지에 몰려 '이 노릇을 어찌하리'라고 한탄한다. 그러나 어찌할 수 없을 때 무엇을 해야 할지를 시인은 말해 주고 있다. 그때 우리는 사랑한다. 사랑 외에 할 게 없다. 아니, 사랑만이라도 해야 한다. 유감스럽게도 이 점을 현대 철학자들은 놓치고 있다.

 21세기 팬데믹 시대, 디지털 매체 시대가 요청하는 철학이 있다면, 그것은 안팎을 그리워하며 자유로이 넘나드는 '사랑의 형이상학'일 것이다. 아무리 머리를 짜내도 도저히 어찌할 수 없을 때 마지막으로 호출할 단어는 바로 사랑이다. 딱한 '노릇'은 어찌할 수 없는 우리네 인간의 유한한 운명처럼 여겨진다. 딱하지만 그나마 사랑이 있어서 다행이다. 사랑은 만병통치약도 아니고 구원을 보장해 주지도 않지만, 그것마저 없다면 미궁에 갇힌 우리는 절망과 비탄에서 결코 벗어나지 못할 것이다.

비대면 화상 강의로 형이상학을 수업해야 했던 상황도 꼭 그렇다. 수업 성패의 최종 관건은 대면이냐 비대면이냐가 아니라, 사랑의 유무에 달려 있다.

트위터의 지저귐

새는 그 내부가
투명한 빛으로 가득 차 있다
마치 물거품처럼, 부서짐으로써 스스로의
나타남을 증거하는
새는
한없이 깊고
고요한,
지저귐이 샘솟는 연못과 같다. (「새」, 전문)[9]

예로부터 사람들은 창공을 자유롭게 비행하는 새를 부러워했다. 땅에 붙박인 채 일생을 보내는 나무를 동경하기도 하지만, 인간의 동물적 천성 때문인지 삼차원의 공간을 마음껏 활보할 수 있는 새가 자주 시인들의 사랑을 받았다. 시인 남진우는 새를 '투명한 빛'

과 '물거품' 그리고 '지저귐이 샘솟는 연못'으로 그리고 있다. 각각은 새의 본질적인 단면을 드러낸다. 딱히 설명하기는 힘들지만, 세 가지 이미지가 잘 어우러져 새에 대한 굳건한 이미지를 구축하고 있다. 이 시 앞에 서면, 새에 관한 갖가지 생물학적 설명과 철학적 사변은 일거에 침묵할 수밖에 없다. 시인의 본질직관이 번뜩이기 때문이다.

트위터, 그것은 디지털 공간을 종횡무진 휘젓고 날아다니는 신종 조류다. 많이 알려진 대로, 트위터(twitter)란 말은 원래 새가 '지저귀다'라는 뜻이다. 비영어권 사용자도 트위터의 로고가 새 그림이라는 점에서 그 의미를 쉽게 추측했을 것이다. 새가 종알대며 지저귀듯 사람들은 디지털 매체 기반의 SNS에서 이야기를 나누고 있다. 요즘 사람들은 숲속의 새보다 디지털 매체 환경에서 사는 새, 트위터를 선호한다. 그것만의 매력이 있기 때문이다. 그렇다면 디지털 공간에 출현한 이것은 어떤 새일까? 그것 역시 새라면, 시인의 직관이 아리아드네의 실이 되어 줄 수도 있지 않을까? 간략하게나마 나는 시인의 직관을 통해 트위터라는 새의 정체를 살펴보고, 트위터의 지저귐이 시적 언어가 될 수 있는 가능성을 타진해 보겠다.

투명한 빛

새가 자유로이 날기 위해서는 우선 가벼워야 한다. 납덩이처럼 무거운 물체는 홀가분히 비상하기 어렵다. 가볍다는 뜻의 영어 단어 'light'는 빛을 뜻하기도 한다. 시인은 새의 '내부가 투명한 빛으로 가득 차 있다'고 말한다. 새의 내부는 비어 있다. 아무것도 없다. 무언가 있다면, 단지 투명한 빛만 있을 뿐이다. 내부이기에 어두울 수도 있을 텐데, 새의 내부는 밝다. 아무런 장애물도 없는 빈 공간에서 초속 30만 킬로미터 속도의 빛만 활개치고 있다. 그리하여 새는 가볍게 부양하고서 빠른 속도로 비상할 수 있는 것이다.

매체란 본시 떨어져 있는 둘 사이를 이어주는 것이다. 둘의 직접적인 만남이 어려울 때 그들을 간접적으로나마 이어주는 것이다. 매체의 간접성, 매개성 때문에 불가피하게 정보의 왜곡과 불투명성이 야기된다. 매체는 결국 매체이기에 이런 질곡에서 벗어날 수 없다. 그런데 흥미롭게도 매체는 직접성, 비매개성, 투명성을 지향한다. 자신의 매체적 본질을 알면서도 그로부터 탈피하려는 지향을 포기할 수 없다.

이런 점에서 매체는 '자기 부정적인 존재'이다. 스스로를 지우고 비워내고 투명하게 만들어서 직접 소통하게 해주는 것, 그것이 자기 부정적인 매체의 지향점이다. 이런 매체의 이상적 모델이 빛이다. 스스로는 보이지 않으면서 자기 이외의 것들을 보여주는 빛, 그 투명한 빛이 모든 매체의 꿈이다. 디지털 매체는 그런 꿈의 매체이다. (물리적으로도 빛의 매체이다.) 그렇기에 디지털의 새, 트위터는 가볍게 빛의 속도로 원격현전(telepresence)할 수 있다. 트윗들이 연달아 실시간으로 올라오는 타임라인을 통해서 아무리 멀리 떨어진 사람과도 현재를 공유할 수 있다. 요컨대 트위터는 빛의 속도로 직접적/동시적 만남을 구현하는 '투명 조류'이다.

허공에서 빠르게 스쳐 간 새의 빈 자리가 그것의 현존을 증거하기 때문일까. 시인은 새가 "마치 물거품처럼, 부서짐으로써 스스로의/나타남을 증거하는" 것 같다고 말한다. 한편으로 이것은 투명함을 지향하는 매체의 자기 부정적인 성격을 부연해 주는 말로 들린다. 매체의 간접성, 매개성을 깨트림으로써, 즉 스스로의 존재를 투명하게 지움으로써 매체는 자신의 현존을 증거한다. 다른 한편으로 투명한 매체가 사실 헛된 것일 뿐이라고도 읽힌다. 투명한 거품이 터질 때 비로소 그것이 물거품임이 드러나는 것처럼, 작동이 중단되고 파괴될 때 투명한 매체는 비로소 자신의 매체적 본질을 드러낸다. 매체는 물거품이다. 트위터라는 새도 그렇다. 시공간을 초월하여 타인과의 직접적인 만남을 주선해 주는 것 같지만, 이내 헛헛한 느낌으로 귀착되기 일쑤인 것은 이런 이유 때문이다. 디지털 매체의 투명성, 초근접성은 결국 물거품 같은 환영이다.

논의를 더 확장해 보면, 매체라는 것은 단순히 통신, 교통 매체 수준에 한정되지 않는다. 마치 근대의 근본문제가 '주체'였던 것처럼, '매체'는 현대의 화두로 부상하고 있다. 현대인들은 더이상 근대인들이 믿었던 주체를 믿지 못한다. 의심하는 저 자신도 믿지 못하게 된 것이다. 인간은 자신의 주인이 아니라 정확히는 알 수 없는 어떤 것(사회구조, 욕망, 자본, 유전자, 디지털 등등 그 무엇이든)의 대리인 혹은 매체에 불과하다. 이것이 현대인들을 근대철학의 꿈에서 깨어나도록 일깨웠다. 주체로 여겨왔던 인간마저도 무엇인가의 매체라고 바라보면서, 현대 철학자들은 주체라는 환상을 생성, 조작, 변형시키는 일련의 과정에 논의를 집중한다. 그리고 그들은 주체의 죽음을 선포한다. 주체는 '타자의 매체'일 뿐이다.

철학의 중심에서 현대를 열었던 하이데거도 이 점을 분명히 보았다. 하이데거에게 인간은 더이상 주체가 아니다. 인간은 세계에 던져진 존재이자 '기분'에 의해 소유된 존재이며, 언어와 존재에게 사용(Brauch)되는 진리의 매체다. 주체로서의 인간은 신을 대신하여 우주의 중심에 있다가, 한순간 무엇인가의 운송수단으로 추락한 셈이다. 정보의 바다에서 우리는 작은 정보를 실어나르는 뗏목에 불과하다는 사실을 실감한다. 디지털 새는 환상이 소멸하는 '환멸' 속에서만 자신을 드러낸다. 주체라는 환상, 관계의 친밀성이라는 환상, 객관적 사실의 리얼함이라는 환상을 소멸시킬 때에만, 오히려 그 새는 자유로이 비상할 수 있다.

지저귐이 샘솟는 연못

새는 지저귄다. 쨱쨱, 재잘거린다. 트위터의 로고로 그려진 새는 작고 귀엽다. 우렁차게 일갈하는 독수리라기보다는 나직이 소곤대고 재잘대는 참새처럼 보인다. 하지만 순식간에 작은 새의 말 한마디가 네트워크 전체에 가득 퍼질 수 있고, 이쪽 말이 저쪽으로 옮겨가면서 다양하게 변주될 수도 있다. 자세히 귀를 기울이면 알아들을 수 있는 말인 것 같지만, 전체적으로는 '웅성거림'으로만 들린다. 그것은 깊고 거대한 공간에서 들려오는 고요한 울림이다. 시인은 새를 "한없이 깊고/고요한,/지저귐이 샘솟는 연못"이라고 말한다. 새에 대한 탁월한 비유다. 멸종한 공룡은 파충류보다는 새와 더 가깝다고 한다. 감추어진 공룡의 거대한 몸에서 끊임없이 지저귐이 터져 나오고 있는 것이다.

하이데거는 다스만(Das Man: 세인)을 말한 적이 있다.[10] 세인이란 서로 뒤엉켜 살고 있는 일상의 '불특정 다수'를 가리키는 말이다. 우리는 대부분의 시간을 이런 세인으로 살아간다. 내 생각을 발언했다고 여기지만, 생각의 매체인 언어 자체가 나의 소유물이 아닌 것은 물론이거니와 따져보면 거개가 남의 생각을 모방하고 변형시킨 것에 불과하다. 세인은 인간이 홀로 고립된 주체가 아니라 처음부터 타인과 함께 살아가는 존재임을 말해주고 있다. 동시에 자기 목소리를 내기가 생각보다 어려운 일임을 암시하고 있다.

세인의 특징은 세 가지로 요약되는데, '호기심'과 '잡담' 그리고 '애매함'이 그것이다. 모든 이들이 접속하는 디지털 매체의 주체는 접속자 모두이자 그 누구도 아닌 세인의 얼굴을 가지고 있다. 트위터도 세인의 모습을 하고 있다. 세인의 눈은 언제나 호기심으로 가득 차 있으며, 그의 입에서 나오는 언어는 애매한 잡담들이다. 골수 관음증자처럼 그는 그저 보기 위해서 보려 하며, 앵무새처럼 남의 이야기를 따라 말하고 주위에 널리 퍼트린다. 정보를 수집하며 무엇인가를 이해한 것 같지만, 그럴수록 의미는 더욱 애매해진다. 디지털 새는 빛의 속도로 호기심을 실현시키고 잡담을 통해 정보를 공유하지만, 그럴수록 세상은 더욱 흐릿하게 보일 뿐이다.

그렇다면 트위터의 지저귐에서는 아름다운 소리가 원천적으로 불가능할까? 그것은 다만 웅얼대고 재잘되는 비분절음들의 불협화음에 불과한 것일까? 앞서 시인이 노래한 새의 지저귐은 "한없이 깊고 고요한" 소리가 아니었던가? 한마디로 트위터의 지저귐이 시적일 수는 없을까?

우리의 말이 시가 되기 위해서는, 어떤 식으로든 말에 자기 목소리가 담겨야 한다. 그것이 필요조건이다. 그렇다면 어떻게 자기 목소리를 낼 수 있을까? 삼십대 후반의 젊은 하이데거는 죽음 앞에서 양심의 목소리를 듣는 것을 통해서, 그리고 목숨을 건 결단 속에서 자기 목소리를 낼 수 있다고 보았다. 노년의 하이데거는 감추어진 존재의 희미한 목소리를 가감 없이 경청하는 데 있다고 보았다. 그런데 문제는 이런 자기 목소리도 시간이 지남에 따라, 그리고 타인과의 대화 속에서 다시 세인의 잡담으로 변질된다는 점이다. 한 개인의 내밀하고 진실한 목소리도 이내 거대한 집단의 웅성임에 함몰되고 만다.

그런데 사실 '나'라고 하는 것은 주어 자리에 있는 대명사일 뿐, 어떤 고정된 실체도 모든 것을 주재하는 주체도 아니다. 나는 그 무엇도 아니며, 참된 자기란 '이건 내 목소리가 아니다'라고 말할 수 있는 가능성이자 자유일 뿐이다. 잡담을 변화시키고 움직이는 힘일 뿐이다. 참된 자기라는 것이 세인과 둘이 아니기 때문이다. 하이데거에 따르더라도, 진정한 자기란 세인으로부터 분리된 것이 아니라, "세인의 실존적인 변양태"[11]이다.

3부 이 시대의 푼크툼

근본적으로 잡담과 자기 본래의 목소리는 둘이 아니다. 물론 그렇다고 둘을 무차별하게 혼동해서도 안 된다. 시적 언어가 잡담에서 나와 종국에는 잡담으로 회귀하는 것은 사실이다. 그러나 잡담이 빠른 속도로 눈과 귀를 스쳐 지나가는 언어라면, 시적 언어는 천천히 화자와 청자의 내면 깊은 곳까지 헤집어 놓는 언어다. 이런 시어가 잡담을 살아 움직이게 한다. 태풍의 눈처럼 시적 언어는 빠르게 운행하는 잡담의 한가운데에서 느리게 흐르는 침묵이자 휴지(休止)다. 요컨대 시적 언어는 잡담을 불가능하게 하는 침묵이자, 동시에 잡담을 가능하게 하는(생명을 불어넣는) 원천이다.

이 시대의 시인은 청중들 앞에서 직접 시를 낭송하거나 원고지 위에 시를 쓰기도 하지만, 디지털 새의 발목에 시를 묶어 놓을 수도 있다. 불특정 다수에게 전송되는 시가 무수한 리트윗으로 이어져 잡담 네트워크 전체를 뒤바꾸어 놓을 수도 있다. 요란한 잡담만이 난무하는 일상의 시간이 아니라 시적 언어가 발화되는 특별한 순간에, 트위터는 "지저귐이 샘솟는 연못"이 될 것이다. 남진우가 노래했던 새가 될 것이다.

마지막으로 이 한 가지는 잊지 말기로 하자. 원래 시인이 따로 있는 것이 아니라, 시적 언어, 즉 '잡담의 불가능성의 가능성'을 구사하는 사람이 바로 시인이다. 그러므로 시인은 지저귀는 새 가까이에 머물러야 한다. 숲의 그물망이든 디지털의 그물망이든, 그 망에 접속하고 있어야 한다.

과학기술은 인간을 위한 것이 아니다

 최근 4차 산업혁명에 관한 이야기가 회자되고 있다. 학계나 언론계는 물론이고 지난 대선 후보들의 토론에서도 주요 정책 의제로 떠오른 것을 보면, 현실 담론의 큰 흐름임에 분명하다. 4차 산업혁명이란 초연결성, 초지능을 구현한 기술, 곧 사물인터넷(IoT), 클라우드 같은 정보통신기술(ICT), 빅데이터, 인공지능 등의 과학기술을 통해 야기된 대규모의 사회변혁을 일컫는다. 과학기술에 의해 인간 삶의 구조가 '혁명적으로' 뒤바뀐다는 것이 당연시되는 것을 볼 때마다, '정말 그럴까?'라는 의문은 남는다. 예컨대 사랑의 통신기술이 편지, 삐삐, 휴대폰, 스마트폰으로 변한다고 해서 미숙한 사랑이 성숙해지느냐 말이다.

 그럼에도 과학기술에 의해 혁명적 변화가 초래된다는 사실을 받아들인다면, 우리는 기술 개념을 재조정할 필요가 있다. 통념상, 기술이란 인간의 특정 목적을 성취하기 위한 도구, 수단으로 이해된다. 그러나 기술은 결코 그런 것일 수 없다. 한갓 도구나 수단에 불과한 것에서 세계와 인간마저 변형시킬 수 있는 역량을 기대할 수는 없기 때문이다. 하이데거의 통찰을 도입하면, 과학기술은 오직 '진리의 힘' 덕분에 (1, 2, 3, … n차) 산업혁명을 일으킬 수 있다.

과학기술은 진리에서 발원한다. 그렇기에 인간의 시선, 문화, 생활세계 전체를 바꿀 수 있는 막강한 힘을 가질 수 있다. 그렇다고 과학기술이 진리로 이어지는 유일한 길이라 말할 수는 없다. 유일한 길임을 참칭하자마자 거짓에 빠진다. 과학기술은 복수(plural)의 길들 가운데 하나일 뿐이다. 니체는 "우리 19세기를 특징짓는 것은 과학의 승리가 아니라, 과학에 대한 방법의 승리"라고 말했다. 진리를 찾는 시도는 이전에도 있었지만, 근대가 시작하면서 새로운 과학적 방법론(methode의 어원적 의미가 '길'이다)이 독주하게 되었다는 뜻이다.

그렇다면 과학적 방법론의 핵심은 무엇일까? 앎의 대상이 수학적 언어로 답하지 않을 수 없게끔 통제된 실험과 관찰로 강제하는 것이다. 보편적으로 재현 가능한 실험적 증거를 통해 가설을 입증하는 방법이다. 결국 로고스(이성, 언어)로 자연을 포박하는 방법이다. 그렇다면 과학적 방법론에서 프로크루스테스(procrustes)의 침대가 연상되는 것이 무리한 억측만은 아닐 것이다. 모든 것들이 이 침대 위로 눕혀진다. 인간도 예외는 아니다.

역사적으로 과학기술은 초-현실적인 지적 욕망(고대 그리스 철학)과 그 욕망을 공적 시선 앞에서 실연해 보이려는 마술적 욕망의 결합체다. 우주로 배를 띄우고 도심의 밤을 대낮처럼 바꾼 테크놀로지는 무시할 수 없는 위력을 만인에게 입증했다. 자연의 베일을 벗기는 섹시하고 스펙터클한 공연에는 대성공을 거둔 셈이다. 그래서인지 현대인들은 누구나 과학이 진리임을 굳게 믿는다. 그러나 이 믿음은 아직 미신의 단계를 벗어나지 못했다. 과학기술이 남긴 그림자를 사유하지는 못했기 때문이다. 그렇다면 휘황찬란한 과학기술이 감춘 것과 망각한 것은 무엇일까? 그것까지 고려할 때에야, 과학은 비로소 명실상부한 진리의 길이 될 수 있을 것이다. 과학의 한계에 대한 성찰이야말로 한갓 마술과 미신 따위로 전락하는 것을 막는 최후의 마지노선이다.

과학적 방법론이 (너무 당연해서 오히려) 감추고 있는 소박한 가정들을 두 가지만 꼽아보자. 첫 번째 가정은 인간이 모든 것을 알 수 있다는 것이다. 지금 당장은 아니더라도 언젠가 결국 알 수 있다는 가정 하에서 과학은 진행된다. 이런 가정은 충분히 가능하지만, 가능한 만큼 부정될 수도 있다. 자체로 입증 불가능한 가정이지만, 이 위에서 꼼꼼한 과학적 검증 절차가 진행된다. 이 가정에 따르면, 종국에 자연이란 인간이 생각하고 상상한 대로 존재하는 것에 불과하다. 알 수 없는 것을 철저히 배제했기 때문이다. 과학자는 정교한 수학적 질서로 세운 가설을 가지고 자연에 다가가 '네 정체가 이게 맞지?'라고 물으면서, 마치 영리한 검사가 피의자를 조사하듯 요리조리 다그치며 몰아세운다. 특정 잣대로 측정된 것만을 알 수 있는데, "측정될 수 있는 것이 현실적"(Max Planck)인 반면 측정되지 않는 것은 비현실적인 것이다.

　두 번째 가정은 존재하는 모든 것이 제작된 산물이라는 것이다. 즉 반복해서 재현·제작할 수 있는 설계도면이 있다는 가정이다. 물론 제작 주체가 꼭 인간일 필요는 없다. 제작 주체가 누구든, 그보다는 합리적인 모형을 바탕으로 만물이 만들어졌다는 점이 중요하다. 플라톤의 그 유명한 이데아는 실상 존재의 설계모형을 뜻한다. 제작을 통해 존재를 해명하는 유구한 전통의 끝자락에 생명의 설계도, 즉 유전자 지도가 있다. "내가 창조할 수 없는 것은 이해된 것이 아니다"(R. P. Feynman)라는 말도, 유전자 콜라주를 통해 새로운 생명체를 제작하는 합성생물학(Synthetic Biology)의 등장도 같은 맥락에 있다. 제작 모형에 따라 사물을 바라보기 때문에, 과학과 기술이 쉽게 호환될 수 있던 것이다.

　나는 과학의 두 가정이 틀렸다고 주장할 생각이 전혀 없다. 오히려 두 전제 위에서 눈부시게 발전해 가는 과학을 존중한다. 두 가정을 올곧게 밀고 나가는 것이 과학의 미덕이라고 생각하는 편이다. 다만 과학의 마술적 위력에 압도당해, 진리의 또 다른 길들에 대해 전혀 사유하지 못하는 위험을 염려할 뿐이다. 과학적으로 설명되지 않는 것은 없으며 아무 의미조차 '없다'라고 선언한다든가, 아니면 과학적 설명만이 믿을 만하며 과학이 삶의 모든 문제를 해결해 줄 수 있다고 허풍 치는 것에는 단호히 반대한다.

　하지만 나는 여전히 과학이 진리에서 유래한 것임을 기억한다. 더불어 그 진리가 인간을 위한 것이 아니라는 점을 또렷이 직시하려 한다. 〈터미네이터〉, 〈매트릭스〉 등에 등장하는 세계, 즉 기계가 인간을 지배하는 SF 디스토피아는 바로 과학적 진리의 냉혹한 가치중립성에서 발원한 것이다. 성경의 진리는 인간을 자유롭게 한다지만, 과학적 진리는 그것을 약속하지 않는다.

과학적 진리는 보편성을 추구한다. 여기에서의 보편성은 특수성을 과감히 버리는 추상적 초월을 통해 확보된다. 높은 곳에서야 부분을 아우르는 전체 모습을 관조할 수 있듯이, 보편의 지평을 확보하려면 발 딛고 있는 특수한 지점으로부터의 (수직적인) 지적 도약이 필요하다. 이를 통해 인간 자신마저도 객관화된다. 이것은 마치 지구를 탈출하여 우주에서 지구를 바라보는 것과 유사하다. 우주선에서 보면, 조그마한 지구에서 벌어지는 인간사는 한없이 덧없는 것처럼 보인다.

흥미롭게도 서양 중세인들도 비슷한 경험을 했다. 사실 그들은 지상의 인간을 떠나 천상의 신을 찾았으며, 과학 이전에 이미 인간중심주의에서 벗어난 이들이었다. 단테는 『신곡』의 「천국」 22곡에서 하늘 아래의 지구를 보면서 "그 초라한 모습에 웃음이 나올 정도"이고 "지구를 하찮게 생각하는 견해에 최대한 찬성"한다고 말한다. 인간을 초월하자마자 인간적인 가치들은 모두 무의미해진다. 허무(Nihil)는 초월적 보편성의 문턱에서 지불해야만 하는 입장료다.

탁월한 과학 교육자인 김상욱은 "생물학적 관점에서 보았을 때 모든 인간은 평등하다"[12]고 말한다. 같은 논리대로라면, 유전자로 설계되어 있다는 점에서 박테리아와 인간은 평등하며, 원자로 구성되어 있다는 점에서 돌덩이와 인간은 평등하다. 궁극 원리로 삼라만상을 꿰뚫으려는 보편 초월적 시선의 필연적 귀결이다. 그는 또 이렇게 말한다. "그 수많은 생명체 가운데 나와 같은 종(種)을 만나는 것은 기적에 가깝다. 다른 인간을 사랑해야만 하는 우주론적 이유이다." 왜 기적처럼 희귀한 것을 사랑해야만 할까? 번개에 맞는 일이 희귀하다고 그것을 사랑할 수는 없으며, 더욱이 사랑해야만 한다고 강변할 수는 없다. 평등과 사랑, 그리고 그것들의 당위는 실상 과학의 진리가 아니다. 소위 '인문학'(비-과학적인 지적 활동 전반)의 진리다. 인간은 H_2O와 단백질만이 아니라 의미와 사랑을 먹고 산다.

    과학의 가치중립성과 객관성은 진리를 향한 하나의 길이 가진 특성일 뿐이다. 비록 진리의 길이더라도, 게다가 경제적 이익과 삶의 편리와 지적 즐거움까지 제공한다 하더라도, 이 길만 고집해서는 안 된다. 우주의 절대 침묵과 공허만 가득한 곳에서 인간은 결코 오래 버틸 수 없기 때문이다.

    현대인들은 〈그래비티〉, 〈인터스텔라〉, 〈마션〉 등 우주여행을 다룬 SF영화에 열광한다. 영혼의 고향이 하늘 저편 어딘가에 있는, 보편적인 이데아 세계라고 보았던 플라톤의 후예들답다. 모험심 가득한 그들은 지구를 쉽게 저버린다. 너무나도 쉽게, 육체를 버리고 증강된 인공장기(지능)로 대체한다. 이 문제에 관한 한, 나는 과학이 아닌 시적 진리의 길을 따를 것이다.

버림으로써 사라지는 것은 이 세상에 아무것도 없다 오직 버림받은 뒷모습이 있을 뿐이다
(고정희, 「버림받은 지구, 그 이후―암하레츠 시편 19」 중에서).

레디메이드에서 디지털 감성으로

  20세기에서 21세기로 넘어가는 시점에 나는 박사과정생이었다. 그 무렵 대학원에 신입생이 한 명 들어왔다. 호기심 가득한 눈망울과 다부진 체격을 가진 친구였다. 이전에 그는 사진학과에 다니면서 유명한 사진작가의 조수로도 일한 적이 있었으며, 좋은 사진작품을 창작하기 위해서는 미학적 안목과 예술철학이 있어야 할 것 같아 대학원에 들어왔다고 말했다. 같은 전공(예술철학/미학)이다 보니 스터디를 함께하면서 그 후배와 친해졌다.

  하루는 내가 물었다. "사진기를 메고서 세상 구석구석을 돌아다녔겠구나. 가본 곳 중 가장 아름다웠던 곳이 어디었니?" 당연히 사진학도로서 낭만적인 사진 여행을 했을 거라 기대하면서 던진 질문이었다. 그런데 그 친구로부터 돌아온 답변은 전혀 예상하지 못한 것이었다. "형, 요즘 사진학과 학생들은 그렇게 바깥으로 싸돌아다니지 않아요. 컴퓨터 앞에 앉아 포토샵 작업하는 시간이 훨씬 많죠. 형이 생각하는 사진작가의 모습은 꽤 오래전에 사라졌어요."

아직도 그 일이 생생하게 기억나는 것을 보면 당시 크게 충격을 받기는 했던 것 같다. 예술가에 대한 고전적인 이미지를 일거에 무너뜨린 일이었으니 말이다. 사실 시대가 바뀔 때마다 예술 및 예술가의 모습이 변하는 것은 너무도 당연한 일이다. 시각 예술을 중심으로 이야기를 해보면, 과거에 예술가들은 자연에서 소재를 구했다. 그게 쉬웠고 그럴 수밖에 없었다. 조각가는 나무나 대리석, 점토나 청동을 가지고서 작품 활동을 했다.

그러나 20세기로 들어오면서 도시의 작가들은 이미 만들어진 (ready-made) 소변기, 폐자전거, 헌 신발 등으로 작품을 만들었다. 일례로 서울로7017과 서울역광장에 헌 신발 3만 켤레로 만든 〈슈즈 트리〉(황지해 작가)가 설치된 적이 있다. 높이 17m, 길이 100m, 무게 3톤의 초대형 설치 작품이었다. '이게 예술이냐'는 볼멘소리도 많았지만, 현대 미술의 큰 흐름 속에 있는 작품임은 부정할 수 없다. 마르셀 뒤샹의 〈샘〉 이후, 예술과 삶의 경계를 무너뜨린 레디메이드 작품이 이어지는 것은 자연스러운 추이이며, 앞으로도 이 흐름은 계속될 것이다.

레디메이드적 감성, 이것은 20세기에 발원한 예술의 현대적 감각이다. 그렇다면 21세기를 특징짓는 미학적 동향은 무어라 말할 수 있을까? 앞선 경우처럼 변화된 '환경'이 답의 실마리가 될 것이다. 그렇다면 21세기 이후 삶에 지대한 영향을 미치고 있는 환경 변화는 무엇일까? 잠자는 시간 빼고 우리가 생활하는 곳은? 그렇다.

디지털 매체 속이다.

나만 하더라도, 2000년대 이후 컴퓨터가 구현하는 가상현실에서 생의 대부분을 보내고 있다. 컴퓨터에서 전자책을 읽고 논문을 검색하고 글을 쓴다. 플립 러닝 수업(미리 동영상을 통해 수업 내용을 숙지하고 수업시간은 토론 위주로 진행됨)을 위해 동영상을 찍고, 오프라인 수업에서조차 파워포인트로 수업을 한다. 언젠가부터 스마트폰을 몸에 장착하듯 지내는 것은 더 말할 것도 없다. 이건 예술가도 마찬가지다. 그 역시 디지털 환경에서 작업할 수밖에 없다.

일례로 국내외에서 주목받는 작가 강영길은 맨 먼저 사진을 찍는다. 그리고 컴퓨터 포토샵으로 이미지를 변형시킨다. 유화, 수채화, 아크릴화, 파스텔화, 수묵화 등 다양한 색조와 필치를 자유자재로 구사한다. 이건 모두 디지털 매체에 뿌리내리고 있기에 가능한 일이다. 그의 작품 〈Us—손 볼 사람〉에는 배낭을 메고 한 손을 응시하는 사람이 등장한다. 아웃포커싱 사진기법처럼 배경은 지워져서 초점은 자연히 인물에 맞춰져 있다. 정확히는 작고 하얀 직육면체를 빼곡히 각도를 달리하여 세워둔 모양새로 배경을 설정했다. 실상 인물도 색깔만 다를 뿐 직육면체 조각으로 구성되어 있다. 입체감 있는 레고 집적물 같다.

작품 속 인물은 배낭을 짊어지고 유랑하는 현대인의 자화상이다. 검푸른 살갗은 침울하고 고독한 분위기를 자아낸다. 도심을 침침하게 밝히는 네온사인 같다. 바삐 걸으면서 그는 무엇을 보고 있는 것일까? 형태가 선명치 않아 확언하기는 어렵지만, 시선은 손을

강영길, 〈Us – 손 볼 사람〉 [화보 참조]
작품 속 인물은 배낭을 짊어지고 유랑하는 현대인의 자화상이다. 바쁘게 걸으면서 그는 무엇을 보고 있는 것일까? 시선은 손을 향하고 있다. 스마트폰을 보고 있는 것 같다. 작가는 스마트폰이 아니라 언젠가는 자기 손을 보게 될 사람을 그렸는지도 모르겠다.

향하고 있다. 거리에서 흔히 볼 수 있는 것처럼 스마트폰을 보고 있는 것 같다. 작품의 제목은 말한다. 그는 지금 여기에 사는 우리(Us)를 그린 모습이라고. 스마트폰이 아니라 언젠가 자기 손을 보게 될 사람이라고. 아니 무슨 잘못을 했는지 모르겠지만, 꼭 손 봐 줘야 할 사람이라고(얼마 전 언론이 떠들썩하게 보도했던 배낭을 멘 고개 숙인 남자도 연상된다).

세상의 모든 것들이 디지털 코드로 환원되고 있다. 흥미롭게도 디지털(Digital)의 어원적 의미는 숫자를 세는 '손가락'이다. 이 점에서 작품의 주인공이 본 것은 손과 합체된 스마트폰일 수 있다. 디지털은 0과 1이라는 단순한 이항 코드를 사용한다. 이것은 동일률에 기반을 둔 이분법적 논리형식이다. 당연히 이 언어는 자연언어가 아니라, 수학적·논리적 언어다. 디지털 환경은 이런 언어를 통해 구성·작동된다. 최첨단의 이 언어가 가장 원시적인 문자 형태인 그림마저도 자유자재로 구현할 수 있다.

디지털로 구현된 이미지는 픽셀 단위가 비트로 처리되는 이미지이다. 아날로그(Analog)는 사물을 '연속적인 변화'로 나타내는 데 반해, 디지털은 분절적이고 불연속적인 정확한 수치로 나타낸다. 디지털 문자체계는 거의 완벽하게 아날로그적 영상을 가동시킬 수 있다. 아날로그 세계의 배후에는 디지털 문자가 작동하고 있는 셈이다.

디지털 이미지는 실재와 직접적인 관련이 없다. 예컨대 과거 필름 카메라는 빛에 의한 화학적 반응을 통해 외부 이미지를 직접 안

착시켰다면, 디지털 카메라는 디지털 정보로 전환되었다가 다시 그 정보를 읽는 방식으로 이미지를 만든다. 즉 디지털 이미지는 디지털 코드로 매개된 간접적인 이미다. 이미지 복사와 변형은 무한히 자유로우며, 복사와 변형에도 불구하고 화질의 변화가 없고, 무한복제가 가능하다. 디지털 정보량의 측면에서, 원본과 복사본의 구분은 완벽하게 무의미해진다.

이런 논리대로라면, 실상 이미지는 환상이며 실재는 디지털 코드다. 이미지는 단지 디지털 문자의 생산, 처리, 변경 등의 부산물일 뿐이다. 단지 아날로그적인 인간의 안구에 최적화시켜 변환시킨 자료일 뿐이다. 디지털 환경에서 자유자재로 변형시킬 수 있기에 이미지의 지시체를 말하기조차 어렵지만, 그 이미지는 극사실주의적 초과실재를 구현한다. 원리상으로 디지털은 탈육체화를 실현한다. 디지털 정보를 신경과 뇌에 직접 연결한다면, 여타의 신체 감각기관은 불필요해진다. 디지털 매체는 알파고 같은 인공지능의 물적 토대이자, 뇌에 저장된 기억을 컴퓨터로 옮겨 불멸할 수 있다는 트랜스휴머니스트(transhumanist)들의 꿈의 현실적 기반이다.

디지털은 예술적 가상을 기술적으로 극대화할 수 있는 최적의 매체다. 심지어 그것은 현실 속에서 예술적 가상을 구현하여, 결국 삶과 예술의 경계를 지울 수 있을 것처럼 보인다. 20세기 레디메이드가 했던 것과는 비교할 수 없을 정도로 말이다. 그러나 삶의 전부가 예술이 된다면, 예술의 고유한 의미(그중 하나가 '이건 예술인데!'라는 생의 경탄과 찬미다)는 퇴색될 수밖에 없다. 게다가 삶은 탈물질화를 견뎌내지 못한다. 생(life)이 유전정보를 비롯한 각종 디지털 정보로 환원되는 순간, 생활세계(Lebenswelt)의 의미 원천이 고갈될 것이기 때문이다.

영화 〈매트릭스〉가 잘 보여주듯, 가상현실에 갇힌 안락한 삶이 외려 비참하지 않던가? 이처럼 삶이 피폐해지면, 종국에는 예술도 사막화된다. 그렇다면 디지털로 변모되는 세상에 우리는 어떻게 대처할 것인가? 21세기 예술가와 미학자들은 이 문제로 골머리를 썩일 것이다.

21세기엔 누구도 디지털을 외면할 수 없다. 틀림없이 디지털 세계에서 새로운 감성, 화려한 미학이 피어날 것이다. 그것이 장미꽃인지 독버섯인지는 좀 더 두고 볼 일이다. 강영길 같은 몇몇 진취적인 작가들이 미더운 디지털 감성을 발산하고 있기에 그나마 안심이 된다.

책의 권위에 관하여

 뭔가를 선택할 때 앎과 믿음 중 어떤 것이 더 큰 힘을 발휘할까? 믿음인 것 같다. 이 물음에 대한 답을 결정할 때마저 확실한 앎이 없는 것만 보아도 그렇다. 인간은 전지(全知)의 신이 아니라, 어리석은 결정을 반복하는 존재다. 무지와 어리석음이 반복됨에도 불구하고 삶은 끊임없이 선택하기를 강요한다. 이것이 우리가 처한 실존적 상황이다. 그렇다면 문제는 신뢰할 만한 것과 그렇지 않은 것을 구분할 수 있는 분별 기준일 것이다. 무엇인가를 결정하는 데 있어 신뢰할 만한 것을 사람들은 통상 '권위'라 부른다.

 한나 아렌트는 『과거와 미래 사이』에서 권위란 '무엇인가'라는 질문 대신에 '무엇이었는가'라고 바꿔 물어야 한다면서 현대의 권위 상실(특히 정치적 영역에서)을 간명하게 표현했던 적이 있다.[13] 권위가 빛바랜 사진처럼 그 힘을 상실한 것은 분명 사실이다. 그렇지만 책과 연관된 권위는 이런 시대의 경향에서 조금 빗나가 있다. 학습, 독서, 교육의 장에서 책의 권위는 여전히 막강한 힘을 발휘하고 있다. 예컨대 어렸을 적의 독서 경험을 기억하는 사람이라면 누구나 책과 저자와 비평가의 불가항력의 권위를, 그 신비스러운 아우라(Aura)를 경험했을 것이다. 성년이 되면, 그런 권위의 힘은 시나브로 감소하기 마련이다.

본성상 호모 사피엔스는 주어진 권위를 무작정 받아들일 수 없다. 언제든지 회의와 비판의 칼날 위에 올려놓는다. 권위에의 복종을 강요하는 '권위주의'는 두말할 나위 없이 청산 대상일 뿐이다. 하지만 자연 발생적인 권위는 무시할 수도 무시해서도 안 되는, 말하자면 결정 장애를 극복할 수 있게 해주는 믿음의 도약대다.

서양에서 가장 권위 있던 책은 성서이다. 신의 말씀이라는 후광 속에서 성서는 지상 최고의 책이 되었다. 이 권위의 원천은 신에게서 온 것이다. 성서는 신의 전지전능을 통해, 신앙을 통해 권위가 확립된 경우다. 권위 관련 연구들이 신학의 영역에서 처음 나온 것은 단순한 우연의 일치가 아니다. 성서를 포함하여 고대 중세까지 거의 모든 책은 삶을 지도하는 권위를 갖고 있었다. 심지어 전승된 이야기, 신화라는 구전 텍스트도 저자를 확인할 수 없지만, 공동체 구성원들의 삶의 방향을 결정하는 보고(寶庫)로서 그 권위를 인정받았다. 화석처럼 보존된 고전은 시간을 견뎌낸 아우라를 물씬 발산한다. 물론 문자를 독점하였던 성직자, 지식인 계층의 전유물인 책이 권력과 동반하여 권위를 부여받은 것도 사실이다. 하지만 권력이 곧장 권위는 아니다.

벤야민에 따르면, 근대 이전 예술작품이 '제의 가치'를 가졌다면, 근대 이후에는 '전시 가치', 즉 사람들에게 자신의 표현임을 알리는 가치를 가지게 된다. 이런 전시적 가치가 극대화된 배경에는 복제 기술의 비약적인 발전이 있었다. 복제 기술이 발전하면서 예술작품에는 '아우라의 상실'이라 총칭되는 커다란 변화가 일어난다. 여기에서 아우라는 신비스러운 분위기라는 뜻으로서 작품이 종교적 가치를 가질 때 남아 있는 주술적 잔영이면서, 저자의 손길과 체취가 남아 있는 창조주의 흔적이고, 작품의 진품성과 유일무이성에서 유래한 것이다. 이러한 아우라는 작품이 가지고 있던 권위의 또 다른 이름이었다.

근대 이후 성서의 궁극적 저자인 '신'의 권위는 '작가'의 권위로 옮겨진다. 신의 자리에서 인간 주체의 권능을 발견한 근대인들은 책의 권위를 위해 더 이상 신의 이름을 빌릴 수 없었다. 대신 인간 저자의 정신을 파악하는 일이 중요해진다. 그리하여 '해석학(Hermeneutics)'이 근대의 산물로서 등장한다. 신의 자리에 인간이 들어서고, 그 저자의 의도와 정신세계가 해석의 중심골격으로 설정되는 근대에 신적인 인간, 즉 '천재'의 세기가 도래한다.

이런 점에서 근대에도 여전히 책은 천재적인 저자의 후광 속에서 그 권위를 인정받는다. 프로이트식으로 말하자면, 원텍스트는 해석의 아버지라는 권위를 유지하고 있으며, 그 침범할 수 없는 권위에 해석은 종속될 수밖에 없다. 하지만 근대로 진입하면서 모든 면에서 권위가 상실된 것은 부정할 수 없는 사실이다. 권위는 더 이상 존중의 대상이 아니라, 배격해야 될 '우상(Idola)'이 된다. 근대 철학을 열었던 베이컨은 그의 유명한 우상론에서 우상 가운데 하나로 권위를 지목한다.

책의 권위는 탈근대로 진입하면서 새로운 국면을 맞게 된다. 완벽한 텍스트 복제를 현실화하는 과학기술의 시대, 전문가들의 시대, 주체(저자)의 죽음이 선언되는 시대는 프로이트적 의미의 권위, 즉 아버지 권위를 해체하는 아들'들'의 시대, 다시 말해 복수성·다원성의 시대이기 때문이다. 그러나 탈근대의 모습이 뚜렷해질수록 마치 부친을 살해한 아들들이 아버지를 다시 선망하듯 권위는 복권될 조짐을 보인다. 이런 조짐은 뼈아픈 경험에서 유래한 것이다. 말하자면 해방을 위해 모든 권위를 제거하려던 근대인들의 진지한 노력이 순식간에 또 다른 폭력적인 권위를 창출하는 기이한 현상을 현대인들은 경험하였다.

요약하자면, 근대가 신의 권위를 비롯한 권위 일반을 제거하는 시대였고, 근대 말의 혁명과 아방가르드가 그 극단을 보여주는 사례였다면, 탈근대는 권위를 제거하지 않으면서 동시에 권위로부터 자유로울 수 있는 방법을 모색하는 시대라 할 수 있다. 계몽을 통해 권위를 제거하려는 근대의 기획은 실패했다. 권위 배제의 방법을 통해서는 역설적으로 또 다른 억압적 권위 내지 허무/냉소주의만 낳기 때문이다.

책에 권위를 부여하는 것은 독자들의 선택에 도움을 준다는 점에서 여전히 필요하다. 권위 수용의 일차적인 의미는 타인의 의견

추종이 아니라, 고착된 자기의 편견을 깨트리는 데 있다. 즉 타자를 받아들임으로써 타성에 젖은 자기를 반추해서 자기 진정성을 회복한다는 데 의의가 있는 것이다. 권위(authority)란 궁극적으로 존재의 진정성(authenticity)에서 흘러나온 것이다. 아무리 볼품없는 책이라도, 진솔한 진정성을 담은 책은 그림자처럼 권위가 따라붙는다. 무엇보다도 진정성이 신뢰의 바탕이기 때문이다.

그리하여 관심 있게 지켜봐야 하는 지점은 예컨대 '종이책이냐 전자책이냐'가 아니라, 진정성의 유무다. 지금 독자가 읽고 있는 이 책의 경우도, 과연 진정성이 담겼는지가 최대 관건이 아니던가.

고독의 숨소리

일제 강점기에 활약했던 문사(文士), 상허 이태준의 수필 가운데 「고독」이라는 짧은 글이 있다. 처마 끝 풍경 소리와 풀벌레 소리가 쓸쓸히 들리는 밤에 이태준은 나지막한 또 다른 소리를 듣는다. 고독의 소리를 듣는다. 흥미롭게도 그 소리는 아내와 두 아이가 잠을 자며 내는 숨소리다.

> 아내의 숨소리, 제일 크다. 아기들의 숨소리, 하나는 들리지도 않는다. 이들의 숨소리는 모두 다르다. 지금 섬돌 위에 놓여 있을 이들의 세 신발이 모두 다른 것과 같이 이들의 숨소리는 모두 한 가지가 아니다. 모두 다른 이 숨소리들은 모두 다를 이들의 발소리들과 같이 지금 모두 저대로 다른 세계를 걸음 걷고 있는 것이다. 이들의 꿈도 모두 그럴 것이다.[14]

'섬돌'이라는 단어가 등장해 옛이야기 같지만, 지금도 여느 집에서 흔히 볼 수 있는 풍경이다. 사람들은 저마다의 숨소리를 가지고 있다. 매번 죽음에 걸려 가르랑대는 그 숨소리는 지독히 고독하다.

대도시 서울의 거리를 걷다 보면 무수한 이들과 스치게 된다. 다들 제각각 서로 다른 얼굴로 바삐 발걸음을 옮기고 있다. 저이들은 나름의 자의식과 자기 세계를 살고 있다. 그들이 살고 있을 세계를 나는 전혀 알 수 없다. 하나의 공통 세계에서 산다는 말이 무색할 정도로 우리는 자기 본위의 세계를 영위하고 있다. 예컨대 환한 미소를 머금고 있는 저 여학생은 첫사랑에 막 빠졌는지 모르며, 일그러진 얼굴로 고개를 푹 수그린 저 중년의 남자는 잘 다니던 직장에서 쫓겨났는지 모른다. 우리는 저마다 서로 다른 세계에서 외롭게 살고 있다. 사회학적인 관점에서 고독에 접근할 수도 있지만, 인간의 실존적인 조건으로 고독을 다루는 것도 가능하다. 그렇다면 고독의 실존철학적 의미는 무엇일까?

고독은 크게 두 가지 종류로 나뉜다. 상대적 고독과 절대적 고독으로 구분할 수 있다. 통상 우리가 경험하는 고독은 상대적 고독이다. 즉 인간이 기본적으로 사회적 동물이고 '함께 있음'이 인간의 조건이기에, 고독이란 그로부터 파생된 외로움이다. 뜨거운 사랑을 했던 사람만이 냉혹한 고독을 경험할 수 있다. 사랑이 깊을수록 고독도 깊어만 간다. 당연히 사랑이 천박(淺薄)하면 고독도 천박할 수밖에 없다. 고독의 무게가 부담스러운 사람은 얄팍하게 타인을 만나면 된다. 이런 맥락에서 고독은 사랑 상실 혹은 관계 상실의 불가피한 결과물이다. 사랑과의 연관 속에서만 고독은 존재할 수 있다.

　그에 비해 절대 고독이란 누구나 자주 경험하는 고독이 아니다. 전통적으로 절대자는 신을 가리키는 말이다. 절대 고독은 존재의 근원인 유일자로서 신에게 속한 고독이다. 인간은 엄두도 내지 못할 고독이다. 이것은 상대적 고독과는 차원이 전혀 다른 고독일 것이다. 만일 인간 내부에 신을 감지할 수 있는 신성이 있다면, 절대 고독과 유사한 것을 느낄 수 있을 것이다. 절대자와 일대일로 대면하여 겪는 신비 체험이 있다면, 그 신비주의자는 고독이라 명명하기도 어려울 절대 고독을 조금은 맛보지 않았을까 싶다.

　상대적이든 절대적이든, 고독은 일자(一者)의 정념이다. 단독적인 개체의 아우라다. 역사상 이런 아우라를 가진 사람은 주권자 왕이나 지식인 계급이었다. 대체로 민중은 고독하지 않았다. 타인들과 서로 의지하면서 먹고사는 일도 어려웠기 때문이다. 반면 피라미드식 권력의 정점에 있던 왕은 고독했다. 언제 어디서나 자기 자리를 탐하는 자가 있고, 중요 사안을 최종적으로 홀로 결정해야 했기 때문이다. 왕은 자기 고독의 이미지를 절대자 신에게서 빌려 온다. 신의 유일한 대리인으로서 신과 같은 절대 고독을 향유하는 인물로서 자신을 미화한다.

　단 한 사람이 주권을 휘두르는 왕정 체제와는 다르게, 민주주의는 인민주권 이념을 바탕으로 시민이 주권자인 정치체제이다. 시민 다수가 어떻게 하나의 일반의지를 가질 수 있는지는 여전히 다툼의 여지가 많다. 하지만 개별 시민이 과거 왕처럼 주권자적 고독을 짊어져야 한다는 점은 이론의 여지가 없다. 주권자인 개개 시민은 여론을 고려하면서도 자기 내면에서 들려오는 고독의 목소리를 경청해야 한다. 그 목소리를 신적 음성이라 하든 양심의 목소리라 하든 그와 유사한 것이 있어야 한다는 것이다. 이런 주권자로서의 민주시민이 있어야만, 전체주의나 국가주의라는 괴물의 출현을 막을 수 있기 때문이다. 그렇다면 이런 목소리를 종교적 믿음에 의지하지 않고 설명할 수 있는 방법은 없을까?

상허의 숨소리에서 찾을 수 있을 것 같다. 세상에 나와 숨 쉬며 사는 것들은 개체성을 유지하고 있다. 물론 그것들은 다른 것들에 의존해서 산다. 정도의 차이만 있을 뿐, 죄다 무언가에 붙어 사는 기생체다. 헤아릴 수 없이 많은 인연을 맺으며 서로 기대며 산다. 신 같은 절대 독립성을 탐할 수는 없다. 그럼에도 목숨을 부지하면서 부단히 자기성을 잃지 않으려 한다. 그것의 단독성은 우주적 시간을 거치면서 만났던 것들과의 특별한 인연 조합에서 유래한 것이다. 우주적 사연을 담고 있는 유전자들의 특별한 인연 고리가 이어져서 지금의 생명체가 존재하는 셈이다. 살아 있는 것들은 제각기 수백억 년의 기억을 담고 있는 화석이다.

한 가족이지만 저마다 숨소리가 다르다. 같은 어미의 배에서 나왔지만, 아이들의 숨소리도 제각각이다. 그들은 저마다의 우주적 기억을 온축한 개별 생명체다. 절대 고독의 씨앗들이다. 그런 이유에서 그들의 숨소리는 주권자의 아우라를 가질 수 있다. 한 가지 더 잊지 말아야 할 것이 있다. 잠자는 아내와 아이들의 숨소리에서 고독을 읽어낼 수 있었던 것은, 상허의 그윽한 사랑의 눈길이 선행했기에 가능했던 것이다.

일어서야 하는 이유

 글을 쓰는 시점 기준으로 전 세계 코로나19 누적 확진자 수가 5,000만 명, 사망자 수는 125만 명에 육박하고 있다. 전 세계인들이 힘없이 쓰러지고 있다. 자본주의 세계 경제체제가 휘청거리면서 사회적 약자들부터 차례차례 주저앉고 있다. 굳이 코로나가 아니더라도, 어떤 이는 우울증으로 몸져눕고 다른 이는 각종 생활고로 고꾸라지고 있다.

 의기양양하게 세상을 활보해야 할 젊은이들마저 불안에 짓눌려 잔뜩 웅크리고 있다. 아예 일어서기를 포기한 채, 선우정아의 노래 제목처럼 '뒹굴뒹굴' 바닥에 누워 있기를 선호한다. 그런데 그 모든 이들에게 간절한 한마디 말은 아마 '일어서다'일 것이다. 누구라도 일어서고 싶지만, 막상 일어서려고 하니 굳이 힘들게 일어서야만 하는 까닭이 묘연해진다. '일어서자! … 그런데 왜 일어서야 하지?'

어린이들의 무릎은 성할 날이 없다. 온통 상처투성이다. 툭하면 계속 넘어지기 때문이다. 그런데 일어섰기에 넘어질 수 있는 법이다. 지금 일어선다는 것은 앞으로 곧 넘어질 예정이라는 말이기도 하다. 동시에 아무리 고꾸라져도 다시 일어설 거라는 약속이다. 넘어지지 않겠다는 약속이 아니라, 넘어져도 오뚝이처럼 다시 일어서겠다는 자기 자신과의 약속이다. 눈을 감기 전까지 다시 시작하겠다는 생의 의지 표명이다.

『일리아드』에서 호메로스는 죽음을 자주 '무릎이 풀린다'라고 표현한다. 생명의 기운이 몸에서 빠져나가면, 가까스로 버티던 무릎부터 풀리고 흐느적댄다. 그리스와 트로이 최고의 전사인 아킬레우스와 헥토르가 싸우는 명장면에서도 무릎이 등장한다. 아킬레우스의 창에 찔린 헥토르는 '목숨과 무릎과 어버이의 이름'으로 아킬레우스에게 애원한다.[15] 자기 시신만큼은 고이 부모에게 보내달라고 말이다. 하지만 아킬레우스는 매정하게 거절한다. 복수심에 불타 심지어 시신을 훼손한다. 그러자 헥토르의 아버지 프리아모스왕이 야음을 틈타 아킬레우스를 찾아와 그의 '무릎을 잡고'[16] 청원한다. 아들의 시신을 돌려달라고 말이다. 여기에서 무릎이란 한 개인에게 소중한 '생명'을 뜻할 뿐만 아니라, 그의 '존엄'을 상징하는 신체 부위이다. 인간의 존엄이란 그냥 하늘에서 뚝 떨어진 게 아니라, 무릎이 꺾이는 숱한 좌절에도 다시 일어선다는 점에 있다는 것이다.

일어선다는 건 희망을 품을 수 있다는 말이다. 희망은 곧잘 '별'

로 표현된다. 단테의 『신곡』에 보면, 희망이 없는 지옥을 묘사할 때 별이 없는 암흑세계로 그리고 있다. 두 발로 일어선다는 것은 땅으로부터 하늘로 웅비하는 행위다. 풀숲을 헤집고 별을 보려는 간절한 소망의 상징이다. 그것은 멀리 별을 내다보며 삶의 좌표를 측정하려는 행위다. 하지만 일어서기는 결코 쉬운 일이 아니다. 찰흙으로 사람의 입상을 빚어 본 사람은 알고 있다. 그 자그마한 두 발로 온몸의 무게와 균형을 감당하는 일이 얼마나 어려운지를 말이다. 튼튼한 철제 뼈대를 바닥에 단단히 고정시킨 다음 그 위에 찰흙을 붙여야만 겨우 쓰러지지 않을 수 있다.

일어서면서 한 마리의 유인원은 인간이 될 수 있었다. 호모 에렉투스는 최초로 '호모'라는 명칭이 붙은 영장류다. 원래 호모라는 말은 후무스(humus), 곧 '흙'이란 뜻에서 파생되었다. 아마 신이 흙으로 인간을 빚었다는 신화적 상상력에서 나온 말일 것이다. 인간의 기원이 비천한(humble) 땅에 있음을 잊지 말고 겸손(humility)하라는 뜻도 들어 있다고 한다. 이것은 인간이 자신의 출신 성분을 자주 망각했음을 말해 주기도 한다. 왜 쉽게 잊는 걸까? 땅에 밀착된 뭇 동물과는 달리, 수직으로 일어선 인간 자신이 천상의 존재처럼 느껴졌기 때문이다.

마지막으로 일어선다는 것은 사랑한다는 뜻이다. 그것은 이웃과 자기 자신에게 다가가 사랑을 전하고픈 마음이다. 한때 우리가 사는 이곳은 헬조선이라 불렸다. 단테의 통찰에 따르면, 희망이 사라질 때 지옥문은 열린다. 그런데 왜 희망이 사라졌을까? 희망을 보장해 준다는 것만을 추구했기 때문이다. 하지만 그 무엇(돈, 권력, 인기 등)도 희망을 보장해 주지 않는다. 희망이란 인생의 사막에서 일어서게 하는 신기루로서 오직 사랑하는 마음에만 깃든다. 희망은 사랑의 부대 현상이며, 사랑이야말로 마지막 희망이다. 사랑은 희망의 희망이다.

좌절하는 이들로 가득한 이 시절에, 일군의 예술가들이 모여[17] 창작한 〈일어서다〉는 최근 가장 주목할 만한 예술적 기획이다. 그들이 창작한 영상은 아주 느리게 일어서는 사람들의 모습을 담고 있다. 영상 속의 인물들은 각자 자신이 처한 장소에서 힘겹게 일어선다. 내적 번민을 발밑에 두고 서서히 떠오른다. 여전히 하늘에는 검은 구름이 가득하지만(《일어서다2》), 결국에는 당당히 무릎을 편다. 자잘한 실망들은 있을지언정, 이제 절망은 없다. 이 탁월한 예술적 기획에 대한 철학적 화답은 이렇게 요약될 수 있다.

사랑의 젖을 먹고 우리는 자랐습니다. 주위에 기어 다니는 아이나 무릎이 풀린(꺾인) 분들이 있다면, 질기게 살아남아 그들을 사랑해야만 합니다. 사랑한 만큼 희망할 수 있고, 희망한 그만큼 일어설 수 있습니다. 설령 나 홀로 있더라도, 젖먹던 힘으로 일어서야 합니다. 일어서야 하는 이유는, 우리가 사랑의 자식이기 때문입니다. 원래부터 비천한 존재가 아니었기 때문입니다.

〈일어서다1〉, 'an.'의 박직연 감독. 왼쪽부터 최민영, 이선영, 김상준, 호현주.

〈일어서다2〉 [화보 참조]
예술가들의 모임 an.(에이엔피리어드)이 창작한 〈일어서다〉는 최근 가장 주목할 만한 예술 기획인데, 코엑스 전광판과 뉴욕의 타임스퀘어에서 전시되었다. 그들이 창작한 영상은 아주 느리게 일어서는 사람들의 모습을 담고 있다. 그들은 자신이 처한 장소에서 힘겹게 일어선다. 내적 번민을 발밑에 두고 서서히 떠오른다. 여전히 하늘에는 검은 구름이 가득하지만, 결국에는 당당히 무릎을 편다. 자잘한 실망들은 있을지언정, 이제 절망은 없다.

사랑 근본주의

어느 미인선발대회에서는 지금도 1등부터 3등까지의 순위를 진선미(眞善美)라는 명칭으로 부른다. 이 경연은 여성을 상품화한 것부터 시작해서 여러 문제점이 지적되지만, 내가 도무지 이해할 수 없었던 것은 그 명칭이다. 8등신 신체의 황금분할을 강조하는 미모 경연에서 1등을 미가 아닌 진이라 부르는 것은 앞뒤가 맞지 않는다. "내면의 아름다움" 운운하면서 진과 선을 우위에 두는 태도가 도리어 위선처럼 비친다. 그래도 이런 명실(名實)의 불일치를 통해서라도, 돈이 지존의 가치로 당연시되는 시대에 진선미가 최고 가치였다는 것을 알린 점만큼은 일말의 공헌이라고 해야 할까?

그리스 신화에 이와 유사한 경연대회가 등장한다. 불화의 여신이 던져 놓은 사과 때문에 세 여신 간의 다툼이 벌어진다. 사과에는 '가장 아름다운 이에게'라는 글귀가 적혀 있었고, 헤라, 아테네 그리고 아프로디테가 엉겁결에 '미의 경연대회'에 참여한다. 사실 미의 여신인 아프로디테가 승자가 될 것은 처음부터 뻔한 일이었다. 하지만 권력과 부를 가진 헤라, 지혜와 명예를 관장하는 아테네는 이것을 인정하지 않는다. 각자 자신이 가진 것으로 인간(신도 못 내린 판결을 떠맡은 파리스) 따위를 매수할 수 있다고 자신한다. 당연히 선의의 공정한 경쟁이 아니라, 암거래로 얼룩진 각축장이 살벌하게 펼쳐진다. 잘 알려졌다시피, 파리스는 지상 최고의 미인을 주기로 약속한 아프로디테를 선택한다. 그러나 불공정한(공정이 불가능한) 판결은 반드시 후과를 낳는 법이어서, 트로이 전쟁을 통해 파리스의 가족 및 공동체 전체가 쑥대밭이 된다.

진선미는 말할 것도 없고, 권력과 부 그리고 명예와 같은 가치도 모두 소중하다. 어느 것 하나 폄훼하거나 소홀히 할 수 있는 게 아니다. 세속적 가치에 초연한 척하다가는 위선에 빠지기 쉽다. 반대로 진선미라는 막연하게 '없어 보이는' 가치를 외면했다가는, 종국에 세속적 가치들의 허망함만을 보게 된다. 인간은 죽을 수밖에 없는 유한한 존재며, 만인이 눈독 들이는 '있어 보이는' 세속적 가치는 특정인의 영원한 소유물일 수 없기 때문이다.

인생의 시기에 빗대면, 유아 청년기는 미, 중장년은 선, 노년은 진에 부합한다. 순진무구한 시절은 아름다움에 친화적이고, 가장 왕성하게 사회 활동을 하는 중장년에게는 타인과의 관계에서 비롯된 선이 중요해지고, 시간의 파고를 넘어 세상의 비밀을 알게 된 노년은 진리가 어울린다. 미를 숭상했던 고대 그리스 문명은 이웃 이집트에 비한다면 풋내기에 불과했다. 심미적인 예술 분야에서 신

동의 등장은 비일비재하지만, 진리를 추구하는 철학 분야에서는 극히 드물다.

　어떤 이는 진리를 최우선 가치로 삼는다. 그는 어리석은 자의 착한 의도가 악한 결과를 낳을 수 있다는 점, 근사한 껍데기가 알맹이를 감춘다는 점을 알고 있다. 다른 이는 선을 최고로 삼는다. 똑똑이만이 악랄한 지능범이 될 수 있으며, 미모로 선량한 이들을 등쳐먹는 악한이 될 수 있음을 경계한다. 미를 최고로 삼는 자는 지식과 선의로 무장하고 어떤 일을 도모했으나 속절없이 파탄에 이르는 것을 본 사람이다. 예컨대 프랑스 혁명 당시 계몽주의로 무장하고 선의지를 가졌던 이들이 어떻게 실패하고 변절하는지를 본 사람, 대표적으로 프리드리히 실러 같은 사람이 그런 부류다. 참된 혁명은 머리와 심장만으로는 안 된다. 강제를 통한 어색한 몸짓이 아니라, 춤추듯 '온몸'을 변화의 리듬에 실을 수 있는 심미적 인간만이 혁명의 진정한 주체가 될 수 있다. 이런 심미적 근본주의자는 역사상 희귀했다.

　진선미의 우열을 가리려는 유치한 태도는 파괴만을(트로이 전쟁을 초래했다는 그리스의 옛이야기처럼) 남긴다. 진선미는 실은 서로 삼투, 교차, 중첩된 가치들이다. 특정 시간과 상황 속에서 어느 하나가 두드러질 뿐, 숨겨진 나머지 가치들이 그 하나를 떠받드는 형국이다. 그래서 우열을 정하는 일은 불가능할뿐더러 무의미하다. 그럼에도 어쩔 수 없이 최고의 가치 하나를 정해야 한다면, 이 책에서 시종일관 언급했던 것처럼 나는 (이런 가치들을 낳고 키우는) '사랑'

을 꼽을 것이다. 아프로디테는 미의 여신이자 사랑의 여신으로도 불린다. 사랑으로 그 여신을 해석한다면, 이 경우도 아프로디테의 우승은 따논 당상이다. 가치들을 가치 있게 만들어 주는 게 바로 사랑이기 때문이다.

오랜만에 〈인생은 아름다워〉(1997)를 다시 보았다. 영화의 줄거리는 유대인 아버지가 거짓말을 통해 어린 아들이 나치 수용소에 갇힌 비참한 상황을 알아채지 않도록 배려하는 에피소드를 담고 있다. 처음 보았을 때는 몰랐는데 이번에 새롭게 다가온 영화의 메시지는 이렇다. 잔혹한 세상에 던져진 아이에게 아름다움이란 환상('얘야, 인생은 아름답단다')의 방어벽은 꼭 필요하다. 기성세대는 미래 세대를 위해서라도 미의 가치를 결코 포기해서는 안 된다. 미래가 있어야만 진과 선도 명맥을 이어갈 수 있기 때문이다.

생의 궁극 가치는 진과 선이 무력화된 상황에서도 미래 세대에게 희망(아름다운 꿈)을 선사하는 사랑에 있다. 폐허 속에서 새 세상을 일구는 아름다운 미래에 대한 사랑이야말로 모든 가치의 뿌리에 해당한다. 지고의 가치라 불리는 진선미의 바탕에는 그것들에 생명을 불어넣는 사랑이 존재한다. 앞서 이미 밝혔듯이, 존재의 진면목은 '사랑이 사랑을 사랑한다'는 데 있다. 이런 세계관으로 단단히 무장한 사람을 두고 '사랑 근본주의자'라고 명명할 수도 있겠다.

온갖 역경 속에서도 그나마 멸망하지 않고 꾸역꾸역 역사가 이어져 온 것을 보면, 사랑 근본주의자들이 곳곳에 존재했던 게 분명하다. 허나 그들 대부분은 자신이 누구인지 몰랐다. 그래서인지 그들의 숫자가 점점, 아니 대폭 감소하는 추세다. 지금껏 나는 '당신 자신을 알도록 하세요'라는 소크라테스의 말을 환기하면서, 사랑 근본주의자까지는 아니더라도, '당신이 바로 사랑의 전령'이란 메시지를 전하고 싶었다.

에필로그
남겨진 희망

꺾였다. 생의 곡선이란 것을 그려본다면, 상승하던 곡선이 어느 순간부터 꺾이기 시작했다. 아래로 곤두박질치는 곡선의 기울기는 도저히 어찌해 볼 도리가 없다. 축 늘어진 기울기가 마냥 안쓰럽기만 하다. 그렇다고 이 곤두박질이 항시 우울한 건 아니다. 비싼 비용을 치르고서라도 흔쾌히 다이빙이나 번지 점프를 하는 데에서 알 수 있듯이, 떨어짐도 즐거울 수 있다. 때로 추락은 황홀한 현기증을 선사한다. 위험해서 주저할 따름이지 사람들은 자기를 잃어버리는 현기증을 즐긴다. 우울과 황홀의 양가감정, 이것이 책을 마무리 짓는 요즘의 정조다.

오해는 마시라. 내 인생의 상승곡선은 소위 부나 명예, 권력 등과는 무관한 것이다. 지금껏 나는 그런 것들에 가까이 다가가 본 적이 없다. 꺾였다고 해서 현재 내가 서 있는 사회·경제적 지위나 권력에 큰 흠집이 났다는 말은 아니다. 나날의 생활난에 전전긍긍하는 일개 글쟁이에 불과하기에, 그런 의미의 추락은 애초에 가당치도 않다. 여기서 말하는 생의 상승이란 보통 사람들처럼 소박한 것이다. 즉 몸이 성장해 이전보다 더 튼튼해졌다는 것, 여러 종류의 지식이 점점 늘어갔다는 것을 뜻한다. 돌이켜보면, 상승의 정점에서 나는 끔찍하게 지식을 탐했다.

지식과 정보는 지혜가 아니다. 지혜의 필수 조건이 될 수 있을지언정 충분 조건은 되지 못한다. 지혜란 우선 폭발적으로 증식된 정보와 지식을 간추리는 앎을 말한다. 한마디로 '버릴 수 있는' 앎이다. 비유컨대 그것은 산행에서 배낭을 꾸리는 일과 유사하다. 배낭 안의 물품은 너무 많아도 너무 적어서도 안 된다. 예컨대 배낭에 먹을 것을 잔뜩 싸면 산행 내내 무거운 중력에 시달린다. 오직 식사 시간만 즐겁다. 반면 지나치게 소량만 준비하면 허기로 고생할 게 뻔하다. 배낭은 즐거운 산행을 위해 꾸려야 한다.

그런데 배낭을 현명하게 싸는 데에는 여러 번의 시행착오가 불가피하다. 하나라도 더 챙겨가고픈 욕망이 어찌나 질긴지, 절제가 매번 쉽지 않다. 무거운 배낭으로 고생을 해봐야, 조금 나아진 적정 규모의 배낭을 메고 산행할 수 있다. 노련한 산사람은 상대의 배낭만 보고도 산행 이력을 대강 추측할 수 있다. 이런 맥락에서 정보를 취사선택하는 안목과 자기 존재를 필터로 삼아 온몸으로 검증한 앎이 바로 지혜다.

그렇다고 지혜의 의미를 실천적인 측면에만 한정시킬 필요는 없다. 지식이나 정보는 진리의 단면을 드러내는 것이다. 그런데 이렇게 드러난 것은 반드시 감추는 작용을 동반한다. 귀에 이어폰을 끼고 산길을 걷다 보면, 계곡의 물소리와 풀벌레 소리, 바람 소리를 듣지 못하는 것과 같은 이치다. 지식은 이런 감춤 현상을 고려할 줄 모른다. 지식은 단순히 보이고 들리는 것, 확실하게 장악할 수 있는 것만을 다룬다. 그런 것만을 더 큰 용량의 저장고에 쌓아 둘 뿐이다. 반면 지혜는 개개의 드러냄이 만들어내는 '숨김'에까지 시선을 던진다. 이런 지혜를 얻기 위해서는 반드시 지식으로부터의 거리두기가 필요하다.

나이가 들수록, 지식을 탐하는 대신 지혜를 구해야 한다. 아니, 그럴 수밖에 없다. 운동선수에게 기량이 그러하듯, 하강 중인 몸(예컨대 노안, 디스크 등에 시달리는 몸)은 지식에 취약하기 때문이다. 물론 나이를 먹는다고 저절로 지혜가 생기는 건 아니다. 구하면 얻는다는 보장마저 없다. 나이 든 사람은 대체로 그간 쌓아 둔 지식을 고수하기 때문에 더 완고해지기 마련이다. 현자가 대개 노인으로 그려지지만, 현실에서 그런 노인을 찾아보기 힘든 이유다. 육체적으로 지식을 탐할 수 없는 노인은 지혜와 어리석음 사이의 '줄타기'를 강요받는 셈이다.

개인적으로 이번 책은 생의 본격적인 하강을 모색한 책이다. 지식의 하강 활주로를 찾는 책이다. 지금껏 축적한 지식은 이제부터 하나의 영점, 곧 파국적인 무지를 향한다. 우리 인간의 지식이란 영점에서 출발해서 결국 영점으로 회귀할 수밖에 없다. 유한한 존재의 유한한 지식이기 때문이다. 유한한 인간은 무한에 무지할 수밖에 없다. 무지한 상태로 무한에 스며들 뿐이다.

한 개인뿐만 아니라 사회와 문명도 사정은 마찬가지다. 상승하면서 하강을 준비하지 않는 이들은 어리석다. 그들은 상승의 정해진 운명이 하강임을 모른다. 정점에 도취하여 비좁은 틀을 고수하고, 그 틀에 자발적으로 갇힌다. 그들은 '정점에 영원히 머물기'를 열망한다. 하지만 냉정한 실재는 그런 열망 따위에 아무런 관심이 없다. 산행에서 실족(失足) 사고는 산을 오를 때보다 내려올 때 빈번하게 발생한다.

삶은 깨지기 쉽고 불확실하다. 세상은 위험천만하고 미래는 예측 불가능하다. 이것이 엄연한 현실이다. 기하급수적으로 확대되는 빅데이터마저도 여기에선 아무런 소용이 없다. 그렇다고 생을 타박하며 손 놓고 있자는 말은 아니다. 허무주의와 냉소주의는 생을 외면하는 어리석은 대응이다. 마찬가지로 과학기술만능주의나 독단적 합리주의도 안이하고 어리석기는 마찬가지다. 오직 지식만을 맹신/맹종함으로써, 간편하게 냉엄한 현실을 도외시하기 때문이다.

캄캄한 현실을 헤쳐 나가기 위해서는 (지식에 대한 믿음을 포함한) 어떤 믿음이 필요하다. 굳은 믿음이 있어야 한다. 믿음이 없다면, 우왕좌왕하다 이내 지쳐 쉽게 포기할 테니까. 그런데 믿음이 불가피하다는 것은 동시에 배신을 피할 수 없다는 말이기도 하다. 배신을 배제할 수 없다. 믿었던 사람(지식)만이 배신할 수 있다. 믿는 순간부터 배신의 가능성이 열린다. 그렇기에 '삶이 그대를 속일지라도 슬퍼하거나 노여워하지 말라'라는 푸시킨의 말처럼, 뜻대로 안 된다고 성내거나 서러워할 이유는 없다. 뜻과 뜻이 부딪혀 제 뜻은 굴절될 수밖에 없기 때문이다. 게다가 배신이란 종국에는 자기가 믿었기에 시작된 자기-배신에 지나지 않기 때문이다.

그렇다면 궁극적으로 무엇을 믿어야 할까? 한결같이 이 책에서 제시한 것은, 바로 사랑이다. 배신을 각오하고서라도 사랑을 믿어야 한다. 현자들이 추구했던 궁극의 존재가 다름 아닌 사랑임을 믿어야 한다. 존재하는 모든 것들이 사랑의 결실임을 믿어야 한다. 어둠 속으로 사라져 가는 것들마저 사랑의 잔영임을 믿어야 한다. 세상에 거짓과 악덕과 추함이 난무하더라도, 삶 속에 깃든 사랑을 믿고 포기하지 말아야 한다. 이런 믿음 역시 사랑임을 깨쳐야 한다.

위에 열거된 이런저런 당위들(-이어야 한다)의 원천도 다름 아닌 사랑이다. 사랑이 아니라면, 따라야만 할 이유는 어디서도 발견할 수 없다. 사랑의 존재가 긍정된 이후에야 겨우 당위를 말하고 들어줄 수 있다.

* * *

사랑을 말하는 영역 가운데 철학의 경쟁자는 예술과 종교다. 대체로 철학자는 사랑을 울림 있게 표현하는 데 있어 예술가만 못하고, 목숨 걸고 사랑을 실천하는 데 있어 종교인보다 못하다. 여러모로 덜떨어진 게 사실이지만, 그들보다 조금 잘하는 일도 있다. 차분하게 사랑의 옥석을 가리는 일이다. 참된 사랑을 인식하는 일은 진리의 수호자인 철학자가 조금 더 능할 수 있다. 철학자는 이 일에 묵묵히 복무해야 하며, 이 책은 그 소박한 결과물이다.

농담처럼 덧붙이자면, 철학이 예술이나 종교보다 사랑에 더 친화적인 까닭은 그 철학(philosophy)이란 낱말 안에 벌써 사랑(philia)이 들어 있기 때문이다. 이 책의 지향점이 일상의 삶 속에서 '사랑을 묻고 음미하는 철학' 정도일 텐데, 여기에서 철학이란 어원적 의미상 '지혜를 사랑하다', 혹은 '사랑을 알다'로 풀이될 수 있다.[1] 처음에는 무작정 지혜를 사랑하다가, 어느 순간부터 이런 지혜 사랑의 정체를 궁금해하는 철학자를 그려볼 수 있겠다. 이런 맥락에서 나는 철학 행위(philosophieren; 철학함)를 '사랑의 지혜를 갈망함'이라고 종합한다. 물론 경쟁자이자 친구인 예술-종교-철학, 이 셋이 힘을 합해도 사랑의 비밀을 온전히 개시(開示)하기에는 역부족이다. 이 책에서 나는 예술 및 종교와 연대하면서 사랑을 보다 입체적으로 성찰하고자 했다.

철학하는 사람으로서 나는 합리를 존중한다. 어설픈 초합리와 반합리를 비판적 시선으로 바라보는 편이다. 그런데 초합리와 반합리는 의외로 친근하다. 둘 다 비합리라는 점에서 그렇다. 더욱 흥미로운 것은 대개 비합리는 합리의 그림자로서 합리랑 내밀히 엮인(내통하는) 경우가 많다는 점이다. 이렇듯 합리를 존중하는 동시에, 나는 '〈합리-비합리〉라는 기존의 인식 틀을 바꿀 수 있는 무리(無理)의 가능성'에도 각별한 관심을 두고 있다. 합리, 초합리, 반합리, 비합리, 무(합)리 등등, 이렇게 구분해 보았지만, 때때로 나조차 헷갈리기도 하고 판단 착오를 범하기도 한다. 당연히 도매금으로 오해받기도 한다.

육지를 떠나 망망대해로 나가는 일처럼, 합리를 떠나는 지적 행위는 언제나 위험하다. 위태로운 모험이자 동시에 창조적인 모험이다. 가없는 바다로 향할 때만 신대륙을 발견할 수 있기에 그렇다. 지금껏 나는 안전과 모험 사이에서 최대한 균형을 잡으려 했다. 그런데 이따금씩 논지가 기우뚱거렸다. 모든 것을 합리적으로 설명할 수 있을 것 같은 변증법에 반대하면서 하이데거는 앞뒤가 안 맞는 '비일관성(In-Konsequenz)'이 유한성의 특징이라 갈파한 바 있는데,[2] 조금 위안이 되는 말이지만, 이것으로 논리의 빈약함을 정당화하고 싶지는 않다. 아마도 논의를 진행하면서 가지런히 맺을 말을 찾지 못했기 때문일 것이다. 아니, 깜냥도 못되면서 분명한 메시지를 내고픈 성마른 욕심, 즉 아직도 털어내지 못한 '치기(稚氣)' 때문일 것이다.

그런데 논리가 흔들렸던 더 중요한 이유가 있다. 사랑의 '비밀'을 낱낱이 폭로하는 것이 핵심 관건은 아니라고 생각했기 때문이다. 그것은 불가능하며, 더군다나 바람직하지도 않다고 믿는 편이다. 비유컨대 연인 사이의 비밀은 영원히 비밀로 남고 지켜져야 한다. 비밀의 폭로는 이미 사랑이 깨졌음을 뜻한다. 그래서 정작 중요한 문제는 사랑의 비밀 한 조각이라도 친밀히(비밀을 보존한 채) 마음에 품고 사랑을 이어가는 데 있다. 엉성한 부분을 그냥 두기로 한 것은 '그런대로' 주요한 문제를 건드리고는 있기 때문이다.

    무지나 무력이라는 한계 경험을 통해 인간은 발가벗겨진다. 철저히 무장 해제된다. 어쩌면 이런 무방비 상태의 인간이 외려 더 내밀하고 오밀조밀하게 사랑을 품을 수 있다는 믿음, 바로 그것이 판도라의 후예들에게 남겨진 마지막 희망일 수 있다. 당연히 이런 희망은 절망을 배제하지 않는다. 그건 절망적인 '없음'에 거는 실낱같은 희망이기 때문이다. 그건 생이라는 막막한 사막을 알몸뚱이로 건너는 운명들의 희미하고 먹먹한 희망이다.

* * *

    책을 낼 때마다 스스로에게 물어보는 질문이 있다. '솔직히 말해봐. 이름도 얼굴도 모르는 사람들에게까지 전하고픈 이야기가 정녕 있는 거야? 왜 책을 출간하려 하지?' 매번 곤혹스러운 질문이었다. 그런데 이번만큼은 전하고픈 이야기('사랑의 권유')가 분명해서인지, 이런 질문에 크게 시달리지는 않았다. 앞으로 또 책을 출간하게 된다면, 시달림이 훨씬 덜 할 것 같다.

    책을 낸다는 것은 이름 모를 독자와 만나려는 바람의 소산이다. 한갓 저자의 바람이기에, 만남은 성사되지 않을 때가 많다. 만남이 성사되는 데에는 헤아릴 수 없이 많은 변수와 우연이 결정적으로 작용한다. 만남에 실패할 경우, 책은 쓰레기통에 던져지는 종잇조각 신세를 면치 못한다. 하루에도 엄청난 양의 책들이 쏟아졌다가 금세 사라진다. 대면, 비대면 할 것 없이 우리는 '만남 없는' 시대를 살고 있다. 생기를 잃은 좀비처럼 살고 있다. 요즘 좀비 영화가 대세인 것은 단순히 관객의 취향이 바뀌어서가 아니라, 우리가 자신을 좀비처럼 느끼고 있기 때문일 것이다. 좀비에게는 만남이 없다. 떼를 지어 모여 다녀도 그들에겐 만남이 없다. 서로의 그윽한 깊이를 교감하는 만남이 없다.

진짜 만남은 생명을 준다. 개나리는 봄기운을 만나 피어나고 눈송이는 삭풍을 만나야 활개를 친다. 요즘 말썽꾸러기가 된 바이러스는 숙주를 만나야 살아난다. 인간사도 마찬가지여서 관중은 포숙아를 만나 살아나고, 로미오는 줄리엣을 만나 웃음꽃을 피우며, 인쇄된 종이 더미는 독자를 만나야 비로소 영혼의 책이 된다. 이렇듯 만남은 만물을 살아나게 한다. 만나는 것들에 깃든 태곳적 인연 기억을 일깨우기 때문이다. 그리하여 우연한 만남(기실 만남은 언제나 우연적이면서 동시에 운명적이다)이란 실은 어마어마한 사건이다. 그런데 알고 보면 이것도 사랑이 지어낸 일이다. 고독한 사랑이 우리를 만나게 한 것이다.

이리하여 책을 매개로 저자와 독자가 만나는 경우의 본바탕 역시 '모두 사랑 탓'이라는 흔해 빠진 이 한마디 말로 요약될 수 있겠다. 김수영의 말처럼, '낡아도 좋은 것은 사랑뿐'인지도 모르겠다. 언제 어디서나 반복되는 사랑 타령은 거북하고 지겨운 게 사실이지만, 그 끝없는 반복에서 사랑의 '사나운 조짐'을 읽어내는 눈썰미야말로 삶의 최상급 지혜가 아닐까 싶다.

객쩍은 이야기는 그만 접고, 정작 에필로그에서 독자에게 하고 팠던 말을 시인의 간결한 말로 대신하겠다. 독자를 환대하는 책의 호스트로서, 이 글이 여러분에게 다음과 같은 '차 한잔'이기를 간절히 소망한다.

사랑이 크면 외로움이고 말고
그러지, 차나 한잔하고 가지 [3]

감사의 글

한 권의 책은 영혼들의 집이다. 저자를 포함한 이름 모를 영혼들. 책과 관련해서 실질적으로 도움을 준 무수한 분들이 존재하는데, 여기서 일일이 호명할 수는 없지만, 그분들께 진심으로 감사드린다. 각별한 도움을 받았기에 꼭 이름을 밝히고픈 분이 몇 분 계신다. 서양 철학 방면에서는 연세대 철학과의 조대호, 군산대의 권순홍, 한남대의 최신한, 정암학당의 김남우 선생님께 감사드린다. 과학 방면에서는 연세대 시스템생물학과의 김응빈, 예술 방면에서는 정현종, 오수환, 구자범, 임형섭, 박직연, 강영길, 강석인 선생님 등이 자문에 응해 주시고 작품의 게시를 허락해 주셨다.

간접적으로 이 책의 집필에 도움을 주신 분들께도 고마움을 전하고 싶다. 맨 먼저 인생이 거친 풍랑으로 심하게 흔들렸을 때 인간에 대한 깊은 연민과 냉혹한 현실 인식 사이의 공존 가능성을—'불화의 조화(concordia discors)'—일깨워 주시며 물심양면으로 도와

주신 홍일립(『국가의 딜레마』의 저자) 선생님께 감사의 마음을 전하고 싶다. 재단법인 한국연구원의 김상원 (전) 원장님과 이영준 이사장님은 웹진에 글을 발표할 수 있게 해주셨고, 매번 전폭적인 지지를 보내 주셨다. 과분한 기대와 격려에 어떻게 보답해야 할지 모르겠다. 연세대학교 교양교육연구소의 장수철 소장님과 구성원들도 빼놓을 수 없다. 특히 소장님은 내가 집필에 진력할 수 있도록 항상 배려해 주시고 응원해 주셨다.

초고를 읽고 뜨겁게 비평해 준 오영진, 김보슬, 두 분께 고개 숙여 고마움을 표한다. 두 분은 내가 오랫동안 신뢰해 온 소수의 젊은 지성이다. 걸출한 문학평론가 장철환, 조강석은 시 전문가로서 내가 범한 '시 세계로의 외도'를 점검해 주었다. 어느덧 지천명 나이가 되어 조금 서먹하고 머쓱하지만, 두 사람에게 은근슬쩍 '고맙다, 친구야'라는 말을 건넨다. 혹시라도 책에 파릇파릇한 젊은 기운이 묻어 있다면, 그건 아마 열정적으로 초고를 읽어 준 연세대 학부생 성석곤과 대학원생 신사무엘 덕분일 것이다. 그들의 해맑은 정열에 깊은 경의를 보낸다. 그리고 발표 지면을 마련해 준 『서울경제신문』의 송영규 기자님에게도 고마움을 전한다. 조악한 원고를 가지고서 멋진 책을 만들어 준 출판사 사월의책 안희곤 사장님과 박동수 편집장님께도 진심으로 감사드린다.

종종 글에 아이들이 등장한다. 책 속의 그들은 우리 집 귀염둥이인 지은이, 진솔이의 아바타다. 외려 나는 이 아이들로부터 많은 것을 배운다. 녀석들은 과분한 사랑과 영감을 주는 뮤즈다. 이 핑계 저 핑계로 함께하는 시간을 충분히 갖지 못해 항상 미안하다. 장난스레 눈짓하며 나의 베아트리체 김남희와 아이들에게 '찐-감사!'라는 말을 외쳐 본다. 정작 우리 집 가훈, '사랑을 알 때까지 자라라'를 지켜야 할 사람은 그 가훈을 정한 바로 나다.[4]

글의 출처

책의 본문은 아래와 같은 지면에서 이미 발표되었던 글들로 구성되었다. 책으로 만드는 과정에서 대폭 보완·수정하였음을 밝힌다.

- **『서울경제신문』 오색인문학 칼럼**(2019-2021.09): '그런대로'와 '노루와 노부부' 외 다수
- **웹진 『한국연구』 칼럼**(2019-현재): '몹쓸 꿈'과 '만나고 가는 바람' 외 다수
- **경희대 대학원 신문**: 과학기술은 인간을 위한 것이 아니다 (2017)
- **『교수신문』**: 미역국을 먹자 (2016)
- **계간『문학동네』**: 이성의 악몽(2019) // 트위터의 지저귐(2017)
- **KNOU 위클리**: 레디메이드에서 디지털 감성으로(2019)
- **『시는 나의 닻이다』**(창비, 2019): 지식인과 '모리배' (원제: 「시가 철학에게 건넨 말들」)
- ***Oh Su-Fan: Paintings*** (Gana Foundation for Arts and Culture, 2016): 초연한 추상 (원제: 「초연 추상주의」)
- **기타**: 한과 멜랑콜리를 비교하는 2부의 글 가운데 몇몇은 세 편의 논문, 즉 (「한과 멜랑콜리 비교 연구」, *Comparative Korean Studies*, 2016; 「버림받은 자유 그리고 사랑: 고정희와 사르트르를 중심으로」, *Comparative Korean Studies*, 2015; 「한국적 우울의 정체」, 『헤겔연구』, 2015)에서 아이디어 일부를 따와서 수정한 것임을 밝힌다. 이 특별한 주제에 관심이 많아서 학문적으로 좀 더 접근하고픈 독자는 위 논문들을 참조하시기 바란다.

주

프롤로그: 사나운 조짐

1 롤랑 바르트, 『사랑의 단상』, 김희영 옮김, 문학과지성사, 1999, 9쪽.
2 김수영, 『김수영 전집 1』, 이영준 엮음, 민음사, 2018, 358-360쪽.
3 라이너 마리아 릴케, 『젊은 시인에게 보내는 편지』, 송영택 옮김, 문예출판사, 2019, 55-56쪽.
4 저자의 화두에 관심 있는 독자는 다음의 책들을 참조하기 바란다. 『하이데거의 사이-예술론』, 김동규, 그린비, 2009; 『멜랑콜리 미학: 사랑과 죽음 그리고 예술』, 김동규, 문학동네, 2010; 『멜랑콜리아-서양문화의 근원적 파토스』, 김동규, 문학동네, 2014; 『미생물이 플라톤을 만났을 때』(공저), 문학동네, 2019. 참고로 독자가 지금 붙잡고 있는 이 책을 이해하는 데 가장 큰 도움을 줄 수 있는 책은 『멜랑콜리 미학』이다.
5 '사랑의 고독'이라는 말은 크게 두 가지 뜻을 담고 있다. 첫째, (너를) 사랑한 만큼 외롭다는 뜻이다. 둘째, 사랑 이외에 아무것도 존재하지 않는다는 뜻이다. 전자는 우리에게 친근한 사랑이며, 후자는 철학자들의 사변 속에나 등장하는 낯선 사랑이다. 모호하고 낯선 두 번째 사랑에 대해서만 짧은 설명을 덧붙이기로 하자. 예컨대 여기 이 컵에 커피가 담겨 있다. 그걸 바다에 흩뿌린다면 바닷물을 커피라고 할 수 있을까? 분명 그리 말할 수 없을 것이다. 흩어져서 마구 뒤섞인 것은 무어라 규정할 수 없다. 존재한다고 말하기 어렵다. 그렇다면 존재란 모이도록 하는 것이다. 물질이든 생각이든 언어든, 모여야만 (무엇으로서) 존재할 수 있다. 이렇게 모이게 하여 결합하는 원리를 엠페도클레스는 '사랑(Philotēs)'이라 불렀다. (『소크라테스 이전 철학자들의 단편 선집』, 김인곤 외 옮김, 아카넷, 2009, 339쪽 이하 참조.)

이 점에서 나는 엠페도클레스를 따른다. 현대인들은 남녀 사랑으로 축소된 빈약한 사랑 개념이 전부인 줄 알고 있다. 나는 그런 시류를 따르기보다 엠페도클레스의 사랑 개념을 현대화시키는 게 더 낫다고 생각한다. 4원소로 대표되는 실체론적 세계에 대한 엠페도클레스의 집착을 덜어내면, 우리는 더 가까워진다. 모으는 것과 모여지는 것, 능동과 수동, 안과 바깥, (상대적인) 사랑과 불화, 자기와 타자 등은 '절대 사랑'의 두 양태일 뿐이다. 유일무이하고 마주한 상대가 없는(그래서 절대 고독한) 사랑의 자기조직원리, 자기-사랑, 그것이 바로 자연이고 생명이다. 사랑이란 철학자들이 찾던 존재자의 '존재'다. 일단 이렇게만 운을 떼고(전작 『미생물이 플라톤을 만났을 때』에서도 그랬지만), 다른 지면에서 상세한 이야기를 더 이어가기로 하겠다. 사랑의 존재론적 의미에 대한 탐구는 아마 앞으로 필생의 과제가 될 것 같다.

1부 더 먼저 더 오래

1 정희성, 『詩를 찾아서』, 창비, 2001, 12-13쪽.
2 질 들뢰즈, 『철학이란 무엇인가』, 현대미학사, 1995.
3 이런 종류의 하이데거 해석에 관심이 있는 독자는 졸저인 『멜랑콜리아』, 10장 「기룸과 멜랑콜리」를 참조하기 바란다.
4 서정주, 『미당 시전집 1』, 민음사, 2002, 406쪽.
5 정현종, 『고통의 축제』, 민음사, 1995, 85쪽.
6 고정희, 『고정희 시전집 2』, 도서출판 또하나의문화, 2011, 363쪽, 「더 먼저 더 오래」.
7 김소월, 『진달래꽃(외)』, 책임편집 최동호, 범우, 2005, 32쪽.
8 김소월, 같은 곳.
9 정현종, 『견딜 수 없네』, 문학과지성사, 2013, 62쪽.
10 박동환, 『x의 존재론』, 사월의책, 2017, 10장 「x의 존재론」 참조.
11 한용운, 『한용운 시전집』, 최동호 편, 서정시학, 2009, 82쪽.
12 정현종, 『두터운 삶을 향하여』, 문학과지성사, 2015, 185쪽.
13 한용운, 같은 책, 130-131쪽.
14 프리드리히 니체, 『비극의 탄생』, 김남우 옮김, 열린책들, 2014.
15 아이스퀼로스, 『아이스퀼로스 비극 전집』, 천병희 옮김, 도서출판 숲, 2017, 「페르시아인들」, 240쪽.
16 이 단체의 홈페이지 주소는 다음과 같다. https://www.champhil.com/
17 김수영, 같은 책, 148쪽.
18 김수영, 『김수영 전집 2 산문』, 이영준 엮음, 민음사, 2018, 335쪽.
19 에우리피데스, 『에우리피데스 비극전집 1』, 천병희 옮김, 도서출판 숲, 2020, 「알케스티스」, 157쪽.
20 아이스퀼로스, 『아이스퀼로스 비극 전집』, 천병희 옮김, 도서출판 숲, 2017, 「결박된 프로메테우스」, 357쪽.
21 고정희, 같은 책, 348쪽.
22 김수영, 같은 책, 358쪽.
23 단테 알리기에리, 『신곡: 지옥』, 김운찬 옮김, 열린책들, 2009.
24 김수영, 같은 책, 257-258쪽.
25 윤동주, 『하늘과 바람과 별과 시』, 도서출판 쿵, 2017, 73쪽.
26 윤동주, 같은 책, 51쪽.
27 키에르케고어, 『사랑의 역사』, 임춘갑 옮김, 치우, 2011, 167쪽.

28 윤동주, 같은 책, 41쪽.
29 사사키 아타루, 『야전과 영원 - 푸코, 라캉, 르장드르』, 안천 옮김, 자음과모음, 2015, 210-211쪽.

2부 한과 멜랑콜리 사이

1 이어령, 『흙 속에 저 바람 속에』, 문학사상사, 2002, 16-17쪽.
2 서양에 이런 이들이, 이런 이들을 대변하는 목소리가 전혀 없었다고 말할 수 없다. 김학철 교수에 따르면, 성서를 그런 목소리의 보고(寶庫)로 읽을 수 있다. "성서의 급진성은 사랑의 급진성, 절대자가 '아무것도 아닌 것'이 되어감으로써 발생하는 급진성이다." 김학철, 『아무것도 아닌 것들의 기쁨 - 사도 바울과 새 시대의 윤리』, 문학동네, 2016, 12쪽.
3 Aristoteles, *On Prophecy in Sleep*, 463b15 이하.
4 김소월, 같은 책, 48쪽.
5 아이스퀼로스, 『아이스퀼로스 비극 전집』, 천병희 옮김, 도서출판 숲, 2017, 「제주를 바치는 여인들」, 140쪽.
6 출처. http://www.ohmynews.com/NWS_Web/View/at_pg.aspx?CNTN_CD=A0001991846&CMPT_CD=P0001
7 이성복, 『래여애반다라』, 문학과지성사, 2013, 70쪽. 이 시(「아, 정말 얼마나 무서웠을까」)의 전문은 다음과 같다. "냇물 가장자리 빈터에 새끼오리 너댓 마리 엄마 따/라 나와 놀고 있었는데, 덤불숲 뒤에서 까치라는 놈/새끼들 낚아채려 달려드니, 어미는 날개 펼쳐 품속으/로 거두었다 멋쩍은 듯 까치가 물러나고, 엄마 품 빠/져나온 새끼들은 주억거리며 또 장난질이었다 그것도/잠시, 초록 줄무늬 독사가 가는 혀 날름대며 나타나/니, 절름발이 시늉하며 어미는 둔덕 아래로 뒷걸음/질 쳤다 그 속내 알 리 없는 새끼들 멍하니 바라만 보/고, 그때 덤불숲 까치가 다짜고짜 새끼 모가지 하나/를 비틀어 물고 갔다 그리고 차례차례 그 가냘픈 모/가지를 비틀어 물고 갈 때마다, 남은 새끼들은 정말 푸들, 푸들, 떨고 있었다 아, 얼마나 무서웠을까? 돌/아온 어미가 새끼들 부를 때, 덤불숲 까치는 제 새끼 입속에 피 묻은 살점을 뜯어 넣어주고 있었다 아, 저/엄마는 어떻게 살까?"
8 김소월, 같은 책, 82-83쪽.
9 서정주, 같은 책, 186-187쪽.
10 김열규, 「원한의식과 원령의식」, 『恨의 이야기』, 서광선 엮음, 보리, 1988, 268쪽.
11 Aristotle, *Problems* Ⅱ, Book ⅩⅩⅩ, 953b.
12 고은, 「恨의 극복을 위하여」, 『恨의 이야기』, 서광선 엮음, 보리, 1988, 32쪽.

13 유종호, 『그 이름 안티고네』, 현대문학, 2019, 205쪽 재인용.
14 유종호, 같은 책, 207쪽.
15 S. Freud, *Psychologie des Unbewußten*, (Studienausgabe Bd. Ⅲ) von hrsg. von A. Mitscherlich A. Richards J. Strachey, Frankfurt am Main, Fischer Taschenbuch Verlag, 2000, p. 206, 261.
16 Peter Toohey, *Melancholy, Love, and Time: Boundaries of the Self in Ancient Literature*, The University of Michigan Press, 2004, p. 189.
17 김소월, 같은 책, 287-288쪽.
18 이 글은 장 스타로뱅스키(Jean Starobinski)의 책에 대한 서평이다.
19 롤랑 바르트, 같은 책, 28쪽.
20 장 스타로뱅스키, 『자유의 발명 1700-1789/1789 이성의 상징』, 이충훈 옮김, 문학동네, 2018, 8쪽.
21 장 스타로뱅스키, 같은 책, 419쪽.
22 장 스타로뱅스키, 같은 책, 253쪽.
23 마르틴 하이데거, 『형이상학의 근본개념들: 세계-유한성-고독』, 이기상·강태성 옮김, 까치, 2001, 306쪽; 『숲길』, 신상희 옮김, 나남, 2008, 87쪽 참조.
24 장 스타로뱅스키, 같은 책, 253쪽.
25 크리스토프 멘케, 『미학적 힘』, 김동규 옮김, 그린비, 2013, 60쪽 이하 참조.
26 프리드리히 실러, 『미학 편지』, 안인희 옮김, 휴먼아트, 2012; 자크 랑시에르, 『감성의 분할』, 오윤성 옮김, 도서출판b, 2008 참조.
27 장 스타로뱅스키, 같은 책, 63, 86쪽.
28 장 스타로뱅스키, 같은 책, 247쪽.
29 장 스타로뱅스키, 같은 책, 435-437쪽.
30 장 스타로뱅스키, 같은 책, 306쪽.
31 장 스타로뱅스키, 같은 책, 440쪽.
32 이 글은 오수환 화백의 작품 전반에 대한 소개를 담고 있다.
33 Jean-Paul Sartre, *L'être et le néant: Essai d'ontologie phénoménologique*, Gallimard, 2012[1943], p. 230.
34 여기의 인용문은 오수환의 미출간 「작가노트」에서 따온 것임을 밝힌다. 일부는 미술 잡지에 게재된 바 있다고 하는데, 조속히 출간되기를 바란다. 고흐나 피카소, 칸딘스키나 클레처럼 그는 그림뿐 아니라 글에도 재능이 있는 작가이기 때문이다.
35 Jean-Luc Nancy, *Am Grund der Bilder*, übersetzt von Emmanuel Alloa, diaphanes, 2006, p. 128.
36 노자, 『노자』, 이강수 옮김, 도서출판 길, 2007, 제25장 "人法地, 地法天, 天法道, 道法

自然", 116쪽.

37 Barbara Cassin (ed.), *Dictionary of Untranslatables: A Philosophical Lexicon*, trans., by Emily Apter, Princeton University Press, 2014. abstraction 항목 참조.
38 크리스토프 멘케,『미학적 힘』, 김동규 옮김, 그린비, 2013. 특히 마지막 6장 참조.
39 이어령,『푸른 문화 신바람의 문화』, 문학사상사, 2003, 249-50쪽 참조.
40 초연은 보통 영어 aloof와 transcendence로 번역된다. 굳이 선택하라면, 나로서는 전자를 선택할 수밖에 없다. 다행히 이 낱말 aloof에는 초월은 물론이거니와 자연도 담겨 있다. 자연의 '바람'을 머금고 있다. 물론 여기서도 예외 없이 자연에 거스르는 장면이 연출되기는 한다. 원래 이 말은 선원들의 언어로서 '바람이 향하는 해안으로부터 멀어지기 위해서 바람이 부는 쪽을 향해 뱃머리를 유지하라'는 뜻이었다고 한다. 기존의 평론가들이 추상의 종류를 뜨거운 추상, 차가운 추상, 표현주의적 추상 등으로 분류해 왔다. 오수환은 기존의 어느 분류체계에도 깔끔하게 귀속되지 않는다. 그의 추상은 뜨겁지도 차갑지도 않다. 단지 초연할 뿐이다.
41 원래 이 책은 2016년에 『공자의 생활난 - 김수영과 〈논어〉』(북코리아, 2016)란 제목으로 출간되었다. 이후 2018년에 같은 출판사에서 거의 수정 없이 『김수영과 〈논어〉』라는 제목으로 재출간되었다.
42 김수영, 같은 책, 318-319쪽.
43 롤랑 바르트,『밝은 방』, 김웅권 옮김, 동문선, 2006.
44 반면 사르트르, 체 게바라 같은 서양의 실천적 지식인의 목소리에는 플라톤의 이상주의/합리주의와 근대 낭만주의의 숨결이 남아 있다.
45 예컨대 「성인(聖人)을 찾아서 -『논어(論語)』「술이(述而)」편 언저리」가 있다. 이성복,『나는 왜 비에 젖은 석류 꽃잎에 대해 아무 말도 못 했는가』, 문학동네, 2001, 211쪽 이하.
46 김수영,『김수영 전집 2 산문』, 497쪽.
47 김수영,『김수영 전집 1 시』, 358쪽.
48 박테리아의 세포막은 세포 보호의 역할뿐만 아니라 내외 물질의 선택적 투과, 정체성 표시, 에너지(ATP) 생성 및 광합성까지 담당한다. 이런 역할까지 고려한다면, 동아시아인들에게 공자는 더 큰 의미를 가질 수 있을 것이다.
49 고정희, 같은 책, 192쪽.「버림받은 지구, 그 이후 - 암하레츠 시편 19」중에서.
50 김상환, 같은 책, 57쪽.
51 독보적인 한국 철학자 박동환은 자신의 독창적인 존재론, 소위 'x의 존재론'을 제시했는데, 그 존재론에 따르면, 존재는 세 가지 국면을 보여준다. 각각은 (1) 영원의 기억을 담고 있는 몸을 지닌 개체 x, (2) x라는 기반 위에서 무한의 상상과 파격을 감행하는 ¬x, (3) 그 둘마저 끝내 격파하는 $X(\ )$이다. 여기에 대한 자세한 내용은 박동환의『x의 존재론』(사월의책, 2017)과 후배 철학자들과의 논쟁이 담겨 있는『x의 존

재론을 되묻다』(사월의책, 2021) 참조.
52 자크 데리다, 『정신에 대해서』, 박찬국 옮김, 동문선, 2005 참조.
53 김상환, 같은 책, 344쪽.
54 박동환의 3표론은 박동환 선집 3권(『안티호모에렉투스』, 사월의책, 2017)을, x의 존재론은 선집 4권(『x의 존재론』, 사월의책, 2017)과 5권(『진리의 패권은 사람에게 있는 것이 아니다』, 사월의책, 2019)을 참조하시오.
55 정현종, 『광휘의 속삭임』, 문학과지성사, 2008. 「마음먹기에 달렸어요」 부분, 60-61쪽.
56 T. S. Eliot, "Choruses from The Rock," *The Waste Land and Other Poems* (Kindle Locations 1207-1210), Faber & Faber, Kindle Edition.
57 김수영, 『김수영 전집 2 산문』, 151쪽.
58 김수영, 『김수영 전집 2 산문』, 265쪽.
59 김수영, 『김수영 전집 2 산문』, 510쪽.
60 『한겨레신문』 인터넷 판(2018년 6월 내내 기고문이 이어졌다)에 올라온 김상봉, 백종현을 비롯한 몇몇 철학자들의 번역 논쟁 참조.
61 김수영, 같은 책, 174쪽.
62 김수영, 『김수영 전집 1 시』, 122쪽.
63 김수영, 『김수영 전집 1 시』, 83쪽.
64 김수영, 『김수영 전집 2 산문』, 347쪽.
65 정현종, 『숨과 꿈』, 문학과지성사, 1982, 107-108쪽.

3부 이 시대의 푼크툼

1 임화, 『임화문학예술전집 1: 시』, 임화문학예술전집 편찬위원회 엮음, 소명출판, 2009, 151-154쪽.
2 정현종, 『한 꽃송이』, 문학과지성사, 1992, 52쪽.
3 나희덕, 『어두워진다는 것』, 창비, 2001, 12쪽.
4 안톤 체호프, 『사랑에 관하여』, 안지영 옮김, 펭귄클래식코리아, 2020. 「산딸기」에서, 176쪽.
5 정현종, 『두터운 삶을 향하여』, 문학과지성사, 2015, 231쪽.
6 안톤 체호프, 『사랑에 관하여』, 안지영 옮김, 펭귄클래식코리아, 2020. 「사랑에 관하여」에서, 201-202쪽.
7 『삶-문학의 이름으로』, 문학실험실, 11호, 2020. 「반복에 관하여: 코로나와 일상」, 58쪽 이하 참조.

8   정현종, 『떨어져도 튀는 공처럼』, 문학과지성사, 1997, 34쪽.
9   남진우, 『깊은 곳에 그물을』, 민음사, 1990, 27쪽.
10 마르틴 하이데거, 『존재와 시간』, 이기상 옮김, 까치, 1998. 27절, 35-38절 참조.
11 마르틴 하이데거, 같은 책, 181쪽.
12 김상욱, 『김상욱의 과학공부』, 동아시아, 2016, 13쪽.
13 한나 아렌트, 『과거와 미래 사이』, 서유경 옮김, 푸른숲, 2009, 128쪽.
14 이태준, 『무서록 외-이태준 전집5』, 상허학회 편, 소명출판, 2019, 37쪽.
15 호메로스, 『일리아스』, 천병희 옮김, 도서출판 숲, 2019, 634쪽.
16 호메로스, 같은 책, 700쪽.
17 그 예술가 모임의 이름은 an.(에이엔피리어드)이다. 이 모임은 개인 내면의 심연과 사회적 이미지를 교차시키는 다양한 실험을 하고 있다. 〈일어서다〉는 코엑스 전광판에서 2021년 1월 1일부터 한 달간 20분 간격으로 하루 60-80회 전시되었고, 뉴욕의 타임스퀘어에서는 1월 15일 밤 9시에 15분 동안 전시되었다.

에필로그: 남겨진 희망

1   어원적으로 철학은 사랑(philia)과 앎(sophia)의 복합어다. 통상 필리아를 동사로 삼아 '알고자 함(지식에의 욕망)'으로 해석되지만, 레비나스 같은 철학자들은 소피아를 동사로 삼아 '사랑을 앎(사랑의 지혜)'으로 해석하기도 한다. 다시 말해서 철학자는 지적 욕망이 유난히 강력한 사람을 가리키는 말이면서, 특별히 그 욕망의 뿌리인 사랑을 알고자 하는 사람을 뜻한다. 이런 점에서 참된 의미의 철학자란 '사랑의 지적 아바타'를 본분으로 삼고 있는 사람이라 할 수 있겠다.
2   마르틴 하이데거, 『형이상학의 근본개념들: 세계-유한성-고독』, 345쪽.
3   정현종, 『고통의 축제』, 66쪽. 「완전한 하루」 부분.
4   '가족'이라는 말에 알레르기 반응을 보이는 분들에게 한마디 전하고 싶다. 나는 가족에 대해 부정적으로만 말하는 지식인들을 미성숙하다고 보는 편이다. 그들은 사춘기 소년 소녀처럼 가족을 온갖 악의 온상처럼 묘사한다. 가족이기주의, 억압, 성적 착취와 폭력 등이 난무하는 지옥처럼 그린다. 롤랑 바르트가 "가족을 오로지 속박과 의례의 조직인 것처럼 다루는 과학적 입장을 정말 싫어한다"라고 말하면서, "우리의 학자들은 '사람들이 서로 사랑하는' 가족들이 있다는 것을 생각할 수 없는 것 같다"라고 질타한 내용에 전적으로 동의한다. 롤랑 바르트, 『밝은 방』, 김웅권 옮김, 동문선, 2006, 95-96쪽.